职业教育城市轨道交通专业精品教材

Chengshi Guidao Jiaotong Xingche Zuzhi
城市轨道交通行车组织
（第2版）

江薇　操杰　主编
荣炜倪　魏彬　副主编

人民交通出版社
北京

内 容 提 要

本书为职业教育城市轨道交通专业精品教材。全书共分10个单元,主要内容包括:城市轨道交通行车组织概述、行车闭塞法、行车组织基础、车站行车作业组织、车辆基地作业组织、行车调度工作、正常情况下的行车组织、非正常情况下的行车组织、施工检修组织、行车事故处理及预防。

本书为职业教育城市轨道交通专业及相关专业的教材和教学参考用书,还可作为城市轨道交通行车岗位的职业培训教材,同时也可供从事城市轨道交通建设和运营的专业技术人员参考。

图书在版编目(CIP)数据

城市轨道交通行车组织/江薇,操杰主编. —2版. —北京:人民交通出版社股份有限公司,2024.3
ISBN 978-7-114-19296-8

Ⅰ.①城… Ⅱ.①江… ②操… Ⅲ.①城市铁路—行车组织—职业教育—教材 Ⅳ.①U239.5

中国国家版本馆 CIP 数据核字(2024)第 040556 号

书　　名:	**城市轨道交通行车组织**(第2版)
著 作 者:	江　薇　操　杰
责任编辑:	时　旭
责任校对:	孙国靖　宋佳时
责任印制:	刘高彤
出版发行:	人民交通出版社
地　　址:	(100011)北京市朝阳区安定门外外馆斜街 3 号
网　　址:	http://www.ccpcl.com.cn
销售电话:	(010)59757973
总 经 销:	人民交通出版社发行部
经　　销:	各地新华书店
印　　刷:	北京市密东印刷有限公司
开　　本:	787×1092　1/16
印　　张:	14
字　　数:	329 千
版　　次:	2010 年 6 月　第 1 版 2024 年 3 月　第 2 版
印　　次:	2024 年 3 月　第 2 版　第 1 次印刷　总第 13 次印刷
书　　号:	ISBN 978-7-114-19296-8
定　　价:	45.00 元

(有印刷、装订质量问题的图书,由本社负责调换)

Preface 第 2 版 前言

随着我国城镇化规模不断扩大,人员流动与机动车数量快速增加,现有城市交通基础设施面临着巨大的挑战。城市轨道交通对改善现代城市交通拥堵局面、调整和优化城市区域布局、促进国民经济发展发挥的作用,已是不容置疑的客观现实。在城市化进程加快、新一线城市经济崛起的背景下,我国城市轨道交通迎来快速发展,城市轨道交通运营规模不断扩大,城市轨道交通运营人才紧缺问题亟待解决。

本套城市轨道交通专业教材自2010年出版以来,在教学、科研和培训工作中发挥了很大的作用,深受使用院校师生的好评。为体现城市轨道交通发展中新技术、新材料、新设备、新工艺和新标准的应用,更好地适应职业教育"校企合作,工学结合"的人才培养模式,满足实际教学需求,人民交通出版社根据使用院校师生反馈的意见和建议,组织相关专业教师、企业技术人员,对本套教材进行了全面修订。

本书针对城市轨道交通运营企业调度、行车、站务岗位需求,系统全面地阐述了城市轨道交通客运组织的相关内容。编者在调研总结城市轨道交通运营企业调度、行车、站务岗位典型工作任务的基础上,以岗位所需的理论知识和操作技能为主,结合培训、教学经验,对城市轨道交通行车组织进行了详细的介绍。教学内容循序渐进,主要包括城市轨道交通行车组织概述、行车闭塞、行车组织基础、车站行车作业组织、车辆段作业组织、行车调度工作、正常情况下的行车组织、非正常情况下的行车组织、施工检修组织、行车事故处理及预防等内容。

本书在编写过程中,秉持以学生发展为中心的职业教育理念,遵从学生认知学习规律,全书贯穿案例导入、任务引领、小组合作、情景模拟、角色扮演等教与学的方法,让学生有更强的体验感与参与感,对城市轨道交通专业的中高职师生及从业人员有一定的指导和借鉴作用,有助于读者立体和感性的学习。本书对接"岗课赛证"城市轨道交通站务员"1+X"职业技能等级证书的考核内容,结合教学实践,融入知识拓展、单元实训、单元检测,渗入国内轨道交通行业发展成就和企业优秀员工的工作方法与先进事迹等思政实例,侧重培养学生解决实际问题的能力、拓展思考的思维、爱岗敬业的态度、沉稳严谨的素养。

本书由江薇负责全书统稿,单元1、4、5、10由武汉市交通学校江薇编写;单元3、8、9由武汉铁路职业技术学院操杰编写;单元2、6、7由武汉市交通学校荣炜倪编写;附录由武汉市交通学校魏彬编写,武汉市交通学校舒鑫参加编写。

  本书编写过程力求做到校企合作、工学结合,引用了众多国内外作者发表的有关城市轨道交通的文献,广泛吸收北京、上海、广州、武汉等地城市轨道交通运营企业实践经验,尽量做到实训技能贴近工作实际,在此谨向有关专家致以衷心的感谢。

  由于我国各城市轨道交通运营企业制定的行车组织规则存在差异,掌握的资料和编者的水平有限,书中的不足之处,恳请读者批评指正。

编　者
2024 年 1 月

Contents 目录

单元 1　城市轨道交通行车组织概述 ··· 1
　1.1　城市轨道交通行车组织工作概述 ····································· 2
　1.2　城市轨道交通行车组织机构 ··· 4
　1.3　行车组织规章 ··· 8
　复习与思考 ··· 13

单元 2　行车闭塞法 ··· 15
　2.1　概述 ··· 16
　2.2　自动站间闭塞 ··· 18
　2.3　移动闭塞 ··· 21
　2.4　电话闭塞 ··· 26
　复习与思考 ··· 33

单元 3　行车组织基础 ··· 34
　3.1　列车运行图 ··· 35
　3.2　运输计划 ··· 48
　复习与思考 ··· 64

单元 4　车站行车作业组织 ··· 66
　4.1　车站行车技术设备 ··· 67
　4.2　车站行车作业 ··· 82
　复习与思考 ··· 93

单元 5　车辆基地作业组织 ··· 95
　5.1　车辆基地 ··· 96
　5.2　车辆段行车作业组织 ··· 102
　5.3　调车作业 ··· 112
　复习与思考 ··· 123

单元 6　行车调度工作 ··· 125
　6.1　行车调度指挥机构 ··· 126
　6.2　行车调度相关岗位职责及设备 ······································· 130

6.3 行车调度组织的工作内容和方法 ································ 136
6.4 调度命令 ·· 142
复习与思考 ·· 149

单元 7 正常情况下的行车组织 ·· 151
7.1 概述 ·· 152
7.2 行车指挥自动化时的行车组织 ··································· 154
7.3 调度集中控制下的列车运行组织 ································ 159
7.4 调度监督下半自动控制的行车组织 ···························· 160
复习与思考 ·· 163

单元 8 非正常情况下的行车组织 ··· 164
8.1 ATC 设备故障时的行车组织 ····································· 165
8.2 联锁设备故障时的行车组织 ······································ 170
8.3 特殊情况下的行车组织 ·· 172
复习与思考 ·· 183

单元 9 施工检修组织 ·· 185
9.1 车站施工检修组织 ··· 186
9.2 工程车开行 ·· 191
复习与思考 ·· 194

单元 10 行车事故处理及预防 ··· 196
10.1 行车事故处理规则 ··· 197
10.2 事故处理应急预案及预防 ······································· 199
10.3 行车事故案例分析 ··· 201
复习与思考 ·· 205

附录 1 城市轨道交通行车组织术语解释 ································· 207
附录 2 城市轨道交通行车组织管理办法 ································· 210
参考文献 ··· 216

单元 1　城市轨道交通行车组织概述

▶ **知识目标**

1. 理解城市轨道交通行车组织工作的特点与要求；
2. 熟悉城市轨道交通行车组织机构与各岗位基本任务；
3. 熟悉行车组织有关规章。

▶ **能力目标**

1. 能够结合城市轨道交通发展分析行车组织发展趋势；
2. 能够描述城市轨道交通行车组织机构与各岗位基本任务。

▶ **素质目标**

1. 培养热爱城市轨道交通运营行业的职业意识；
2. 养成遵章守纪的优良工作作风。

▶ **建议学时**

2 学时

案例导入

中华人民共和国交通运输部发布数据,截至 2023 年 12 月 31 日,全国 31 个省(区、市)和新疆生产建设兵团共有 55 个城市开通运营城市轨道交通线路 306 条,运营里程 10165.7km,车站 5897 座。2023 年,全国新增城市轨道交通运营线路 16 条,新增运营里程 581.7km,新增红河和咸阳 2 个城市首次开通运营城市轨道交通。

2023 年,城市轨道交通全年实际开行列车 3759 万列次,完成客运量 294.4 亿人次,进站量 176.6 亿人次,客运周转量 2418 亿人次公里。2023 年全年客运量较 2022 年增加 100.4 亿人次,增长 51.7%。

思考:你知道你所在城市的轨道交通制式种类和线路里程数吗?

1.1 城市轨道交通行车组织工作概述

1.1.1 行车组织的概念

城市轨道交通行车组织是指利用城市轨道交通设施设备,根据列车运行图组织列车运行的活动。它是采取各种技术手段保证列车运行系统、客运服务系统、检修保障系统的专业设施设备的正常、合理运转,从而实现安全、舒适、快速、准时、便利地运送旅客,以满足乘客出行需要的过程。

1.1.2 城市轨道交通行车组织的特点

1)调整时间冗余少

城市轨道交通客流密度大,行车密度高。在城市轨道交通计划运行图中,留给行车组织工作调整的冗余时间有限。

2)实时性、复杂性要求高

城市轨道交通线路短,在线列车多,在大多数情况下,列车运行调整针对的不是1列或2列列车,而是一个列车群。因此,要求从全局出发,快速作出决策。

3)约束条件多

城市轨道交通应满足列车与列车、列车与车站、计划列车时刻表等多方面约束条件,主要包括车站停站时间、车站折返能力、列车区间运行时间、列车追踪间隔等。

4)优化指标多

减小实际运行图与计划运行图的偏差,即尽量保证运行图高兑现率;最小化所有列车的总延迟时间,即尽量提高列车正点率。由于城市轨道交通行车组织方式不同于干线铁路,如果采取停运或中途停运等调整措施,在提高正点率的同时会降低运行图兑现率,减少乘客平均等待时间,使列车区间运行速度等级出现波动等。应通过不同调整策略,在保证运行图高兑现率的条件下使列车晚点总时间最少,消除晚点对后续列车计划的干扰。

1.1.3 城市轨道交通对行车组织工作的要求

1)安全性要求高

由于城市轨道交通(尤其是地下部分隧道)空间小,行车密度大,故障排除难度大,一旦发生事故难以救援,损失将非常严重。因此,保障行车安全是行车组织工作的首要任务,这也对行车组织工作提出了更高的安全要求。

2)通过能力要求大

城市轨道交通系统需要满足城市通勤以及旅游观光等大客流的出行需求,因此,城市轨道交通系统的线路、信号设备、行车组织等应满足较大通过能力的要求。

3)运行计划性要求强

城市轨道交通行车组织要设置并实施完善的行车计划,即按图行车,列车发车时刻停站时间、发车密度、运行交路等都需要提前定计划。在运营中,各部门都要以列车运行图为依据,按照行车组织规则组织列车运行。

4)信号显示要求准确

城市轨道交通系统地面信号机较少,地下部分背景较暗且不受天气影响,直线地段瞭望条件好,但是在曲线地段,由于受隧道壁的遮挡影响,地面信号显示距离受到一定限制。因此,信号设备要具有很高的可靠性,以保证信号显示的准确性。

5)设备可靠性要求高

由于城市轨道交通隧道净空狭小,且装有带高压电的接触网等设备,人员在列车运行时不便进入隧道进行维修和排除设备故障作业,所以,要求行车有关设备必须要有较高的可靠性,尽量做到平时不维修或少维修。

6)自动化程度要求高

城市轨道交通车站间距较短,列车开行密度大,而且地下部分环境潮湿,空气流通不佳,没有阳光,工作条件差,所以要求尽量采用自动化程度高的先进技术设备,以减少工作人员数量,并减轻他们的劳动强度。

7)设备要求满足比较苛刻的限界条件

城市轨道交通的设备体积要小,同时必须兼顾满足施工和维护作业空间的要求。

1.1.4 城市轨道交通行车组织发展趋势

1)优化系统选型

(1)多角度比选最高运行速度。

最高运行速度应以线路功能定位为基础,以满足乘客出行时间目标为需求,结合项目工程条件及系统装备水平,选择时间可达、工程适应、造价合理的速度标准。

(2)互联互通线路可以采用相同或可兼容系统制式。

互联互通线路在车辆制式、信号系统、供电系统等方面,均应采用相同或可兼容系统制式,以便于运营组织设计。

(3)充分考虑客流波动性和客流预测的不确定性。

客流预测是行车设计的输入条件,但客流客观存在波动性,且客流预测受城市发展、线网发展、票价、线路建设时序等因素的影响,存在不确定性,故系统选型在满足预测客流的基础上,应至少预留10%的运能余量,使线路具有一定运能包容性及运营灵活性。

(4)针对不同功能线路选取站立标准。

考虑车厢内乘客分布不均匀性,市区线在平日宜按照5人/m^2的站席标准,在假日突发客流时按照6人/m^2的站席标准控制。市域线站席宜采用横排座位,可采用4~5人/m^2的站席标准。延伸线可参照原有标准设计。另外,对于连接多个交通枢纽、携带行李乘客比例较大的线路,需适当降低站立密度,提高服务水平。

2)优化运营组织

(1)选择适当的运营模式。

运营组织方案以满足客流运输需求为基础,针对线路不同的客流特征,可以采用单一交路、高峰大小交路、全天大小交路、高峰单向加车、主支线运营及快慢车运营等多种运营模式。应根据线路客流特征,并考虑运营经济性与管理方便性,精准投放运能,选择适当的运营模式。

(2)预留运营模式条件。

在配线设计时,应将停车线方向尽量朝向客流大断面方向,为小交路运营、高峰单向加车等灵活的运营模式预留条件。

(3)编制网络化运行图。

采用灵活的运行图编制模式,增加运行图编制的弹性约束条件,优化首末班车衔接方案,从而解决运行图编制的滞后性与逐渐增长的客运服务需求之间的矛盾,满足客流时空分布不平衡的需求;利用先进计算机系统,降低列车运行图的铺画难度,大力提升运行图自动化编制水平的技术。

(4)做好网络化运营条件下的调度工作。

对调度工作进行有序整合和分层管理,运营控制中心掌握准确、完整的信息,及时对突发事故作出正确反应,保证城市轨道交通网络的安全、均衡和高效运输。

1.2 城市轨道交通行车组织机构

1.2.1 行车组织指挥体系

1)行车调度指挥管理模式

城市轨道交通的中央控制中心管理模式主要有两种:一种是全市线网建1个中央控制中心,称为线网控制中心,也叫集中管理模式;另一种是在全市线网中建设几个中央控制中心,称为区域控制中心,也叫分散式管理模式。

我国城市轨道交通行车调度指挥管理模式一般采取"区域控制+线网集中"的分布形式,采取线网—线路—现场的3层管理模式。

(1)线网级指挥层。

由线网指挥中心指挥协调各线路开展运营行车组织、生产组织、应急指挥、对外联系等工作,发挥线路间指挥的协调作用。

(2)线路级控制层。

由线路控制中心组织本线路开展运营行车组织、生产组织、故障报修、应急协调等工作,发挥线路内部指挥协调作用。

(3)现场级执行层。

由车站、工区、信号楼等属地管理单位落实开展管辖范围内的行车组织、生产组织、故障维修、应急处置等工作,发挥属地执行协调报告作用。

2)城市轨道交通线网指挥中心

线网指挥中心是一个城市轨道交通系统指挥的最高机构,一般具有代政府行使监视、协调、管理和应急指挥城市轨道交通网运营的职能。线网指挥中心是城市轨道交通线网运营的核心指挥部,是对全线网列车运行、客流变化、电力供应、车站设备运行、防灾报警、环境监控、票务管理及乘客服务等城市轨道交通运营全程进行调度指挥和监控的"中枢"。通过协调各条线路运营,发挥网络的整体运能,使各线及城市轨道交通网络高效、经济、有序运行。

一般情况下，城市轨道交通的线路是分线组织行车的，在向网络化运营发展的进程中，有些城市如北京成立了TCC，对城市轨道交通线路进行协调统筹。北京TCC内部工作场景如图1-1所示。

图1-1　北京TCC

TCC的主要职责如下：
(1)组织研究制订线网运力配置计划，并监督执行。
(2)组织研究制定线网调度规则。
(3)负责审查各突发事件应急处置预案，组织制订线网突发事件应急处置配合预案。
(4)协调指挥线网突发事件应急处置。
(5)向市政府应急指挥中心及政府相关部门报送突发事件应急处置工作信息。
(6)组织制定轨道交通线网乘客信息的发布规则等。

3) 运营控制中心

运营控制中心(Operating Control Center，OCC)可控制线网的一条或多条线路，是对城市轨道交通运营全程进行调度、指挥和监控的"中枢"，是行车调度员、电力调度员以及环控调度员等岗位对全线的行车组织、电力供应和环境控制进行集中指挥的工作场所和操作中心，对线路的安全运营起到至关重要的作用。

以北京市为例，城市轨道交通网络运营管理的机构采用一线一中心的行车指挥体系，每条线路对应一个列车调度指挥中心。

列车调度指挥中心通常为轨道交通的指挥执行机构，列车调度指挥中心的调度指挥与乘务的列车驾驶和车站场的接发列车构成行车组织的核心。它负责组织列车按图运行，在列车秩序紊乱时及时采取列车调整措施，恢复正常列车运行秩序。城市轨道交通行车组织必须坚持安全生产的方针，贯彻高度集中、统一指挥、逐级负责的原则。

行车指挥机构某条线路的控制中心一般由四个调度班组人员轮值，实行四班两运转制度。每班组设置1名值班主任(或称调度长)、2名行车调度员、1名环控调度员、1名电力调度员、1名维修调度员。许多线路的运营管理采用了站区制行政管理制度，一条线路分成若干站区，一般一个站区有3~5个车站，实行站区长负责管理的制度。

北京地铁OCC的基本职责是：运营行车调度指挥，运营供电、环控监控，行车信息发布，施工管理，行车业务等。

1.2.2 主要行车人员的岗位职责

正常情况下,城市轨道交通列车的一个运行周期为:根据列车运行图,列车按照规定时间从车辆段存车线出来进入正线并投入运营,一直到运营结束退出服务回到车辆段进行整备,整备完毕后再次从车辆段出来进入正线投入运营服务为止。可以说,正常情况下列车的一个运行周期是24h。在这一段过程当中,需要由行车调度员指挥,车辆段调度员、车辆段值班员、行车值班员、电客车司机等人员共同完成。

1)行车调度员

在各种调度员当中,行车调度员是运输调度工作的核心岗位,担负着指挥列车运行、贯彻安全生产、实现列车运行图、完成运输计划的重要任务。因此,每个城市轨道交通运营企业对行车调度员的要求也是非常严格的。行车调度员不仅需要扎实的专业知识,还需要具备较强的分析处理问题能力、反应能力和沟通能力等。

行车调度员在运营前主要进行试验道岔、检查人员到岗情况和设备情况、装入运营时刻表等工作。行车调度员岗位职责主要有:

(1)组织各部门、各工种严格按照列车运行图工作。
(2)监控列车到达、出发及途中运行情况,确保列车运行正常秩序。
(3)随时掌握客流情况,必要时调整列车运行方案。
(4)检查督促各行车部门执行运行图情况。
(5)当列车运行秩序不正常时,及时采取措施,尽快恢复正常运行秩序。
(6)及时、准确地处理行车异常情况,防止行车事故发生。
(7)当发生行车事故时,按规定程序及时向上级主管部门汇报,并采取措施防止事故扩大,积极参与组织救援工作。
(8)收集、填写线路运营工作有关数据指标,做好原始记录。
(9)服从值班主任的指挥,与电力调度员、环控调度员和维修调度员等配合,共同完成行车和施工组织工作。

2)车辆段调度员

车辆段调度员负责车辆段的行车组织和相关行车设备设施的具体调度工作,确保列车安全正点出入车辆段以及其他施工作业有序进行。车辆段调度员的岗位职责主要有:

(1)组织和指挥车辆段内行车运营秩序,是车辆段内发生突发事件的临时指挥者,指挥车辆段内电客车、工程车的调车作业。
(2)按照列车运行图/运营时刻表、轨行区施工及行车计划通告、车辆检修需求,制定车辆段收车计划表、车辆段发车计划表,合理安排列车出入车辆段。
(3)掌握车辆段内列车和车辆的停留状况,根据工作需求,及时地编制下达调车作业单,监督检查调车计划的实施。
(4)安排车辆段范围所有计划内和临时性的施工作业。
(5)指挥车辆段值班员合理安排车辆段内行车作业,布置并监控车辆段值班员的作业。
(6)组织试车线和车辆段线路上的调试工作。
(7)指挥工程车司机、电客车司机配合各施工部门工作。

单元1　城市轨道交通行车组织概述

3）车辆段值班员

执行分公司、部、中心、车站的有关规章制度,服从车辆段调度员指挥,执行调度员命令,在车辆段调度员的领导下主管行车组织工作。车辆段值班员的岗位职责主要有:

(1)在车辆段调度员的指挥下,负责列车和车辆的出入车厂进路和调车进路排列。

(2)通过无线调度台向电客车司机、工程车司机、施工负责人下达命令和通知。

(3)监控电客车、工程车在试车线上的调试和试验工作。

(4)监视信号显示和列车出入车场运行状况,发现异常时向车场调度员报告,并做好记录。

(5)严格按计划收发列车,与行车调度员沟通、确认列车出入车场安排,及时向车场调度员报告收发列车情况。

4）行车值班员

行车值班员执行分公司、部、中心、车站的有关规章制度,做到有令必行,有禁必止,服从行车调度员指挥,执行行车调度员命令,在值班站长的领导下主管行车组织工作。行车值班员的岗位职责主要有:

(1)在值班站长的领导下,负责车站行车组织工作,按有关规定操作和监控行车设备。

(2)负责值守车站控制室,监控车站控制室内各项设备、设施状态,发现故障及异常情况及时按有关程序处理。

(3)负责运营生产信息的上传下达,及时处理外部信息和报出本站信息。

(4)操作、监控信号设备运行(未设置专职信号设备操作员、监控员的车站)。

(5)信号设备停用时,负责办理人工组织行车手续。

(6)对当班施工管理工作负责,在线路施工和工程列车开行时安排安全防护,负责车站施工作业登记、施工安全监控和施工负责人管理等工作。

(7)协助值班站长进行人员工作安排及管理。

(8)做好车站内对乘客的应急广播。

5）电客车司机

电客车司机在一个运营周期的作业也分为运营前、运营期间和运营后三个阶段。电客车司机的岗位职责主要有:

(1)运营前,电客车司机主要进行列车整备作业,如检查车体内外情况、车载电器、制动设备、无线电话等。严格按电客车司机手册的程序和标准进行,对不符合运行要求的列车,报告车场调度,按其指示执行。

(2)在运营期间,主要负责列车正线运行作业、站台作业和折返作业。严格执行行车规定、电客车司机手册、车辆段运行手册和车辆故障处理指南的规定,正确操作客车。

(3)行车中按规定确认行车凭证,必须执行呼唤应答等作业制度;严格按照列车时刻表或调度的命令行车,为乘客提供安全、准点、舒适、快捷的服务。

(4)立岗标准,按规定开、关车门,掌握好时机;忠于职守,不得擅自离岗,对非乘务人员登乘驾驶室时,认真按运营企业的规定执行。

(5)列车运行中密切留意,如遇影响行车或设备、人身安全情况须立即采取措施,及时消除隐患,并做好状态卡和行车记录的填写工作。负责做好行车信息传递工作,遇到问题及时与调度员联系,并做好记录。

(6)发生突发事件时,严格按应急处理程序处理事件,尽快恢复运营,严格按照线路、电客车限制速度运行,确保行车及人身安全。

(7)运营结束后,电客车应进入车辆段进行整备,以确保第二天的正常运行。

武汉地铁的"千里眼"和"顺风耳"

硚口控制中心是武汉地铁第一个控制中心,成立已有19年之久,主要负责武汉地铁1号线、2号线的运营组织工作。控制中心负责线路上列车的运营组织、施工管理、电力环控设备的操控、信息通报等工作,采用24h不间断的工作方式保障着地铁的安全稳定运营。

在运营时段,调度员监控列车运行状态,保障列车安全、准点运行,如遇突发情况联动各生产岗位开展应急处置。在结束运营后,统筹各施工单位下线进行轨旁设备维保,组织开行各种工程列车上线进行施工维保作业,组织电客列车上线进行性能调试作业,以保障各种设备以安全、良好的状态投入次日运营。

调度员每天的工作就是"一键盘、一鼠标、一电话",这"三件套"看起来很普通,背后却有着大量的工作。调度员工作容不得任何闪失,特别是应急处置要做到决策决定"快"、下发命令"准"、应急处置操作"稳",如果操作失误或发错指令,轻则造成列车晚点,重则可能导致危及行车的安全事件,这就对调度员提出了更高的要求。

硚口控制中心的调度员在这里可以通过大数据平台分析,依赖智能系统高度的现场精确定位、大数据量的实时通信网络,监控每一趟列车的运行速度,以"人工+智能"的方式掌握实时信息,并与司机、车站保持随时可联系的状态。控制中心会根据大数据分析当日客流特点,在行车调度系统中提前编制与客流相匹配的列车运行图,它会规定当天列车什么时间开班运营,什么时间收班回库,包括根据早晚高峰的要求,什么时间段列车密度应该增加到多少。待准备就绪,将列车投入到转换轨,系统就可以自动实现列车自动驾驶(Automated Train Operation,ATO)、列车自动防护(Automated Train Protection,ATP)的移动闭塞功能,直到列车按点收班后回到各个转换轨。

武汉地铁通过科学调度实现精准运力投放,采用大数据平台分析,结合人工现场观测,"人工+智能"精准确定重点车站集散量和列车的满载率,通过优化列车运行图、组合多种交路方式灵活运用等手段实现运力与客流的精准匹配,提升乘客的出行体验,提高运营服务质量。

1.3 行车组织规章

1.3.1 全国性行车组织规章制度

1)城市轨道交通运营管理规定

为规范城市轨道交通运营管理,保障运营安全,提高服务质量,促进城市轨道交通行业健康发展,根据国家有关法律、行政法规和国务院有关文件要求,交通运输部于2018年5月21日颁发《城市轨道交通运营管理规定》(简称"《规定》"),《规定》自2018年7月1日起施行。《规定》要求"城市轨道交通所在地城市交通运输主管部门或者城市人民政府指定的城市轨道交通运营主管部门在本级人民政府的领导下负责组织实施本行政区域内的城市轨道交通运营监督管理工作"。《规定》共7章、56条,包括总则、运营基础要求、运营服务、安全支持保障、应急处置、法律责任和附则。

2)城市轨道交通行车组织管理办法

为深入贯彻落实《国务院办公厅关于保障城市轨道交通安全运行的意见》(国办发〔2018〕13号)和《城市轨道交通运营管理规定》有关要求,进一步规范城市轨道交通行车组织工作,更好地保障城市轨道交通安全运行,2019年10月16日,交通运输部印发《城市轨道交通行车组织管理办法》(简称"《办法》"),《办法》自2020年4月1日起施行。出台城市轨道交通行车组织的管理制度,统一行业行车组织的基本规则,对于严守安全底线,进一步夯实运营安全管理基础,具有重要作用。

《办法》共6章38条,包括总则、行车组织基础、正常行车、非正常行车、施工行车、附则等章节,主要内容有:

(1)明确了行车组织工作的基本要求。要求运营企业合理制定行车计划,确保各设施设备系统运行能力,保障行车组织需要,充分满足客流需求,并持续改进和优化;列车运行图的编制既应经济合理地运用车辆和安排施工维修时间,有效发挥线路能力,又要保持相对稳定,确保满足安全运营条件。《办法》针对城市轨道交通行车指挥层级、行车方向、列车等级、行车调度命令、行车组织方法等方面作出原则规定,统一行业行车组织的基本规则。其中,重点对各种行车组织方法的行车凭证和安全防护等内容提出要求,着力保障行车安全。

(2)规定了正常情况下基本的行车组织规则。按照行车组织程序,对运营前准备、乘务组织、车站行车监控和运营结束等方面的安全作业作出规定。明确运营前应做好各项准备,确认线路安全后方可开始运营;规定司机单次值乘的最大时长和连续值乘最小间隔,强调运营企业应在出勤时对司机状态进行检查,保障驾驶安全;提出司机开关门作业时的操作要点,严防夹人夹物动车;规定车站行车人员要做好行车监控,特别是特殊情况下的安全监控及应急处置;提出共线、跨线运行方式下行车调度和异常情况处置的原则;明确了车辆段调车、试车作业时的安全防护要求。

(3)规定了非正常情况下的行车作业规则和安全防护要求。明确发生突发情况时,应在保证行车安全前提下尽可能维持列车运行;分别规定了抢修施工作业、列车限速运行、越过防护信号机禁止信号、列车自动防护失效、列车退行、列车越站、反方向行车、列车救援、道岔故障、联锁失效、接触网(轨)失电、区间乘客疏散等典型非正常行车场景,以及发生地震、恶劣天气、公共安全事件等特殊情况下的行车调度程序、安全作业规则、安全防护要求等,最大程度保障人员安全和行车安全。

(4)明确了施工作业的行车组织规则和安全防护要求。要求运营企业应合理安排并严格执行施工作业计划,施工作业原则上不应影响正常运营;发生故障影响运营时,应按照"先通后复"的原则视情安排施工作业。对于设施设备调试、升级、更新改造等重大施工,应制定并组织落实行车保障措施。对于施工列车与相邻施工区域间隔、工程车施工作业、人员与工程车同时作业等方面明确了安全防护要求,从施工行车组织角度保障施工安全。

1.3.2 城市轨道交通行车组织规则

各城市轨道交通主管部门或运营企业应根据各城市轨道交通系统特征、所在城市的地理气候环境等要素特征,制定详尽的运行安全规章制度。

例如,上海申通地铁集团有限公司的相关规章制度有《地铁运营技术管理规程》《地铁行车组织规则》,各车站与车辆段的《行车组织细则》《地铁客运组织规则》《地铁行车事故处理规则》,各类专业的操作规程和安全规则、《行车事故示例救援办法》。此外,由上海市人民政府发布的地方性法规——《上海市地铁管理办法》以及相关管理部门(上海市政工程局)发布的《上海市地铁管理办法实施细则》,作为上述系统规章制度的法律支持。

各城市轨道交通运营企业,一般根据设备功能、设备技术状况、列车运行和行车组织原则、设备检修要求等编制行车组织规则。下面以《南宁市轨道交通1号线行车组织规则(试行)》为例进行说明,其主要内容包括以下几个部分。

1)前言

本标准起草单位:南宁轨道交通集团有限责任公司运营分公司。

2)范围

南宁市轨道交通1号线首通段(南湖站至火车东站)于2016年6月28日开通,共计运营里程为10km。根据1号线的设备功能、设备技术状况、列车运行、设备检修、行车组织等情况,特制定本标准作为1号线运营管理、行车组织的标准。本标准适用于南湖站至火车东站10个车站和屯里车辆段的行车组织、运营管理工作。

3)引用标准

《地铁设计规范》(GB 50157—2013)。

4)总则

主要内容:说明运营服务的宗旨,地铁各单位各部门行车组织指挥工作必须坚持的安全生产方针,必须坚持的高度集中、统一指挥、逐级负责的原则。各单位及部门必须按本标准的原则和要求,结合本部门的特点,制定各工种的运作手册或细则。

5)技术设备

主要内容:规定界限;线路类型;车场,车站;地铁通信与地铁信号设备的设置与使用要求;供电设备;车辆设备;屏蔽门与人防门;空调通风;综合监控系统(Integrated Supervision Control System,ISCS)等。

6)行车组织原则

主要内容:行车组织基本原则;地铁行车指挥组织与机构;各类行车法组织原则;列车车次及编组规定;联锁设备管理;车辆、信号设备调试的行车组织原则。

7)列车运行

主要内容:列车运营模式;电客车运行的准备和条件;电客车出入车场的组织;列车接发作业规定;电客车的运行规定;工程车开行的规定。

8)设备检修施工

主要内容:设备检修施工组织原则;运营时间的设备抢修及非运营时间的施工组织原

则等。

9）非正常情况下的行车组织

主要内容：扣车的相关规定；信号系统故障的处理；取消发车进路的规定；电客车的故障处理；救援列车的开行；列车出现异常晃动、异响等异常情况；屏蔽门故障的处理原则；特殊情况下的列车运行。

10）调车作业

主要内容：调车作业范围；调车动车凭证；调车规定操作等。

11）信号显示

主要内容：有关信号的显示规定与相关要求。

12）附录

主要内容：对本规则中有关名词术语及相关内容进行补充说明。

车站行车工作细则

各城市轨道交通车站都要根据其作业要求编制车站行车工作细则，其主要内容包括以下几个部分。

（1）车站概况。

主要内容：车站的位置、性质、等级和任务。

（2）技术设备。

主要内容：股道与道岔；信号、联锁与闭塞设备；客运设备；自动售检票系统设备；通信、照明与供电等设备。

（3）车站行车组织工作。

主要内容：正常情况下以及非正常情况下车站行车办法；电气集中控制台操作规定；列车转线作业有关要求。

（4）检修、施工管理。

主要内容：施工计划；车站施工登记的作业程序；检修施工管理办法；车站线路的清扫与道岔的保养等有关规定。

（5）车站运输组织工作。

主要内容：规定了车站客运组织机构形式与行车值班员交接班制度。

（6）附录。

廖明是北京地铁运营三分公司回龙观乘务中心的电客车司机，36年安全运营里程超过120万km，相当于绕赤道25圈，他是公司最年轻的司机长、最年轻的"金手柄"，也是目前全国城市轨道交通（地铁）安全运营里程最长的人。2012年，廖明被全国城市轨道交通企业工会联委会授予"列车先锋"称号。其还曾获评"全国劳动模范"称号,获得"五一劳动奖章"等诸多荣誉。

在30多年的工作中,他一直秉承"安全行车每一刻,永远追求零风险"的工作信条,在岗时严守规章制度,全力以赴确保行车安全! 三十六载春秋,百万公里里程,地铁已融入廖明的生命里。

2007年8月6日下午,北京地铁13号线北段风雨交加,能见度非常低。列车即将进站,廖明立刻察觉到眼前的场景发生了细微的变化,他的眼睛死死地盯着路面,但单凭视力无法辨识,为了保险起见,他立即采取了制动措施。列车一再减速,离近后才发现地铁轨道上确有异物,原来是两块地毯,被狂风掀起来落在了轨道上。最终列车停稳了,距离地毯只有一米多远。

北京地铁有着非常苛刻的标准:列车晚点5min以上算事故;某个车门未关严列车启动算事故;红灯动车算事故;停车超过规定线算事故……触犯一项,之前安全纪录全部归零。100万km,对于有些列车司机来说,可能是毕生难以企及的梦。

点拨:把每一项作业都执行规范并不困难,难的是年复一年,始终严格执行每一项驾驶操作。城市轨道交通列车司机的职业价值体现在安全正点。安全正点是城市轨道的"生命线",安全行车关乎千万乘客的生命财产,是城市轨道交通列车司机的第一要务。让每一趟列车安全出发,每一名乘客平安抵达,是城市轨道交通列车司机的不变的初心。

单元实训

调查汇报1~4:我国主要城市其线路行车组织机构设置与人员情况

1. 任务描述

调研所在城市或其他城市的轨道交通行车组织机构,完成行车相关岗位设置情况以及人员职责情况调研表格。

项目	行车调度员	站长	值班站长	值班员	……
是否设置此岗位					
岗位要求					
岗位职责					

2. 任务目标

(1)重点培养学生的分析归纳能力、口头与书面表达能力。通过查阅资料、独立思考、撰写分析报告、课堂展示、课堂讨论等,帮助学生理解我国主要城市轨道交通行车组织机构与人员岗位情况。

(2)培养学生信息处理、文本制作等综合能力。

3. 任务要求

(1)个人任务。学生个人通过收集资料,分析比较,调研所在城市或其他城市的行车组织机构并完成车站岗位以及职责情况调研表格。

（2）小组任务：6人为一组，分若干个学习小组完成上述调研和分析报告展示，自由分组、自选组长，由组长安排收集资料、撰写分析报告、报告汇总制作、课堂展示等各项任务，小组成员各司其职。

（3）展示所需设备：多媒体教室、激光笔、扩音器、投影设备等。

（4）各组设置观察记录员1名，用摄像机、手机等视录设备将学习和课堂展示过程拍摄下来，使用观察清单记录和分析该小组学习过程及展演过程中的问题，并进行时间把控。视频也是教师小组评价依据之一。

4. 任务实施与评估标准

（1）任务实施。

①能对国内主要城市轨道交通行车组织机构和行车相关岗位设置情况以及人员职责情况设计制作表格，进行全面描述、正确分类、现状分析。

②文本等汇报材料制作简洁美观，汇报翔实，动作和用语规范，井然有序。

（2）评估标准。

①按照上述任务实施要求完成实训任务。

②按照测评表进行合理评价。

5. 检测评价

完成本次课程，根据同学在实训任务中的表现，结合训练要求，给予客观评分。

项目	类别			
	组员自评(10%)	组长自评(10%)	小组互评(20%)	教师点评(60%)
团队和谐(10分)				
团队分工(15分)				
规范使用工具(10分)				
任务内容(25分)				
报告制作(15分)				
汇报效果(25分)				
总分(100分)				

复习与思考

一、单选题

1. 城市轨道交通行车组织指挥工作，必须坚持（　　）的方针。

　　A. 安全生产　　　　B. 高度集中　　　　C. 统一指挥　　　　D. 逐级负责

2. 行车有关人员必须服从（　　）指挥，执行行车调度员命令，行车调度员应严格按列车运行图指挥行车。

　　A. 行车调度员　　　B. 值班站长　　　　C. 值班主任　　　　D. 站长

二、多选题

1. 城市轨道交通运营工作,以安全运送乘客,(　　),保证设备运作质量为目的,运营各部门在集中领导(　　)的原则下,紧密配合,(　　)完成各项任务,确保城市轨道交通运营行车安全和乘客安全。

   A. 统一指挥　　　　　　　　B. 规范列车服务
   C. 安全生产　　　　　　　　D. 协调动作

2. 城市轨道交通对行车组织工作的要求包括安全性要求高、(　　)、自动化程度要求高、设备要求满足比较苛刻的限界条件等。

   A. 通过能力要求大　　　　　B. 运行计划性要求强
   C. 信号显示要求准确　　　　D. 设备可靠性要求高

3. 城市轨道交通行车组织的特点包括(　　)。

   A. 调整时间冗余多　　　　　B. 实时性、复杂性要求高
   C. 约束条件多　　　　　　　D. 优化指标多

三、判断题

1. 互联互通线路在车辆制式、信号系统、供电系统等方面,均应采用不同或不兼容的系统制式,以便于运营组织设计。（　　）

2. 城市轨道交通系统选型在满足预测客流的基础上,应至少预留10%的运能余量,使线路具有一定运能包容性及运营灵活性。（　　）

3. 国内城市轨道交通行车调度指挥管理模式一般采取"区域控制+线网集中"的分布形式。（　　）

四、简答题

1. 简述城市轨道交通的特点。
2. 简述城市轨道交通对行车组织工作的要求。
3. 简述城市轨道交通行车组织的特点。
4. 分析城市轨道交通行车组织发展趋势。

单元 2　行车闭塞法

▶ **知识目标**
1. 能叙述行车闭塞法的种类,理解自动站间闭塞、移动闭塞、电话闭塞的行车办法和原理;
2. 能叙述移动闭塞的特点、概念和基本要素。

▶ **能力目标**
1. 能够判断电话闭塞的使用时机;
2. 能够根据情况运用电话闭塞法的程序规范、正确地接发列车。

▶ **素质目标**
1. 能够在理解不同闭塞原理和时机的基础上,形成严谨、规范的工作态度;
2. 在熟练掌握不同闭塞行车办法和程序的过程中,提高安全责任意识。

▶ **建议学时**
8 学时

案例导入

1. 事故概况

2011 年 9 月 27 日 14 时 37 分,上海地铁 10 号线上运行的 1005 号列车与 1016 号列车发生追尾,造成 270 多人受伤。事发前,上海自动化仪表股份有限公司的电工凭借上海申通地铁集团有限公司维护中心供电公司签发的不停电作业工作票及上海地铁第一运营有限公司的允许,在地铁 10 号线新天地站内进行电缆孔洞封堵作业。后据通报,这次施工没有进行风险识别,也没有采取任何针对性防范措施,纯属违规作业。作业造成了供电缺失,导致新天地集中站信号失电。中央调度列车自动监控红光带、区间线路区域内车站列车自动监控面板黑屏,地铁运营由自动系统向人工控制系统转换,采用电话闭塞方式使到车限速运行。然而,行车调度员并未严格执行调度规定,在 1016 号列车仍旧处于停车待命状态的情况下,竟向 1005 号列车发出路票,让其从豫园站驶出向老西门方向开进,从而造成了严重的两车追尾事故。

2. 原因分析

行车调度员在未准确定位故障区间内全部列车位置的情况下,违规发布电话闭塞命令,接车站值班员在未严格确认区间线路是否空用的情况下,违规同意发车站的电话闭塞安全要求,导致地铁 10 号线 1005 号列车与 1016 号列车发生追尾碰撞。

3. 防范措施

(1) 加强施工制度监督。

(2) 加强行车调度员和行车值班员人工调度方式的培训。

4. 思考

(1) 什么是电话闭塞？它在何时启用？

(2) 电话闭塞法行车中的关键要点是什么？工作流程涉及哪些岗位？需要注意什么？

2.1 概述

1) 行车闭塞法的概念

两站之间的线路称为区间。列车在区间运行,必须区间空闲,而且必须杜绝其对向和同向同时有列车运行的可能,即必须从列车的头部和尾部进行防护。因此,为了安全、准确、迅速、协调地完成运输生产任务,城市轨道交通运营企业在行车管理上设置了一套行车设备和相应的行车组织制度,用来控制列车的运行。这种为确保列车在区间运行安全而采取一定措施的方法称为行车闭塞法,简称"闭塞"。

2) 行车闭塞法的作用

通过时间间隔和空间间隔的方式,确保列车之间保持一定安全距离,以保证列车安全运行,防止出现列车碰撞事故。

3) 区间行车组织的基本方法

为了保证列车的安全运行,普遍采用的方法是隔离法。隔离法有两种形式：一是空间间隔法,二是时间间隔法。在正常情况下,一般采用空间间隔法。

(1) 空间间隔法。在轨道交通正线上,每隔相当距离设立一个车站或自动闭塞通过信号机,这样将正线划分为若干个区间,在同一时间里、同一空间内只准许一辆列车运行的办法。

(2) 时间间隔法。时间间隔法实际上是一种不确切的空间间隔法。即在一个区间内,用规定的时间将同方向运行的列车彼此间隔开运行,以达到列车之间的空间间隔。由于时间间隔法没有设备上的控制,容易发生人为的行车事故,安全性较差,所以,时间间隔法不能确保行车安全,原则上不采用该方法,只有在特殊情况(如临时性的缓解列车堵塞、事故起复后的车流疏散、一切电话中断时的行车等)下才采用。

4) 闭塞区间的划分

区间与站内的划分,是行车组织工作的一项重要内容,也是划定责任范围的依据。列车进入不同地段时必须取得相应的凭证或准许,在我国,列车占用区间的凭证通常为车站出站信号机的准许显示或目标点和速度码。在城市轨道交通线路上,采用的闭塞方式不同,闭塞区间的划分也不相同,如图 2-1 ~ 图 2-3 所示。采用站间闭塞时,在单线上以两个车站的进站信号机机柱的中心线为车站与区间的分界线；在双线或多线上,分别以各线路的进站信号机机柱或站界标的中心线为车站与区间的分界线。两站间的线路区段称为站间区间。

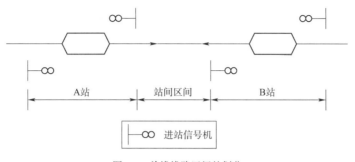

图 2-1 单线线路区间的划分

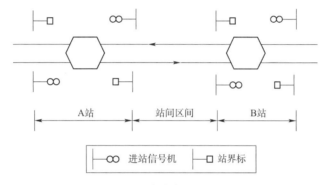

图 2-2 双线线路区间的划分

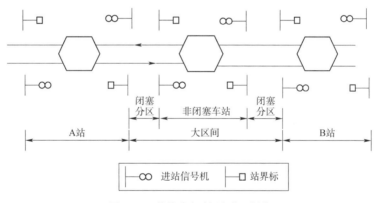

图 2-3 双线线路自动闭塞分区划分

采用大区间闭塞时,并非所有的车站都是闭塞区间的分界点,通常根据作业需要将某些大站(或重要车站)设置为闭塞区车站,两闭塞区车站之间的线路区段称为大区间,其他车站则为大区间内的闭塞分区分界点。采用移动闭塞时,是以同方向保持最小运行间隔的前行列车尾部和追踪列车头部为活动闭塞区间的分界线。

5)闭塞的类型

(1)站间闭塞。

站间闭塞就是两站间只能运行一列列车,其列车的空间间隔为一个站间区间。站间闭塞按技术手段和闭塞实现方法又可分为电话闭塞、路签闭塞、路牌闭塞、半自动闭塞、自动站间闭塞。路签和路牌闭塞在我国已经淘汰。

①电话闭塞是一种最终的备用闭塞。

②半自动闭塞是人工办理闭塞手续,列车凭信号显示发车后出站信号机自动关闭的闭塞方法。其特征为:站间只准走行一列列车;人工办理闭塞手续;人工确认列车完整到达和人工恢复闭塞。

③自动站间闭塞就是在有区间占用检查的条件下,自动办理闭塞手续,列车凭信号显示发车后出站信号机自动关闭的闭塞方法。其特征为:有区间占用检查设备;站间区间只准走行一列列车;办理发车进路时自动办理闭塞手续;自动确认列车到达和自动恢复闭塞。

(2)自动闭塞。

自动闭塞就是根据列车运行及有关闭塞分区状态自动变换信号显示,而司机凭信号行车的闭塞方法。其特征为:把站间划分为若干闭塞分区,有分区占用检查设备,可以凭通过信号机的显示行车,也可凭机车信号或列车运行控制的车载信号行车;站间能实现列车追踪;办理发车进路时自动办理闭塞手续,自动变换信号显示。

从保证列车运行而采取的技术手段角度来看,自动闭塞可分两大类:传统的自动闭塞和装备列车运行自动控制系统的自动闭塞。

①传统的自动闭塞。传统的自动闭塞属固定闭塞的范畴,一般设地面通过信号机,装备有机车信号,保证列车按照空间间隔制运行的技术方法是用信号或凭证来实现的。传统的自动闭塞通常就称自动闭塞,在此因为要与装备列车运行自动控制系统的自动闭塞以区分,故冠以传统的自动闭塞之称。目前,传统的自动闭塞一般适用于列车最高运行速度在160km/h及以下的线路,它可分为三显示自动闭塞、四显示自动闭塞和多信息自动闭塞。

②装备列车运行自动控制系统的自动闭塞。列车运行自动控制系统(简称"列控系统")保证列车按照空间间隔制运行的技术方法是靠控制列车运行速度的方式来实现的。

从闭塞制式的角度来看,装备列车运行自动控制系统的自动闭塞可分为三类:固定闭塞、准移动闭塞(含虚拟闭塞)和移动闭塞。准移动闭塞不完全是移动闭塞,所以有时也将其归入固定闭塞。

2.2 自动站间闭塞

自动站间闭塞是在有区间占用检查的情况下,自动办理闭塞手续,列车凭进行信号发车后,出站信号机自动关闭的闭塞方法。自动站间闭塞的列车位置检测可用计轴设备(或轨道电路)来实现。由于轨道电路受温度、湿度、道砟电阻的影响较大,后期维护量较大,计轴设备可克服轨道电路的不足。计轴设备维护量小,具备检查较长轨道区段是否空闲的能力,因此,城市轨道交通移动闭塞大多采用计轴设备为降级模式列车位置检测设备。

2.2.1 自动站间闭塞计轴系统

1)自动站间闭塞计轴系统的组成

计轴系统(图2-4)共分3个部分:计轴探头、电子连接箱(EAK)、计轴评估器。

计轴探头沿线路安装在钢轨之上,其位置也是闭塞分区的分界点,它可以探测到通过的列车轴数,向计轴评估器报告。通常情况下,两个计轴探头可以确定一个闭塞分区。

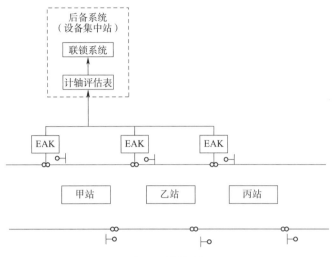

图 2-4 计轴系统

计轴器是计轴了系统的核心部件,收集控制范围内的计轴探头发来的所有信息。计轴评估器计算相邻 2 个计轴探头报告的轴数差,确定该闭塞分区是否空闲。

2) 计轴系统工作原理

在检测轨道区段的入口处和出口处,分别设置计轴器,每个点的传感器配有 2 套磁头,每套分别设置发送磁头和接收磁头。如图 2-5 所示,当列车驶入该轨道区段,列车车轮抵达计轴器 A 的作用区域时,传感器 A 将车轴脉冲传送给室内计算机主机系统,由主机系统计算车轴数量,根据 2 套磁头的作用时机判别列车运行方向;同样,当列车车轮抵达计轴器 B 的作用区域时,计轴器 B 将车轴脉冲传送给室内计算机主机系统,依据该轨道区段驶入点和驶出点所记录轴数的比较结果,确定该区段的占用(输入轴数大于输出轴数)或空闲状态(输入轴数等于输出轴数)。

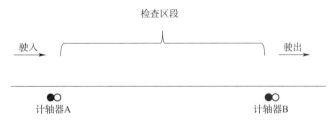

图 2-5 计轴系统工作原理

当列车驶入轨道区间时,A 的计轴数结果为 N(列车轴数),此时 B 的计轴结果为 0,所以根据主机系统发出区段占用信息;当列车驶离该轨道区段时,B 的计轴数也为 N。经比较,与传感器 A 的计数结果一致,确认区段空闲。根据列车占用轨道区段状态,完成区间闭塞管理。

2.2.2 自动站间闭塞系统

"自动"是指出发信号随着运行列车自动开放和关闭,"站间"是指在同一时间同一站间区间只有一列列车占用。车站出站方向设置出发信号机,信号机相对应位置设置计轴器和信标,车站在站台入口处设置计轴器(现在新建地铁的自动站间闭塞系统一般在这个位置不设置计轴器,只有早期建设的有些地铁有此设置)。通过计轴器设置将线路划分为闭塞区段,两个相邻计轴器间为一个闭塞区段。当列车压上信号机对应的计轴器,信号机自动关闭;当列车出清区段,列车尾部最后一个轮对压过下一个计轴器,区间空闲,后方防护闭塞区段信号机自动开放。

2.2.3 自动站间闭塞实施基本原则

(1)在全局后退模式下采用站间自动闭塞法组织行车。闭塞分区分界点为各站出发信号机,同方向一个闭塞分区内只允许一列列车运行。

(2)列车凭出发信号机的进行显示进入下一闭塞区段,司机根据时刻表规定的停站时间(或固定停站时间)掌握关门时机。

(3)出发信号机的红灯显示,绿黄灯显示为禁止信号。

(4)列车以 CUT-OUT 模式驾驶,限速 60km/h 运行,司机应加强瞭望,注意安全,防止冒进。

(5)全线各站记点,由报点站报点。报点内容:列车到达时刻(整列到达后)和出发时刻(整列出站后)。在行车调度员认为有必要时,可通知其他车站开始报点。

(6)全局后退模式组织行车,须得到运营企业分管领导的同意。

(7)正线信号系统出发信号机的显示:
①绿灯:开通直向允许越过,前方至少有两个闭塞分区空闲。
②绿黄灯:禁止越过,前方仅有一个闭塞分区空闲。
③黄灯:开通侧向允许越过,前方有一个闭塞分区空闲。
④红灯:禁止越过。

2.2.4 自动站间闭塞设备使用特点

1)列车运行与闭塞系统之间互动

(1)当前行列车出清区间,发车站办理发车进路,开放信号。

(2)列车出发后,出发信号机自动关闭,区间闭塞。闭塞解除前,发车站防护该区间的发信号机不能再次开放。列车出清接车站,经检查区间空调空闲后,自动开通闭塞。

(3)闭塞后站间区间占用,不能解除闭塞;列车出清区间后,闭塞随之自动解除。

2)闭塞区间分区

闭塞区间只准一列列车占用。闭塞分区划分为信号机防护的进路区段,一个闭塞区间(一般为一站一个站间区间)内只允许一列列车运行。

3)计轴设备

一般情况下,计轴设备不参与移动闭塞系统工作。在正常运营中,计轴设备故障时将发出报警,但不影响按移动闭塞运行列车。列车按自动站间闭塞运行时,计轴设备故障会影响列车的运行。

2.2.5 自动站间闭塞行车凭证

自动站间闭塞发出列车行车凭证为出发信号机的进行信号(绿灯和黄灯)。车站发给列车行车凭证根据:①站间区间空闲;②发车进路准备妥当。

2.3 移动闭塞

移动闭塞是一种新型的闭塞制式。它不设固定闭塞区段,前、后两列车都采用移动式的定位方式。移动闭塞可解释为"列车安全追踪间隔距离不预先设定,而随列车的移动不断移动并变化的闭塞方式"。在城市轨道交通中,移动闭塞是一种采用先进的通信、计算机、控制技术相结合的列车控制技术,所以国际上习惯称为基于通信的列车控制系统(Communication Based Train Control,CBTC)。

移动闭塞可借助感应环线或无线通信的方式实现。早期的移动闭塞系统大部分采用基于感应环线的技术,即通过在轨间布置感应环线来定位列车和实现车载计算机与控制中心之间的连续通信。武汉轻轨一期和广州地铁3号线相继采用基于环线的移动闭塞技术。现今大多数先进的移动闭塞系统已采用无线通信系统实现各子系统间的通信,构成基于无线通信技术的移动闭塞。

2.3.1 移动闭塞的概念

移动闭塞(Moving Block,MB)是相对于固定闭塞而言的。固定闭塞有固定的闭塞分区,移动闭塞与固定闭塞相比最显著的特点是取消了以通过信号机分隔的固定闭塞分区。列车间的最小运行间隔距离由列车在线路上的实际运行位置和运行状态确定,闭塞分区随着列车的行驶,不断地向前移动和调整,所以称为移动闭塞。

移动闭塞的线路取消了物理层次上的闭塞分区划分,将线路分成了若干个通过数据库预先定义的线路单元,每个单元长几米到几十米不等。移动闭塞分区即由一定数量的线路单元组成,单元的数目可随列车的速度和位置而变化,分区的长度也是动态变化的。

采用移动闭塞方式的列控系统采取目标距离控制模式(又称连续式一次速度控制)。目标距离控制模式根据目标距离、目标速度及列车本身的性能确定列车制动曲线,采用一次制动方式。移动闭塞的追踪目标点是前行列车的尾部,当然会留有一定的安全距离,后行列车从最高速开始制动的计算点是根据目标距离、目标速度及列车本身的性能计算决定的。目标点是前行列车的尾部,与前行列车的走行和速度有关,是随时变化的。而制动的起点是随线路参数和列车本身性能不同而变化的。空间间隔的长度是不固定的,所以称为移动闭塞。移动闭塞在追踪运行的间隔要比准移动闭塞更小一些,移动闭塞一般是采用无线通信和无线定位技术来实现的。

2.3.2 移动闭塞的基本要素

在移动闭塞技术中,闭塞分区仅仅是保证列车安全运行的逻辑间隔,与实际线路并无物理上的对应关系,因此,移动闭塞在设计和实现上与固定闭塞有比较大的区别。其中列车定位(Train Position)、安全距离(Safety Distance)和目标点(Target Point)是移动闭塞技术中最重要的三个概念,可以称为移动闭塞的三个基本要素。

1)列车定位

在固定闭塞和准移动闭塞中,有轨道电路或计轴等设备作为闭塞分区列车占用的检查,就能粗略地进行列车定位,再配以测速测距就能较细地进行列车定位,最多再加应答器校准坐标。在移动闭塞中,没有轨道电路等设备作为闭塞分区列车占用的检查,被控对象基本处于动态过程中,只有了解所有列车的具体位置、以何种速度运行等信息,才能实施对列车的有效控制,所以,列车定位技术在移动闭塞系统中就显得更为重要。

列车定位由地面设备和车载设备共同完成。列车定位信息的主要作用是为保证安全列车间隔提供依据,CBTC系统对在线的每一列车,能计算出距前行列车尾部距离,或距进站信号点的距离,从而对它实施有效的速度控制,作为列车在车站停车后打开车门以及屏蔽门的依据。

目前,在列车自动控制系统中得到应用的列车定位技术主要有测速定位法、查询-应答器法、交叉感应线圈法、卫星定位法。测速定位法的原理是在车轮外侧安装光栅,按车轮旋转次数与转角计算出列车的位移。查询-应答器法是在线路上按一定间隔设置应答器,应答器内存储其所在位置的公里标,列车上的查询无线经过时读取位置信息。交叉感应线圈法是在线路上敷设轨道电缆,将轨道电缆每隔一定距离交叉一次,列车利用交叉线可测算出自己的位置。卫星定位法分为全球定位系统(Global Positioning System,GPS)和全球导航卫星系统(Global Navigation Satellite System,GNSS),都是利用导航卫星进行测时和测距,从而实现全球定位功能。另外,还有多普勒雷达法、无线扩频列车定位、惯性列车定位、航位推算系统定位、漏泄波导法、漏泄电缆法等。

2)安全距离

安全距离是后续追踪列车的命令停车点与其前方障碍物之间的一个固定距离。障碍物可以是确认了的前行列车尾部的位置或者无道岔表示(道岔故障)的道岔位置。该距离是基于列车安全制动模型计算得到的一个附加距离,它保证追踪列车在最不利条件下能够安全地停止在前行列车的后方不发生冲撞;所以,安全距离是移动闭塞系统中的关键,是整个系统设计的理论基础和安全依据。

如图2-6所示,可以看出移动闭塞基本原理为:线路上的前行列车经ATP车载设备将本车的实际位置,通过通信系统传送给轨旁的移动闭塞处理器,并将此信息处理生成后续列车的运行权限,传送给后续列车的ATP车载设备。后续列车与前行列车总是保持一个"安全距离",该安全距离是介于后车的目标停车点和确认的前车尾部之间的一个固定距离。在选择该距离时,已充分考虑在一系列最坏情况下,列车仍能够被安全地分隔开来。

3)列车运行的行车凭证——目标点

目标点是列车运行的行车凭证,如同固定闭塞系统中的允许信号,列车只有获得了目标点,才能够向前移动。目标点通常是设在列车前方一定距离的某个位置点,一旦设定,即表明列车可以安全运行至该点,但不能超过该点。移动闭塞系统就是通过不断前移列车的目标点,引导列车在线路上安全运行。

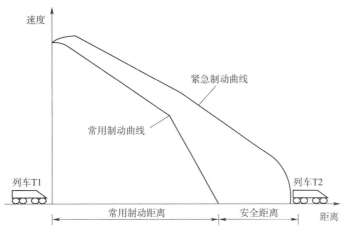

图 2-6 安全距离示意图

2.3.3 移动闭塞系统的主要运行模式及行车办法

我国主要采用 SELTRAC MB 移动闭塞系统,它可以提供两种主要运行模式,即列车自动控制(Automatic Train Control,ATC)模式和后退模式。

1)列车自动控制模式

在 ATC 模式下,系统根据 SELTRAC 移动闭塞原理自动地控制列车,司机的干预最少。ATC 模式是 ATC 系统和列车运营服务的常用工作模式。

在正常运营条件下,列车的运行由车辆控制中心进行控制,列车在 ATC 系统控制下自动地在整个线路上运行,司机仅对运行进行监视。ATC 系统将在车场边界转换轨处进行列车自检,并在自检成功后使其自动投入到正线运营当中。退出运营的列车将自动返回到车场边界转换轨,车场的列车自动监控子系统(Automatic Train Supervision,ATS)从这里控制列车进入车场。

(1)信息传输路径。

ATC 模式下的信息传输路径,如图 2-7 所示。

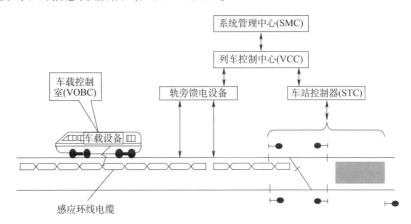

图 2-7 移动闭塞系统框图

(2)进路与道岔控制。

在 ATC 模式下,列车控制中心(VCC)负责列车的安全间隔和运行(安全运行还包括对道岔的操作)。VCC 按照系统管理中心(SMC)中执行的时刻表(或运行线)正确排列进路。

当列车按所分配的进路前进时,VCC 将在列车前方预留相应的轨道及道岔,并在允许列车通过之前命令系统资源控制器(System Resource Controller,SRC)转换道岔到所需位置。当 VCC 确认列车已从相关轨道及道岔出清,预留取消。一旦中心调度员在中心控制室的 VCC 终端上设置了人工进路预留(MRR)或者调度员人工单独预留道岔命令,系统就不会自动转换道岔。

(3)信号显示与计轴状态。

ATC 模式下,信号机显示蓝色以提醒司机信号机防护区域是"自动"区域,人工列车(限制人工或非限制人工)禁止通过。ATC 模式下,ATC 系统不会在信号机上显示其他灯光。

计轴器在 ATC 模式下仍然工作,但其检测的列车定位信息将不返回给 VCC,即计轴器不参与 ATC 模式下的联锁逻辑。

(4)运行方式。

列车可在 ATO 驾驶模式、人工保护驾驶模式以及自动驾驶模式下运行。ATC 模式下,VCC 对站台紧急停车按钮以及中央紧急停车按钮的按下进行响应。ATC 系统有能力使列车在线路的任何区域上双向运行。双向运行可以有效应对线路的任何部分由于特殊原因(如轨道阻塞)而采取的自动变更运行。与正向运营一样,反向运行时信号系统提供 ATP、ATO 及列车自动监督(Automated Train Supervision,ATS)的功能。

2)后退模式

后退模式可以使列车以人工驾驶(限制人工或非限制人工)模式运行,是考虑到 ATC 系统设备故障,或没有配备 ATC 设备的列车要在正线线路上运行而设计的。当出现 VCC 严重故障、感应环线故障或者车载控制器(VOBC)故障时,后退模式可以提供一种降级服务。此时,列车采用人工驾驶,按照轨旁信号机显示运行。

后退模式根据移动闭塞系统的故障影响分为全人工后退模式和局部后退模式。全人工后退模式下,单个或全部的车站控制器(STC)将不受 VCC 控制,该 STC 控制下的所有正线区域均以自动闭塞运营;局部后退模式则是指 STC 控制的个别信号机防护的区段以自动闭塞方式运营,其余区域仍以移动闭塞方式运营。

(1)后退模式的特点。

后退模式下的行车是单方向的,用于使无通信列车进入固定闭塞下运营,在确保安全的前提下,达到一定的运输能力。系统中的 STC 设备可以为其控制区域内的列车提供地面信号,以保证列车安全运行。进路是由中央调度员或车站值班员采取设置人工进路的方式设置的,并将进路上有关道岔设到所要求的位置。

(2)后退模式的功能。

在后退模式下,轨旁信号机平时点亮红灯,在人工办理了进路、联锁条件满足的情况下开放允许信号,在禁止信号"红灯"不能点亮的情况下不能开放任何允许信号。在后退模式下,STC 根据区段占用状态和道岔位置等联锁条件来设置信号机的显示。因此,一旦调度员设置了人工进路,当列车占用了该进路计轴区段时,防护该进路的信号机将显示"红灯"。当列车出清该占用区段后,如果所有的道岔都处在"正常"进路所要求的正确位置,则该区段信号机自动开放,显示"绿灯";如果所有的道岔都处在"变更"进路所要求的正确位置,则该区段信号机自动显示"黄灯"。当道岔处于锁闭状态时,信号机才能显示开放的信号(绿灯或黄灯)。

STC 根据系统管理中心 SMC(或处于局部后退模式的 VCC)的指令或 SMC 本地工作站控制指令转动道岔,并依据联锁条件设置信号机的显示。假如接近计轴区段并且道岔区段均空闲,则在 STC 将信号机成功设置为红灯后,命令道岔开始转动;当道岔转到规定位置并锁闭后,STC 检查所有的联锁条件,均符合时就将信号机设置为允许灯光显示。如果 STC 收到道岔转换指令时接近计轴区段有车且道岔区段空闲,STC 则将信号机显示为"红灯"后 60s 计时;一旦时间计完,若道岔区段无车,则 STC 开始转动道岔,使其转到规定的位置。

(3)后退模式的转换。

后退模式与自动模式的相互转换时机取决于中央调度员,时间长短主要取决于司机、调度员以及系统中正在运行的列车数量。当 VCC 发生故障时,中央调度员开始干预,系统将在大约 60s 内从自动模式转入全人工后退模式。只有所有的人工预留进路均已取消,所有线路上正在以人工模式运行的列车都重新进入自动模式,并且中央调度员进行干预后,系统才能启用全自动运行模式,否则,系统将维持原局部人工运行模式或全人工运行模式。

2.3.4 移动闭塞系统的组成和特点

1)移动闭塞系统的组成

移动闭塞系统主要包括数据通信网络、CBTC 车载设备等。图 2-8 是典型的 CBTC 结构框图。地面和车载设备通过"数据通信网络"连接起来,构成系统的核心。

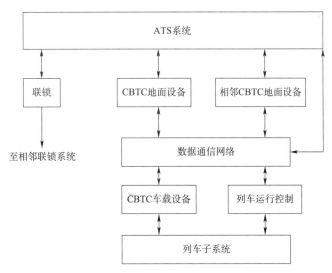

图 2-8 典型的 CBTC 系统结构框图

无线数据通信是移动闭塞实现的基础。通过可靠的无线数据通信网,列车将位置、车次、列车长度、实际速度、制动潜能和运行状况等信息以无线的方式发送给区域控制器;区域控制器追踪列车并通过无线传输方式向列车发送移动授权。车载设备包括无线电台、车载计算机和其他设备(如传感器、查询器等)。列车将采集到的数据(如机车信息、车辆信息、现场状况和位置信息等)通过无线数据通信网发送给区域控制器,以协助完成运行决策;同时对接收到的命令进行确认并执行。

目前,国内轨道交通行业主要采用的是 SELTRAC MB 移动闭塞系统,如武汉地铁 1 号线是第一条开通移动闭塞式 ATC 系统的轨道交通系统。SELTRAC 列车自动控制系统是阿尔卡特(Alcatel)公司研制的一套基于通信的列车自动控制系统,它采用移动闭塞原理,以电缆环线作为车地双向信息传输方式,集 ATP、ATS、ATO 功能于一身,实现对列车运行的安全控制。

典型的 SELTRAC 移动闭塞系统主要由三个控制层次、五个子系统构成。

管理层由系统管理中心(SMC)子系统构成,主要实现 ATS 功能,对列车进行自动监督和实现调度管理。

操作层由列车控制中心(VCC)子系统构成,操作层负责计算列车的安全运行间隔。它综合来自车载控制器(VOBC)的列车位置、速度、运行方向信息和来自车站控制器(STC)的轨旁设备(如道岔等)的状态信息,实现列车的运行和轨旁设备的联锁,达到在移动闭塞运行方式下控制列车安全运行的功能。

执行层由车站控制器(STC)、车载控制器(VOBC)和感应环线三个子系统构成,负责解释和执行列车控制中心(VCC)发来的控制命令,并向列车控制中心(VCC)报告所辖设备的状态信息。其中,车站控制器(STC)负责对轨旁设备(道岔、计轴器、站台发车表示器、站台屏蔽门等)的控制和信息采集;车载控制器(VOBC)则对列车的运行进行控制并反馈列车的状态信息;而感应环线则是列车和列车控制中心(VCC)间通信的传输介质,同时系统利用环线电缆、环线电缆交叉以及车载控制器(VOBC)中的转速计实现对列车的定位。

2)移动闭塞系统的特点

移动闭塞与传统的固定闭塞相比较,具有以下特点:

(1)线路没有固定划分的闭塞分区,列车间隔是动态的,并随前一列车的移动而移动。

(2)列车间隔是按后续列车在当前速度下所需的制动距离,加上安全裕量计算和控制的,这样可确保不追尾。

(3)制动的起点和终点是动态的,轨旁设备的数量与列车运行间隔关系不大。

(4)可实现较小的列车运行间隔。

(5)采用地车双向数据传输,信息量大,易于实现自动驾驶。

2.4 电话闭塞

2.4.1 电话闭塞的特点

电话闭塞是当基本闭塞设备故障不能使用,或闭塞设备不能满足运行列车的要求,由两车站(线路所)车站值班员利用站间行车电话,以电话记录的方式办理闭塞的方法,是代用闭塞法。

电话闭塞不论在单线或双线,均按站间区间办理。由于电话闭塞没有机械、电气设备的控制,而靠制度加以约束,出站信号机不能开放,因此,办理闭塞手续时必须严格。出站信号机不能开放,除需填写行车凭证外,接发列车进路也可能失去联锁控制,除人工确认发车进路正确外,还要按规定加锁,给车站的行车工作在安全和效率方面带来巨大影响。

2.4.2 电话闭塞法组织行车的原则(以某城市轨道交通运营企业规定为例)

(1)控制权限:采用电话闭塞法行车的区段内,行车指挥权在车站。

(2)执行电话闭塞区段,进路上的道岔优先使用 ATS/本地工作控制站(LCW)工作站锁定,当 ATS/LCW 工作站电子锁定无法使用时,由车站人员现场确认正确后使用钩锁器锁定(折返道岔钩锁器只挂不锁)。

(3)采用电话闭塞法行车的各车站不得办理通过列车。

(4)闭塞车站:正线全线信号联锁故障时,所有车站均为闭塞车站;局部信号联锁故障时,故障区域所有受影响的车站为闭塞车站。

(5)闭塞区段:闭塞区段为一站一区间。以本站的出站信号机至前方站的出站信号机为一个闭塞区间(即一个区间加一站线视为一个闭塞区段,简称"区段")。

(6)区段占用:每一个闭塞区段内只允许一趟列车占用。

(7)发车凭证:路票。

(8)驾驶模式和限速:闭塞区段内各站发出的首趟列车采用非限制人工模式限速 25km/h 运行,后续列车采用非限制人工模式限速 45km/h 运行。

(9)折返方式:执行电话闭塞法组织行车的区段内,列车若在本站内折返时,按调车方式限速 15km/h 运行。司机与车站人员共同确认线路安全及道岔位置正确后,凭车站人员道岔开通信号进行折返作业。

2.4.3 电话闭塞法的基本原理

电话闭塞法为在移动闭塞、自动闭塞无法使用时的代用闭塞法,当故障设备修复,试验完好后,就可以恢复移动闭塞。

1)闭塞分区

电话闭塞法是人工办理闭塞的一种方法,是由相邻两个车站的行车值班员利用行车专用电话进行联系,以电话记录的方式共同确认闭塞区间空闲后,方准列车进入该闭塞区间运行的行车闭塞法。图 2-9 为电话闭塞工作原理示意图。

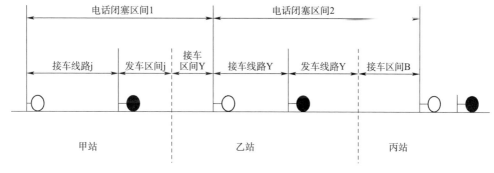

图 2-9 电话闭塞工作原理示意图

电话闭塞法分界线是各站出站信号机，闭塞设备是车站行车闭塞电话，实现方法是通过人工完成。闭塞区间是指车站出站信号机至前方相邻站出站信号机之间的范围。行车凭证是指出站信号机稳定的绿色灯光（人工控制）。

使用电话闭塞时应注意：电话闭塞应通过人工完成，所以闭塞区间的空闲应经人工确认。一个电话闭塞区间需两个车站共同确认。电话闭塞区间分为接车区间、接车线路、发车区间三部分，接车站需确认接车区间、接车线路空闲；发车站需确认发车区间空闲。电话闭塞一般作为代用闭塞法使用，只能由车站综控员办理。

2）电话闭塞法的使用时机

通常遇到下列情况之一时，会改为按照电话闭塞法行车：

（1）列车反方向运行时。

（2）按进路闭塞法行车时，连续两个站间区间及其以上范围内计轴设备故障，无法通过控制台确认列车位置时。

（3）遇地面信号机因故不能开放，且行车调度员及综控员与列车间的无线通信均中断时。

（4）未安装 ATP 车载及无线通信设备的列车遇出站信号机因故不能开放时。

3）电话闭塞行车凭证

（1）行车凭证：采用电话闭塞时，不论单线或双线列车均以路票作为占用闭塞区间的凭证，一个闭塞区间内只允许有一列列车运行。闭塞区间内列车凭路票采用故障级模式驾驶。列车反方向运行时，车站需在路票左上角加盖"反方向运行"专用章，非固定股道接车折返时应写明接车股道。

（2）填发路票的根据。

①单线或双线反方向发车时，须查明区间空闲，并取得接车站承认闭塞的电话记录号码后，方可填发路票。双线正方向发车时，根据到的前次发出的列车到达电话记录号码，填发路票。

②发车进路准备妥当。改电话闭塞法后，双线正方向发出第一趟列车，由于没有前次列车到达邻站的电话记录号码，因此，发车站应根据接车站发出的承认闭塞的电话记录号码。后续列车按前次列车到达的电话记录号码填发路票。

（3）路票的填写与注销。

①路票由值班站长指定两名工作人员（上下行各一名），在行车值班员指导下，在车站控制室填写，要求字迹工整，不得涂改。路票的填写内容包括车次、电话记录号、区间、行车专用章、日期、各站发出首列车须在路票左上方标明，如图 2-10 所示。有关行车人员交接时必须核对清楚。

②路票填写完成后，应根据车站行车日志的记录，进行认真检查，确认无误，并加盖行车专用章后，方可交给司机。

③路票交接地点为司机所在驾驶室的站台上，路票由两名指定行车人员直接交给司机，并复诵，待列车出清后回车站控制室。

④列车停稳后，接发车人员向司机收回路票，并及时打"×"作废，按规定保存。

（4）电话记录号码。

①电话记录。电话记录是采用电话闭塞法行车时，区间两端站办理行车闭塞事项的记

录。车站发出电话记录号码,以明确办理的事项和责任,并将电话记录号码登记在车站行车日志内,作为办理闭塞手续的依据,不可遗漏。

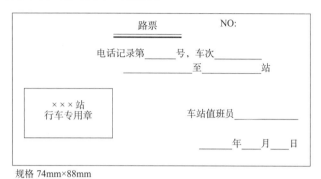

图 2-10 路票样式

②应给出电话记录号码的项目。办理电话闭塞时下列各项应给出电话记录号码:

a. 承认闭塞。

b. 取消闭塞(应在列车未进站或路票未交接前取消闭塞)。

c. 解除闭塞。

③电话记录号码相关规定。

a. 电话记录号码编制规定。有的城市轨道交通运营企业规定:自每日 0 时起至 24 时止,按日循环编号不重复使用,并应随机给出。有很多城市轨道交通运营企业电话记录号码编号为 4 位阿拉伯数字。例如,武汉地铁 1 号线规定:第一、二位表示发出电话记录号码的车站(01 表示东吴大道站,02 表示额头湾站,03 表示古田一路站,04 表示古田三路站,05 表示宗关站,06 表示硚口路站,07 表示利济北路站,08 表示大智路站,09 表示黄浦路站、0 表示二七路站、11 表示丹水池站、12 表示堤角站、13 表示车场、14 表示车辆段);第三、四位表示序号,从 01~99 中使用。

b. 电话闭塞作业程序中数字读法的规定。阿拉伯数字 1:读"幺";阿拉伯数字 2:读"两";阿拉伯数字 7:读"拐";阿拉伯数字 0:读"洞"。例:DWD00217 读"DWD 洞洞两幺拐";电话记录号 107 读"幺洞拐"。

2.4.4 电话闭塞办理作业的主要程序和要求

(1)行车调度员及时向有关车站及司机发布命令:从×点×分起,在×站至×站间采用站间电话闭塞法组织行车,×折返站固定采用×道折返(进/出×站、×站时自行切除/恢复 ATP 运行)。

(2)车站和行车调度员共同确认第一趟发出列车运行前方的进路空闲。接车站收到同方向前次列车在前方站出发的电话报点记录、接车进路准备妥当后,方可同意闭塞(需要时应说明接车线路)。

(3)发车站须查明区间空闲,发车进路准备妥当并取得接车站同意接车的电话记录号码后,方可填发路票。

(4)路票由值班站长或指定的人员胜任,根据行车值班员的通知在站台填写。对于填写的路票,应根据行车日志的记录,与行车值班员进行认真核对,确认无误,方可与司机核对交接。

(5)路票不得在得到电话记录号码前预先填写,也不能在进路准备妥当之前填写。路票已交司机,因特殊原因停止发车时,应及时收回路票。填写的路票,字迹应清楚,不得涂改;当填写后发现错误时,应在路票上画"×"注销,重新填写。

(6)路票交接地点为司机所在驾驶室的站台上,路票交接必须由值班站长或指定人员与司机核对、交接,司机接到路票后方可关门,凭车站的发车信号动车。

(7)车站报点。接车站在列车到达并由车站出发后,应向相邻车站和行车调度员通报发车车次和时分。

2.4.5 电话闭塞法的作业程序

(1)电话闭塞法的接车作业程序见表2-1。

电话闭塞法的接车作业程序　　　　　表2-1

程序	作业程序及用语	
	值班站长	值班员(站务员)
一、办理闭塞	(1)听取发车闭塞请求,复诵"××次闭塞"。 (2)根据《行车日志》和控制台确认区间空闲。 (3)承认闭塞"电话记录××号××点××分××秒同意××次闭塞"	
二、准备接车进路	(4)布置值班员(站务员):"检查××次××道接车进路"。 (6)听取汇报后,复诵"××次××道接车进路好了"	(5)检查线路空闲并将进路上的道岔及防护道岔开通正确位置并加锁,经确认正确,向值班站长报告"××次××道接车进路好了"
三、引导接车	(7)听取发车站发车通知,并填写《行车日志》。 (8)布置值班员"××次开过来,引导接车"	(9)复诵"××次开过来,引导接车"。 (10)显示引导信号,监视列车进站停车
四、开通区间	(11)填写《行车日志》,报发车站"电话记录××次××点××分××秒到"向行车调度员报点。 (13)收回路票	(12)向值班站长交回路票

(2)电话闭塞法的发车作业程序见表2-2。

电话闭塞法的发车作业程序　　　　　表2-2

程序	作业程序及用语	
	值班站长	值班员(站务员)
一、办理闭塞	(1)根据《行车日志》确认区间线路空闲。 (2)向接车站请求闭塞"××次闭塞"。 (3)复诵接车站发出的电话记录:"电话记录××号,××分××秒同意××次闭塞"	

续上表

程序	作业程序及用语	
	值班站长	值班员(站务员)
二、准备发车进路	(4)布置值班员"准备××次发车进路"。 (7)听取汇报,复诵"××次××道发车进路好"	(5)复诵"准备××次发车进路"。 (6)将进路上的道岔及防护道岔开通正确位置并加锁,经确认正确后,向值班站长报告"××次××道发车进路好了"
三、填写路票	(8)填写《行车日志》,对照《行车日志》填写路票	
四、列车出发	(9)向值班员交付路票并共同核对。 (11)指示值班员发车。 (13)列车出发后,向接车站行车调度员报点	(10)接收路票并检查核对。 (12)接受发车指令并付诸实施
五、开通区间	(14)复诵接车站列车到达时刻及号码"电话记录××次××分××秒到"。 (15)填写《行车日志》,确认区间开通	

电话闭塞与站间自动闭塞的异同

(1)相同点。

电话闭塞与站间自动闭塞的相同点在于:它们都是基本闭塞法无法使用时的一种代用闭塞法方式;在一个站间区间只允许一组列车运行;控制方式均只能由车站控制。

(2)不同点。

电话闭塞与站间自动闭塞的不同点在于:站间自动闭塞法是根据列车位置设备自动办理闭塞;电话闭塞是行车值班员根据列车位置与相邻站值班员口头确认闭塞,人工办理闭塞。站间自动闭塞法时,列车到达前方站台,后方站发出信号即可开放、发车;电话闭塞法时,需等列车从前方站开出后,后方站人工开放出站信号使列车出发。站间自动闭塞法时,列车占用区间的凭证是出发信号机显示闪动的绿色灯光;电话闭塞法时,列车占用区间的凭证是出发信号机显示的进行信号。站间自动闭塞法因故不能使用时,需调度员下达书面命令改电话闭塞;电话闭塞法出发信号故障时,值班员得到邻站承认闭塞后,填写并交递司机绿色许可证,手信号发车。

电话闭塞法行车

1.任务描述

某日,侨城东站至科技园站下行线,位置示意图如图2-11所示(竹子林到深圳大学方向)连锁设备故障,拟改用电话闭塞法组织行车。请在适当时间内向相关单位发布调度命令。

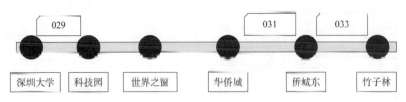

图 2-11 位置示意图

2. 任务目标

(1) 选择口头调度命令或书面调度命令,撰写改用电话闭塞法行车的调度命令内容。

(2) 能够填写正确规范的路票(路票样式见图 2-10)。

(3) 以团队合作的方式演练电话闭塞法接发列车程序。

3. 任务要求

(1) 学员 6 人一组,分别饰演接车站和发车站中不同岗位工种,按照演练步骤,根据本单元所学内容,制订本组演练方案,演练电话闭塞法接发列车程序。

(2) 学生可反复演练,逐步完善演练效果。

(3) 各组设置观察员 1 名,用摄像机、手机等视录设备将演练过程拍摄下来,使用观察清单记录和分析该小组演练问题及演练程序中关键点的时间把控程度。演练视频也是教师评价依据之一。

(4) 演练后应对演练效果进行评价,并汇报说明演练中存在的问题,提出改进措施。

4. 任务实施与评估标准

(1) 任务实施。

能正确运用电话闭塞法接发列车,能够分角色进行演练;演练完毕做好自我评估总结和汇报。

(2) 评估标准。

演练方案思路清晰程序正确完整;准备得当,组织有力,分工明确,小组成员扮演各岗位的电话闭塞法接发列车工作程序执行准确,节奏紧凑,动作和用语规范;本组演练总结客观全面,意见中肯,能发现本组演练中的问题和不足并提出改进意见,汇报话语流畅,表达准确、得体。

5. 检测评价

完成本次课程,根据同学在角色扮演中的表现,结合训练的要求,给予客观评分。

项目	类别			
	组员自评(10%)	组长自评(10%)	小组互评(20%)	教师点评(60%)
团队和谐(10 分)				
团队分工(15 分)				
角色设置(10 分)				
工具使用(5 分)				
规范使用工具(5 分)				

续上表

项目	类别			
	组员自评(10%)	组长自评(10%)	小组互评(20%)	教师点评(60%)
处理程序(30分)				
汇报效果(25分)				
总分(100分)				

复习与思考

一、单选题

1. 为确保列车在（　　）运行安全而采取一定措施的方法称为行车闭塞法。
   A. 轨道　　　　　B. 区间　　　　　C. 站间　　　　　D. 阶段

2. 移动闭塞系统就是通过不断前移列车的（　　），引导列车在线路上安全运行。
   A. 安全距离　　　B. 制动点　　　　C. 间隔距离　　　D. 目标点

二、多选题

行车组织方法主要有（　　）。
   A. 进路闭塞法　　B. 准移动闭塞法　C. 调令闭塞法　　D. 电话闭塞法

三、判断题

1. 交接路票时必须核对的内容有日期、车次、区间、闭塞号、行车专用章、签名等。（　　）

2. 如路票填写错误应撕毁作废，重新填写即可。（　　）

3. 路票是电话闭塞法的行车凭证。（　　）

4. 采用行车闭塞法行车时，一个闭塞分区同时只允许一趟列车占用。（　　）

四、简答题

1. 电话闭塞法的使用时机有哪些？
2. 移动闭塞系统的特点是什么？

单元 3　行车组织基础

▶ **知识目标**

1. 理解列车运行图,明确列车运行图基本要素,熟悉列车运行图的编制要求和步骤;
2. 理解客流计划和组成,理解全日行车计划的内容和作用,理解运用车和车辆运用计划。

▶ **能力目标**

1. 能正确识别列车运行图,说出列车运行图基本要素的含义,能画出简单的列车运行图;
2. 能识别客流计划、全日行车计划、运用车和车辆运用计划。

▶ **素质目标**

养成爱岗敬业、严谨负责的职业态度。

▶ **建议学时**

10 学时

案例导入

"为什么列车能够准点进出站?"

"为什么工作日同一时间到达车站后都能准时坐上列车呢?"

"列车运行间隔及上线列车数是如何确定的呢?"

城市轨道交通系统是一个庞大的系统,今天给大家介绍一下站台候车的"小秘密"。了解"小秘密"前,需要提前认识列车运行图。

为了更好地满足乘客的出行需求,城市轨道交通工作人员每天都会对城市轨道交通的客流进行分析统计,根据客流情况和列车的载客能力,确定各条线路上线的列车数量和列车运行间隔。结合不同时段输送客流量,就能通过每小时列车载客能力,绘制出不同时间段的运行图了。

思考:列车运行图的作用与基本要素是什么?

3.1 列车运行图

3.1.1 认知列车运行图

1)列车运行图的含义及作用

列车运行图是运用坐标原理描述列车运行时间、空间关系,即列车运行状况,表示列车在线路各区间运行时间及在各车站停车和通过时间的线条图解。

列车运行图是记录列车运行实际情况的图表,它规定了列车占用区间的次序,列车在区间的运行时分,在车站的到达、出发或通过时刻,在车站的停站时间和在折返站的折返时间,以及列车交路和列车出入车辆段时刻等。

列车运行图是列车运行组织的基础。列车运行图是各项运输生产的综合计划、行车组织的基础,是协调城市轨道交通系统各部门、单位进行生产活动的重要文件,在城市轨道交通运营企业内部,列车运行图不但规定了线路、车站、车辆等技术设备的运用,同时也规定了与列车运行有关各部门、各工种的工作要求。列车运行图在保证城市轨道交通运营企业各部门的相互配合和协调动作上起到了重要的组织作用。

2)列车运行图图解原理

列车运行图有两种格式:一种是以横坐标表示时间,纵坐标表示距离;另一种是以横坐标表示距离,纵坐标表示时间。我国通常是采用第一种图解方式。

在列车运行图上有横线、竖线和斜线三种线条。横线将纵轴按一定比例加以划分,代表车站的中心线,通常中间站的车站中心线可以较细线条表示,换乘站、折返站和终点站则以较粗线条表示。

车站中心线的确定,有按区间运行时分比例和按区间实际里程比例两种方法,实际工作中通常采用按区间运行时分比例来确定车站中心线。采用这种方法,列车运行线基本上是一条斜直线,并且容易发现列车区间运行时分的差错。

列车运行图由以下 7 部分组成(以横坐标表示时间,纵坐标表示距离为例),如图3-1所示。

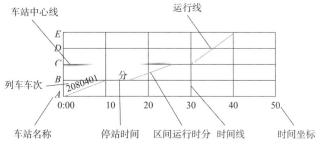

图 3-1 列车运行图图解示意图

(1)横坐标:表示时间,按要求用一定的比例进行时间划分。
(2)纵坐标:表示距离,采用一定的比例,以车站中心线所在位置进行划分。
(3)垂直线:是一簇平行的等分线,表示时间等分段。

(4)水平线:是一簇平行的不等分线,表示各个车站中心线位置,一般叫作站名线。

(5)斜线:列车运行的轨迹,即运行线。一般以下斜线表示下行列车,上斜线表示上行列车。

(6)运行线(斜线)与车站中心线(横线)的交点,表示该列车到达、出发或通过车站的时刻。由于城市轨道交通系统采用1分格运行图,列车行车间隔小、停站时间较短,则一般不标注列车到、发时刻。

(7)车次:列车运行图上每次列车规定有自己的车次。在列车运行图上,下行列车的运行线由左上方向右下方倾斜,车次数为单数;上行列车的运行线由左下方向右上方倾斜,车次数为双数;对于不同种类的列车,采用不同的列车运行线线条符号、颜色和列车车次范围来加以区别,列车车次通常由列车识别符和列车目的地符组成。

3)列车运行图分类

(1)按时间刻度划分。

竖线将横轴按一定的时间单位进行等分,代表一昼夜的小时和分钟。根据竖线等分横轴的时间单位不同,列车运行图主要有以下四种格式:

①一分格运行图(图3-2),横轴以1min为单位进行等分。此种运行图主要在地铁、轻轨线路采用。

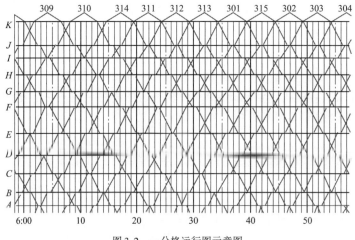

图3-2 一分格运行图示意图

②二分格运行图(图3-3),横轴以2min为单位进行等分。此种运行图主要在市郊轨道交通线路采用。

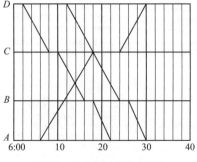

图3-3 二分格运行图示意图

③十分格运行图(图 3-4),横轴以 10min 为单位进行等分,并且在运行图上需标注 10min 以下的数字。此种运行图供列车调度员在日常调度工作中编制调度调整计划和绘制实际运行图时使用。

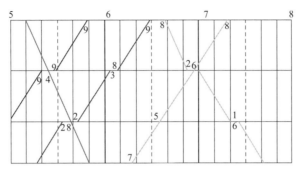

图 3-4　十分格运行图示意图

④小时格运行图(图 3-5),横轴以 1h 为单位进行等分,并且在运行图上标注 60min 以下的数字。此种运行图在编制旅客列车方案图和机车周转图时使用。

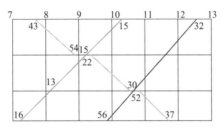

图 3-5　小时格运行图示意图

(2)按区间正线数目划分。

①单线运行图(图 3-6)。列车运行图上,上下行列车都在同一正线上运行,上下行方向列车交会必须在车站进行。单线运行图多数在运量不大的市郊轨道交通上运用。

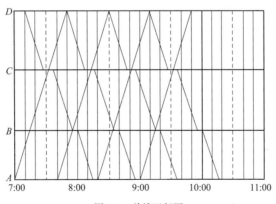

图 3-6　单线运行图

②双线运行图(图 3-7)。列车运行图上,上下行列车在各自的正线上运行,上下行方向列车交会可在区间或车站进行。绝大多数地铁、轻轨都采用此种类型的运行图。

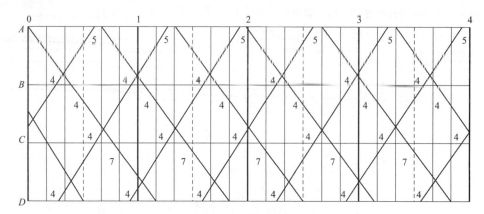

图 3-7 双线运行图

③单双线运行图(图 3-8)。兼有单线和双线运行图的特点,列车在单线区间和双线区间分别按单线运行图和双线运行图运行。在城市轨道交通线网中只在非正常的情况下的列车运行调整期间使用。

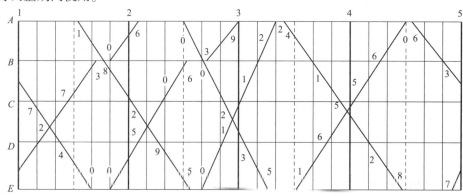

图 3-8 单双线运行图

(3)按列车运行速度划分。

①平行运行图(图 3-9)。在同一区段内,同一方向的列车运行速度相同,因此运行图中列车运行线是相互平行的,并且在该区段内列车无越行。一般城市轨道交通中的地铁、轻轨所用运行图都是此种类型。

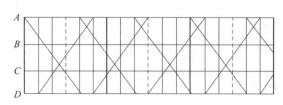

图 3-9 平行运行图

②非平行运行图(图 3-10)。列车运行图中铺画有不同速度和不同类型的列车,因此运行图中的运行线相互不平行。在城市轨道交通系统中,市郊轨道交通会采用此类型运行图。

(4)按上下行方向列车数目划分。

①成对运行图(图 3-11)。在成对运行图上,上下行两个方向列车的数目是相等的。

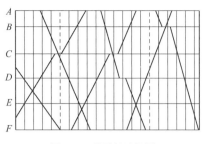

图3-10 非平行运行图

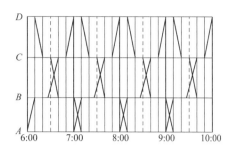

图3-11 成对运行图

②不成对运行图(图3-12)。在不成对运行图上,上下行两个方向列车的数目是不相等的。城市轨道交通上下行列车数目基本相等,大都采用成对运行图,只有在上下行方向运量不相等的个别区段,才采用不成对运行图。

(5)按列车运行方式划分。

①连发运行图(图3-13)。连发运行图上,同方向列车的运行以站间区间为间隔,采用连发运行图时,在连发的一组列车之间不铺画对向列车。

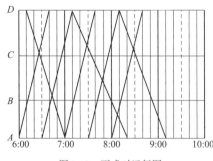

图3-12 不成对运行图

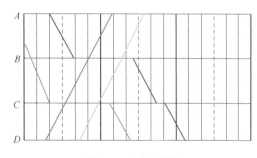

图3-13 连发运行图

②追踪运行图(图3-14)。追踪运行图上,同方向列车的运行是以闭塞分区为间隔的,一个站间区间内允许几列列车同时运行。目前,大多数地铁、轻轨采用这种追踪运行图。

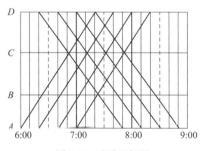

图3-14 追踪运行图

(6)按使用范围划分。

①工作日运行图。主要满足城市居民上下班、上下学的出行需求,根据每周工作日出现早晚2个高峰的客流特征而编制。

②双休日运行图。主要为满足双休日实际客流需求而编制。

③节假日运行图。主要满足元旦、春节、"五一"、中秋节和国庆节等法定节假日期间,在连接商业网点、旅游景点的轨道交通线路上,客流增加的需求。

④特殊运行图。主要满足举办重大活动、遇天气骤变而引起短期性客流的激增而编制的特殊运行图,或因新线开通设备调试、运行演练而编制的演练运行图等。

根据城市轨道交通系统线路运营特点,列车运行图一般采用双线平行成对追踪运行图。

4) 列车运行图中相关符号

列车运行图采用不同的线条和符号表示列车运行的有关信息,国内部分城市轨道交通一般采用如下的表示方法:

(1) 列车运行图上的列车运行线(表3-1)。

列车运行图上的列车运行线　　　　　　　　　表3-1

列车种类	符号	说明
客运列车	————————	红色实线
临时加开列车	— — — — — —	红色虚线
专运列车	————→	红色实线加箭头
排空列车	——○——○——	红色实线加圆圈
救援列车	——×——×——	红色实线加叉
调式列车	————————	蓝色实线
施工列车	————————	黑色实线

(2) 列车运行图上的有关表示符号(表3-2)。

列车运行图上的有关表示符号　　　　　　　　　表3-2

序号	内容	图例
1	列车始发	
2	列车终到	
3	列车停站	

续上表

序号	内容	图例
4	列车停站超时 (图解实际停站时间, 并用红色画圈,注明原因)	
5	列车由邻线转来	
6	列车开往邻线	
7	列车在区间停车 (图解停车时间,并用红色画圈,注明原因)	
8	列车折返	
9	列车合并运行时, 在红色实线下方加红色虚线	
10	列车反方向运行时,在反方向运行区间的 运行线上填写车次及"反"字	
11	列车临时退出运行	
12	列车载客通过车站	

3.1.2 编制列车运行图

1) 列车运行图的基本要素

（1）时间要素。

①列车区间运行时分。

区间运行时分是指列车在两相邻车站之间的运行时间标准,它由车辆部门采用牵引计算和实际查标相结合的方法进行查定。

列车区间运行时分的运行距离为相邻两车站中心线之间的距离。由于上下行方向的线路平面、纵断面条件可能不相同,所以列车区间运行时分应按上下行方向分别查定。对于城市轨道交通,一般在所有的车站均办理客运作业,且编组辆数固定,因此,不需要分别查定停车与不停车的情况。

$$T_{运} = t_{纯运} + t_{起} + t_{停} \tag{3-1}$$

式中：$T_{运}$——列车区间运行时分,min;

$t_{纯运}$——列车不停车通过两相邻车站所需的区间运行时分,min;

$t_{起}$——起车附加时分,min;

$t_{停}$——停车附加时分,min。

在城市轨道交通系统中,列车区间运行时分按线路相同方向出站信号机之间的距离计算。由于上、下行方向的线路平面、纵断面条件和列车编成辆数可能不相同,所以列车区间运行时分应按各种列车和上、下行方向分别查定。此外,列车区间运行时分还应根据列车在每一区间两个车站上不停车通过和停车两种情况分别查定。列车不停车通过两个相邻车站所需的区间运行时分称为纯运行时分。列车到站停车的停车附加时分和停站后出发的起动附加时分,应根据电客车类型、列车编成辆数以及进、出站线路平面和纵断面条件查定。

②停站时间。

停站时间指列车在中间站办理乘客乘降作业总和所需要的停车时间标准。影响列车停站时间的因素主要有：车站上下车人数、平均上（下）一个乘客所需时间（每位乘客上下车约需0.6s）、开关门时间（一般开门在5s左右,关门在4s左右）、车门和屏蔽门的不同步时间、确认车门关闭锁紧与信号显示时间、司机反应时间等。高峰或低峰运行时段、大客流或小客流运行区段,时间都有所不同,因此,在停站时间计算结果以外应适当考虑一定的弹性时间量。

$$T_{停站} = t_{门} + t_{上下} + \Delta t \tag{3-2}$$

式中：$T_{停站}$——每列客车在车站上的停留时间,s;

$t_{门}$——开关车门时间,s;

$t_{上下}$——乘客上下车时间,s;

Δt——每列车适当的弹性时间,s。

$$t_{上下} = \frac{0.6 \times Q_{上下}}{N_{列} \times M} \tag{3-3}$$

式中：$Q_{上下}$——高峰小时内一个方向本站上下车人数之和,人;

$N_{列}$——高峰小时通过本站的列车对数,对;

M——每列车的车门数,个。

③列车折返作业相关时间。

列车折返作业时分是指列车到达终点站或在区间站进行折返作业的时间总和,包括确认信号的时间、出入折返线的时间、办理进路时间、司机走行或换岗时间等。

列车折返方式分为站前折返和站后折返。站前折返是列车经由站前渡线进行折返;站后折返是列车利用站后尽端折返线进行折返。不同的折返形式,列车折返所需的时间也不同。

折返作业时间主要受折返线折返方式、列车长度、列车制动能力、信号设备水平、司机操作水平等多因素影响。

若采用站前折返方式时,最小的折返列车出发间隔时间 $h_{折,站前}$ 计算方式可表示为式(3-4):

$$h_{折,站前} = t_{离去} + t_{作业} + t_{确认} + t_{进站} + t_{停站} \tag{3-4}$$

式中:$t_{离去}$——出发列车驶离车站闭塞分区的时间;

$t_{作业}$——办理进站列车接车进路的时间,包括道岔区段进路解锁和排列进路等各项时间;

$t_{确认}$——确认信号时间;

$t_{进站}$——列车从进站处至车站正线的运行时间;

$t_{停站}$——列车停站时间。

若采用站后折返方式时,当上行到达列车在折返线规定的停留时间结束后,进入下行车站正线,此时最小的折返列车出发间隔时间,可以采用下式计算:

$$h_{折,站后} = t_{离去} + t_{作业} + t_{确认} + t_{出线} + t_{停站} \tag{3-5}$$

式中:$t_{出线}$——列车从折返线至车站正线的运行时间。

④列车出入段/场作业时间。

列车出入车辆段/场作业时间包括列车在车辆段与正线防护信号机间的运行时间、在正线防护信号机与始发站间的运行时间、列车进入区间正线前等待时间信号开放和确认时间。可以采用查标的方式确定。

⑤运行间隔时间。

列车运行间隔是根据一天当中客流特点来确定的,工作日呈现早晚高峰,双休和节假客流大且均匀,主要集中在白天时间段。所以,不同使用范围的运行图最大区别是相同时段的运行间隔安排不同,其计算方法为:

$$t_{间隔 i} = \frac{3600 m p \beta_i}{M_i} \tag{3-6}$$

式中:$t_{间隔 i}$——第 i 时段的列车运行间隔时间,s;

m——列车编组数量,辆/列;

p——车辆定员数量,人/辆;

β_i——第 i 时段的列车满载率;

M_i——第 i 时段的最大断面客流量,人/h。

⑥列车运行周期。

列车运行周期指列车在指定运行交路的始发、终点站间往返运行一次所花费的时间。

其计算公式如下：

$$T_{间隔} = t_{上单程} + t_{下单程} + t_{始折} + t_{终折} \tag{3-7}$$

式中：$t_{上单程}$——列车上行单程运行时间，min；

$t_{下单程}$——列车下行单程运行时间，min；

$t_{始折}$——列车在始发站折返时间，min；

$t_{终折}$——列车在终点站折返时间，min。

⑦追踪列车间隔时间。

自动闭塞区段，列车以闭塞分区为间隔运行，称为追踪运行。追踪列车间隔时间是同一方向追踪运行的两个列车间的最小允许间隔时间。追踪列车间隔时间，取决于同方向列车间隔距离、列车运行速度及信号联锁闭塞设备的类型。

⑧车站间隔时间。

列车在车站的间隔时间是指车站办理两列列车的到达、出发或通过作业所需要的最小间隔时间。

车站间隔时间在市郊铁路、城际铁路等轨道交通系统使用。在地铁、轻轨等系统中，只在运行调整或者线路或者信号设备不完善的情况下使用。在查定车站间隔时间时，应遵守有关规章的规定及车站技术作业时间标准，保证行车安全和最好的利用区间通过能力。

常用的车站间隔时间包括不同时到达间隔时间、会车间隔时间、连发间隔时间、同方向列车不同时发到及不同时到发间隔时间等几种。车站间隔时间的大小，与车站邻接区间的行车闭塞方法、信号和道岔的操纵方法、车站类型、接近车站的线路平面和纵断面情况、机车类型、列车重量和长度等因素有关。

⑨运营时间。

运营时间是指城市轨道交通运营线路运送乘客的时间，它和该城市的工作时间及生活习惯有关。一般说来，各国城市轨道交通系统均有一定的夜间时间，用作设备、设施的维修和保养时间。

(2) 数量要素。

①全线分时段客流分布。

全线分时段客流分布可根据客流的时间分布进行预测、调查分析，确定不同峰期时段的客流量。

②全日分时段客流分布。

按客流的时间分布进行预测、调查分析，确定高峰、低谷时段客流量，如区间列车、连发列车等。全日分时段客流的分布主要取决于轨道交通的运能、车站所处的交通位置及周围客流的交通需求。若条件允许，采用分时断面客流量分布计算所得的全日分时最大断面客流量数据更为准确可靠。

③列车满载率。

列车满载率指列车实际载客量与列车定员数之比。编制列车运行图时，需要考虑某些不可预测因素带来的客流量波动，要发挥列车的运输能力，还要兼顾乘客的舒适水平。

④列车最大载客量。

列车最大载客量是指列车根据定员载客量和线路断面满载率计算的允许运送的最大乘客数,分为定员载客量和超载客量。列车最大载客量主要与采用的车辆类型及编组辆数有关。计算公式如下:

$$列车最大载客量 = 列车定员 \times 线路断面满载率 \qquad (3-8)$$

⑤出入库能力。

单位时间内通过出入库线进入正线运营的最大列车数,称为出入库能力。由于车辆基地与接入车站之间的出入库线有限,加之出入库列车进入正线受正线通过能力的影响。因此,出入库能力的大小是编制列车运行图的一个重要因素。

(3) 其他相关要素。

列车运行图的编制还与城市其他交通方式的衔接、与其他城市公共设施的衔接、列车调车试车作业、列车检修作业、列车司机作息时间安排、车站的存车能力、投运电动列车数目、车站存车能力等要素有关。

2) 编制列车运行图

(1) 列车运行图的编制要求。

①保证列车运行安全。

②满足乘客乘车需要。

③充分利用通过能力,提高运输效率。

④经济合理地使用运用列车。

⑤协调各单位的工作。

⑥满足列车维护周期需要。

⑦合理安排乘务人员的作息时间。

(2) 列车运行图的编制步骤。

①按要求和编制目标确定编图的注意事项。

②收集编图资料。主要包括:全线各区段分时班次计划,列车最小运行间隔,列车在区间计划运行时分,列车在各站的计划停站时间,列车在折返站/折返线上的折返及停留时间,列车出入车辆段的时间标准,可用列车或动车组的数量,换乘站能力及其使用计划,首班车时间和末班车时间,列车交路计划,供电系统作业标准及计划,乘务组工作制度、乘务组数量及工作时间标准,现行列车运行图执行情况分析及改进意见,沿线设备运用及进路冲突数据等。

③对于修改运行图应总结分析现行列车运行图完成情况和存在的问题,提出改进意见。

④确定全日行车计划。

⑤确定行车运行方案。

⑥征求调度部门、行车和客运部门、车辆部门的建议,对行车运行方案进行调整。

⑦根据列车运行方案铺画详细的列车分号运行图、列车运行时刻表和编制说明。

为适应运量波动需要应编制分号运行图,城市轨道交通列车运行图可以按照周一到周四、周五、周六和周日、法定节假日等情况进行分号编制,以适应不同运量的需要。

⑧列车运行图编制质量的检查。

列车运行图编制完成后,检查的主要内容有:运行图上铺画的列车数和折返列车数是否符合要求;列车运行线的铺画是否符合规定的各项作业时间标准;换乘站的列车到发密度是否均衡;列车乘务员的工作和休息时间是否符合规定的时间标准等。

⑨计算列车运行图指标。

⑩将编制完毕的列车运行图、时刻表和编制说明报有关部门审核批准执行。

(3)列车运行图的指标计算。

在检查并确认列车运行图完全满足规定的要求后,计算列车运行图各项指标。

①总开行列车数。

开行列车数按列车种类和上下行分别计算。

计算公式为:

$$总开行列车数 = 载客列车数 + 空驶列车数(列) \tag{3-9}$$

②列车速度。

列车速度主要包括列车技术速度和列车旅行速度。

列车技术速度是列车在线路上的运行速度;运行距离为列车单程运行所走行的路程;时间为列车在区间的运行时分,包括区间纯运行时分、起停车附加时分,但不包括列车在车站的停站时间及在线路两端的折返时间。计算公式为:

$$v_{技} = \frac{L}{t_{运} - t_{站}}(\text{km/h}) \tag{3-10}$$

式中:$v_{技}$——列车技术速度,km/h;

L——运营线路长度,km;

$t_{运}$——列车单程运行时间,h;

$t_{站}$——列车停站时间,h。

列车旅行速度是指列车在营业时间内走行的公里数与所消耗的时间之比。所消耗的时间包括运行时间、起停车附加时分、停站时间。计算公式为:

$$v_{旅} = \frac{\sum nL}{\sum nt}(\text{km/h}) \tag{3-11}$$

式中:$v_{旅}$——列车旅行速度,km/h;

$\sum nL$——在营业时间内完成的公里数,km;

$\sum nt$——完成走行公里所消耗的时间,h。

③旅客输送能力。

$$旅客输送能力 = 载客列车开行列数 \times 列车定员 \tag{3-12}$$

④满载率。

$$满载率 = 客运周转量/客位里程 \times 100\% \tag{3-13}$$

⑤全日车辆总走行公里。

$$全日车辆总走行公里 = \sum(列车数 \times 每列车编成辆数 \times 列车运行距离) \tag{3-14}$$

⑥车辆日均走行公里。

$$车辆日均走行公里 = 全日车辆总走行公里/全日车辆运用数 \tag{3-15}$$

⑦车辆全周转时间。

车辆全周转时间＝全日营业时间×运用车组数/全日车辆运用数　　　　(3-16)

 知识链接

　　1837年法国铁路部门首次采用了列车运行图,以后其他国家也先后采用。20世纪60年代初期以来,一些国家相继研究利用电子计算机编制列车运行图。铁路列车运行图是用以表示列车在铁路区间运行及在车站到发或通过时刻的技术文件,是全路组织列车运行的基础。列车运行图规定了各车次列车占用区间的程序,列车在每个车站的到达和出发(或通过)时刻,列车在区间的运行时间,列车在车站的停站时间以及机车交路、列车重量和长度等,是列车运行时刻表的图解。列车运行图也是列车运行的时间与空间关系的图解,是表示列车在各区间运行及在各车站停车或通过状态的二维线条图。2023年7月1日零时起,全国铁路实行新的列车运行图。

　　列车运行图是根据国民经济发展的需要和铁路运输能力的情况而编制的,它体现着铁路工作的各种质量指标和数量指标。在编制运行图时,应充分考虑人民铁路为人民服务的方针,如安排列车运行线时,首先考虑旅客列车,并尽量安排开往大城市的客车在白天到达,在下午或夜间发车。与此同时,安排好货物列车的运行线。列车运行图规定了列车占用区间的次序,列车在每一个车站出发、到达或通过的时间,在区间的运行时分,在车站的停车时分以及列车的重量和长度等。这样一来,列车运行图也就规定了铁路线路、站场、机车、车辆和通信信号等设备的运用和与行车有关各部门的工作。因此,列车运行图是铁路运输工作的综合计划、铁路行车组织的基础,是协调铁路各部门、单位按一定程序进行生产活动的工具。

 思政点拨

"0时　－5℃　他们分秒必争确保地铁准点发车"

　　2021年1月9日0时,武汉地铁1号线径河站的库房内,地铁通号中心信号专业径河班组的班组长明露正带领几名技术人员准备维修工具。"今天的作业窗口只有3h,一定不能因为忘带工具而耽误时间",明露对大家说。小小的库房里,规格不一的钳子、扳手、螺丝刀,还有防冻用的瓦斯喷灯、除雪铲等,各式工具足有七八十种之多。每一样工具都分门别类,摆放整齐。贴好标签后,组员们对照清单,一件件领取,迅速装进工具包。

　　在地铁1号线径河站,最繁忙的三组道岔要从6时工作到0时,只剩下4时之前约3h的检修天窗点。"末班车已回车库,全线路停电,可以进场作业。"0时45分,对讲机里传来消息,明露领着组员们一起,穿过径河站站台,来到道岔作业区。武汉地铁多条线路为高架线路,道岔裸露在外,遇雨雪冰冻天气很容易受积雪或结冰影响。

此时,温度计显示现场气温为 -5℃,地面已结冰。4 名组员顾不上冬日凌晨的寒冷,投入到紧张的工作中。2 时 30 分,人的困意已如夜色一样浓到化不开。但这群地铁运营的"准点守护者",仍在现场进行紧张的维修。几个小时后,当清晨的第一趟地铁列车准时出发,他们才结束当天的工作。

点拨:5 年来,武汉地铁累计安全运送乘客 44.5 亿乘次,列车正点率 99.98% 以上,依靠的是地铁工程技术人员分秒必争的幕后工作,确保地铁准点发车。

3.2 运输计划

3.2.1 城市轨道交通客流计划

客流计划是对运输计划期间轨道交通线客流的规划,它是全日行车计划、车辆配备计划编制的基础。在新线投入运营的情况下,客流计划根据客流预测资料进行编制,在既有运营线的情况下,客流计划根据客流统计资料和客流调查资料进行编制。客流计划的主要内容包括站间到发客流量、各站方向别上下车人数、全日高峰小时和低谷小时的断面客流量、全日时分最大断面客流量等。

1) 查站间到发客流和各站上下车人数

客流计划以站间到发客流量资料作为编制基础,分步计算出各站上下车人数和断面客流量数据。

(1) 查站间 OD。

站间 OD 描述的是轨道交通线路客流在各个车站之间的分布情况,其简单示意图如图 3-15 所示。根据客流调查和预测可以得到站间 OD。例如,表 3-3 是一条线路部分车站的站间到发客流斜表。

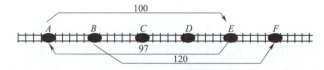

图 3-15 站间 OD 分析示意图

站间到发客流斜表(单位:人)　　　　　　　　　表 3-3

车站	陈家堡	草滩镇	东兴隆	北客站	城运村	张家堡	尤家庄	南康村
陈家堡	0	115	790	5980	1267	1004	2281	1845
草滩镇	106	0	98	2344	418	266	893	773
东兴隆	705	88	0	1959	310	143	822	712
北客站	5685	2239	1894	0	1358	1402	1059	2741
城运村	1295	428	322	1425	0	223	708	941
张家堡	982	261	143	1475	219	0	682	680

续上表

车站	陈家堡	草滩镇	东兴隆	北客站	城运村	张家堡	尤家庄	南康村
尤家庄	2246	884	824	1042	699	673	0	342
南康村	1721	747	695	2629	906	701	330	0

（2）各站上下车人数。

根据站间到发客流量资料可以计算出各站上下车人数，见表3-4。

各站上下车人数 表3-4

下行上车	下行下车	车站	上行上车	上行下车
13282	0	陈家堡	0	12740
4792	115	草滩镇	106	4647
3946	888	东兴隆	793	3878
6560	10283	北客站	9818	6571
1872	3353	城运村	3470	1824
1362	3038	张家堡	3080	1374
342	6445	尤家庄	6368	330
0	8034	南康村	7729	0

2）计算断面客流量

根据各站上下车人数按下列公式可以计算出断面客流量数据，见表3-5。

计算公式如下：

$$P_j = P_i - P_x + P_s \tag{3-17}$$

式中：P_j——第 j 个断面的客流量，人；

P_i——第 i 个断面的客流量，人；

P_x——在车站下车人数，人；

P_s——在车站上车人数，人。

根据表3-5的资料可绘制断面客流图。在客流计划编制过程中，高峰小时的断面客流量可以通过高峰小时站间客流量资料来计算，也可通过全日站间到发客流量资料来估算。在用全日站间到发客流量按占全日断面客流量的一定比例来估算，比例系数的取值可通过客流调查来确定。全日分时最大断面客流量可在求出高峰小时断面客流量的基础上，根据全日客流分布模拟图来确定。

各区间断面客流量（单位：人） 表3-5

区间	下行	上行
陈家堡—草滩镇	13282	12740
草滩镇—东兴隆	17959	1/28!
东兴隆—北客站	21017	20366

续上表

区间	下行	上行
北客站—城运村	17294	17119
城运村—张家堡	15813	15473
张家堡—尤家庄	14137	13767
尤家庄—南康村	8034	7729

3.2.2 城市轨道交通全日行车计划

1) 全日行车计划

全日行车计划是营业时间内各个小时开行的列车对数计划,它规定了轨道交通线路的日常作业任务,是科学地组织运送乘客的办法。它又是编制列车运行图、计算运营工作量和确定车辆配备的基础资料,是结合列车定员人数和车辆满载率,以及希望达到的服务水平综合考虑编制的。

(1) 编制资料。

① 运营时间。

轨道交通系统运营时间的安排主要考虑了两个因素:一是方便乘客,满足城市生活的需要,即考虑城市居民出行活动特点;二是满足轨道交通系统各项设备检修养护的需要。根据资料,世界各国的轨道交通系统营运时间见表3-6。

世界主要城市轨道交通系统运营时间   表3-6

城市	类型	开始运营年份	运营时间(h)
伦敦	地铁	1863	20
纽约	地铁	1868	24
布达佩斯	地铁	1896	20
巴黎	地铁	1900	21
柏林	地铁	1902	19.5
东京	地铁	1927	19
莫斯科	地铁	1935	18
北京	地铁	1969	18
香港	地铁	1979	19

② 工作日时段的划分。

列车对数是决定能力的基础。表面上看,运行图的编制过程非常简单。系统输送能力(客流量)是列车能力和列车服务间隔的函数:

$$每分钟客流量 = 列车运输能力(在合理的舒适水平下)/服务间隔 \quad (3-18)$$

该式可将基础设施能力及列车运行方面的详细数据与运行图编制联系起来。在得到一个满意的结果前可能需要经历一些反复,然后才有可能进行列车编组和列车定员图表的编制。

我国城市轨道交通系统运营时间一般为18h(5:00—23:00),发车间隔和服务时间可以采用如下设置:

平常工作日,即周一至周五,划分为三个时间段:

高峰时段:4h(7:00—9:00/17:00—19:00);

非高峰时段:11h(6:00—7:00/9:00—17:00/19:00—21:00);

晚间时段:3h(5:00—6:00/21:00—23:00)。

周六和周日以及法定假日的划分方法为:

高峰时段:11h(8:00—19:00);

非高峰时段:4h(6:00—8:00/19:00—21:00);

晚间时段:3h(5:00—6:00/21:00—23:00)。

不同城市可以根据交通出行规律作出相应调整,采用更细致的划分方法。在平峰情况下,列车服务模式的选择需要考虑到列车在几个小时内运行的连续性,并与列车的发车频率需求合理匹配。如果存在支线或中途折返点,则出现多个服务频率。这种情况下,支线端点的滞留时间和中途折返点的滞留时间要根据各自的运行时间彼此联系起来,使返回方向上的服务得到恰当的耦合。

对高峰期来说,高峰期间列车服务频率不一定是一种重复模式,当有多个方向存在时,某一方向上的服务不必与另一方向上的服务完全相同,但其目标要求保证与每一个车站的需求频率相匹配,通常考虑到可获得的列车资源、列车投入运行和退出运行的地点以及列车运输能力的限制,包括在延伸站点停靠的限制。根据一周内每天以及每天时间的不同,满足运行图所需的资源也不同。

③全日分时最大断面客流量。

全日分时最大断面客流量,可在高峰小时断面客流量的基础上,根据全日客流分布情况来确定。

④列车定员数。

列车定员数是列车编组辆数和车辆定员的乘积。列车编组车数是以高峰小时最大断面的客流量作为基本依据。在一定的客流量情况下,采用缩短行车间隔时间,而不增加列车编组辆数的办法也能达到一定的运能,但在行车密度已经很大的情况下,为满足增加的客流需要,增加列车编组辆数往往是必要采用的措施。这时,能否增加列车编组辆数,无疑和轨道交通系统保有的运用车辆数量有关。当然,增加列车编组数也不是无限度的,它会受到车站站台长度、车辆段停车线和数量等因素的限制。

车辆定员的多少取决于车辆的尺寸、车厢内座位布置方式和车门设置数。一般来说,在车辆限界范围内,车辆长宽尺寸越大载客越多,车厢内车门区较座位区载客要多。

(2)编制程序。

第一步:计算运营时间内各小时开行列车数。

第二步:计算行车间隔时间。

第三步:对各行车间隔进行微调。

第四步:最终确定全日行车计划。

下面举一个实例对整个全日行车计划的编制过程和方法加以说明。

编制资料如下:

①某地铁线,预测 2023 年早高峰小时(7:30—8:30)客流量为 29016 人。

②全日分时最大断面客流分布模拟图(略)。

③列车编组为 6 辆,车辆定员为 260 人。

④线路断面满载率,高峰小时采用 110%,其他运营时间采用 90%。

编制步骤如下:

第一步:计算营业时间内各小时开行列车数。

根据全日客流分布模拟图,计算全日分时最大断面客流量数据,计算结果见表 3-7。

全日时分开行列车数　　　　　　表 3-7

时间段	单向最大断面客流(人/h)	开行列车数(列)
5:30—6:30	2949	3
6:30—7:30	8833	7
7:30—8:30	29016	17
8:30—9:30	21543	16
9:30—10:30	18680	14
10:30—11:30	12791	10
11:30—12:30	10880	8
12:30—13:30	12357	9
13:30—14:30	10600	8
14:30—15:30	11143	8
15:30—16:30	13924	10
16:30—17:30	16158	12
17:30—18:30	21772	16
18:30—19:30	17828	13
19:30—20:30	12958	10
20:30—21:30	10489	8
21:30—22:30	8154	6
22:30—23:30	3086	3

计算运营时间内各小时应开行的列车数,计算公式如下:

$$n_i = \frac{p_{\max}}{p_{列} \times \beta} \tag{3-19}$$

式中:n_i——全日分时开行列车数,列或对;

$p_{列}$——列车定员人数,人;

$p_{\max}$——单向最大断面客流量,人/h;

β——线路断面满载率。

第二步:计算运营时间内各小时行车间隔时间,计算公式如下:

$$t_{间隔} = \frac{3600}{n_i} \tag{3-20}$$

式中:$t_{间隔}$——行车间隔时间(s)。

计算结果见表3-8。

行车间隔时间调整　　　　　　表3-8

时间段	开行列车数(列)	行车间隔(min)	调整后行车间隔(min)
5:30—6:30	3	20	10
6:30—7:30	7	8.6	8.6
7:30—8:30	17	3.5	3.5
8:30—9:30	16	3.75	3.7
9:30—10:30	14	4.28	4.28
10:30—11:30	10	6.0	6
11:30—12:30	8	7.5	6
12:30—13:30	9	6.67	6
13:30—14:30	8	7.5	6
14:30—15:30	8	7.5	6
15:30—16:30	10	6	6
16:30—17:30	12	5	5
17:30—18:30	16	3.75	3.7
18:30—19:30	13	4.6	4.6
19:30—20:30	10	6	6
20:30—21:30	8	7.5	6
21:30—22:30	6	10	10
22:30—23:30	3	20	10

第三步:对各行车间隔进行微调。

计算所得的某段时间内的行车间隔时间可能会较长,行车间隔时间太长,将会增加乘客候车的时间,不利于吸引客流,因此,在编制轨道交通系统全日行车计划时,应把方便车辆、提高服务质量作为一项重要因素给予考虑,在9:00—21:00的非高峰小时运营时间内为保持以一定的服务水平,不能一味地追求车辆满载而按计算的行车间隔时间作为开行列车数的标准,最终确定的行车间隔时间表一般不大于6min,其他时间行车间隔时间标准也不宜大于10min。根据这个指标对上述计算结果进行修正,见表3-8中调整后行车间隔。

第四步:最终确定全日行车计划。

根据调整后的行车间隔时间确定列车开行数,见表3-9。

①检查是否满足服务要求。

最大行车间隔时间为10min,其时段是非高峰运营时间内;最小行车间隔时间是

3.5min,其时段为7:30—8:30。从其他高峰时段看,基本满足服务要求。

②检查折返能力和通过能力。

应检验高峰小时行车间隔时间是否符合列车在折返站的出发间隔时间的要求。表3-8中高峰小时行车间隔时间是3.5min,大于该线路系统设计列车折返时间;还应检验高峰小时行车间隔时间是否符合列车在线路追踪间隔时间的要求,表3-8中最小行车间隔时间是3.5min,大于该线路列车追踪间隔时间。所以,行车间隔时间满足系统能力,列车开行可以实现行车计划。

全日行车计划　　　　　　　　　表3-9

时间段	调整后行车间隔(min)	调整后列车数(列)
5:30—6:30	10	6
6:30—7:30	8.6	7
7:30—8:30	3.5	17
8:30—9:30	3.7	16
9:30—10:30	4.28	14
10:30—11:30	6	10
11:30—12:30	6	10
12:30—13:30	6	10
13:30—14:30	6	10
14:30—15:30	6	10
15:30—16:30	6	10
16:30—17:30	5	12
17:30—18:30	3.7	16
18:30—19:30	4.6	13
19:30—20:30	6	10
20:30—21:30	6	10
21:30—22:30	10	6
22:30—23:30	10	6
合计	—	192

编制完毕的全日行车计划全天开行列车192对,其中高峰小时开行列车17对,行车间隔时间为3.5min;晚高峰小时开行列车16对,行车间隔时间为3.7min。

2)编制列车交路计划

在确定列车交路方案的基础上及对客流量进行统计分析的基础上,确定列车交路计划。

(1)合理安排列车交路。

当轨道交通线路较长,客流分布不均衡时,通过合理可行的列车交路组合来安排列车输送能力是一种充分利用有限资源、降低运输成本的常用方法。确定列车交路的方法和过程就是编制列车交路计划,列车交路计划规定列车运行区段、折返车站以及按不同列车交路的列车对数。城市轨道交通系统沿线车站侧线少,甚至没有,所以,不同的列车交路要受客观条件的限制。

(2)列车交路计划的确定。

列车交路计划的确定应建立在对线路各区段客流量进行统计分析的基础上,充分考虑行车组织与客运组织的条件,进行可行性研究后加以确定。区段客流特点是列车交路计划确定的主要因素之一,也就是根据客流在时间上、空间上所表现出的不均衡性加以研究分析,作为列车交路计划确定的依据。根据列车开行数量,分配长、短列车交路所应开行的列车数量,然后根据列车开行数量,计算长短列车运输旅客的人数,确保满足断面客流量的需要。

(3)检查是否可行。

行车条件决定列车交路计划实现的可能性。城市轨道交通的线路设置由于其运营特点,不可能采取每个车站具备列车进行调车作业功能的线路设置方式,列车交路计划的实现只能在两个设有调车或折返线路的车站之间进行,同时必须注意列车交路是否可能影响到列车组织的其他环节,例如,是否会影响行车间隔、车站后续行车的接车等。

旅客平均等待时间是评价交路方案的一项重要指标,它包括行车间隔时间和因旅客换乘而产生的(本线)换乘时间。分段运行交路方案会因所有换乘旅客均需在衔接车站下车换乘而延长旅客平均等待时间,同时增加衔接车站规模和车站管理难度。因此,在分段运行设计时需合理设置衔接车站配线,尽量满足旅客同站台换乘的需求,以减少旅客等待时间。

客运组织是列车交路计划确定的必要客观条件,由于列车交路计划的实现可能导致列车终到站的变化,相关车站的乘客乘降作业、列车清客、客运服务工作都会随之不断调整,因此,对客运组织水平的要求比较高,客运组织不力可能会直接影响到列车运行图的执行情况。

①长、短交路与列车车底设备。

采用长、短交路相结合,合理使用列车车底设备,减少运用车数,节省工程投资,是交路方案研究中的重要环节。设计中应对每个列车交路方案运用车辆数进行计算与分析。

a. 列车车底运用数量。

城市轨道交通系统单个车底周转示意图如图3-16所示,计算系统通过能力和车底运用数量时可以认为运行图上的列车运行线是以同样的铺画方式一组一组重复排列着。因此,这里我们将其称为运行图周期,以下的分析皆是以列车运行图周期为基准,所以称为"运行图周期分析法"。

$$T_周 = \sum t_运 + \sum t_站 + \sum t_折 \tag{3-21}$$

式中:$T_周$——运行图周期;

$t_运$——列车运行时分;

$t_站$——列车停站时分;

$t_折$——在折返站的折返。

因此,车底运用数量可按下式计算:

$$N_{车底} = \frac{T_周}{I} \tag{3-22}$$

式中：$N_{车底}$——运用车底数，列；

I——列车运行间隔时间，s。

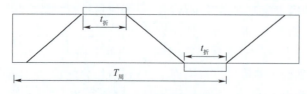

图 3-16　车底周转示意图

b. 长、短交路嵌套对车底数量的影响。

长、短列车交路中，长交路列车运行间隔一般应为短交路列车运行间隔的整数倍。在长、短交路列车的运行间隔不能满足这样的比例要求时，运行图上将会产生空费时间。同时，由于不同交路区段的列车相当于共线运行，长、短交路列车运行相互制约，运行图上列车的周转往往难以达到理想的匹配效果，将使列车折返时间增加，从而引起车辆运用效率的降低，需求车底数增加。采用长、短交路形式，线路通过能力和列车运用受影响程度与长、短交路的运行图周期、长、短交路列车开行的比例、最小行车间隔和列车在长、短交路区段运行时分相关。因此，需根据客流需求确定合理的开行比例和长、短交路列车的开行区段。

② 区段服务水平。

在长、短交路模式下，一方面，长、短交路行车间隔相互影响，只有当长交路行车间隔是短交路行车间隔的整数倍时，才能使得长、短交路列车运行线相互间得到合理的匹配和协调，以保证各区段列车开行间隔的均衡性，满足一定的服务水平；另一方面，长、短交路运行周期与行车间隔匹配程度直接影响到列车和运输能力的利用效率。因此，各交路的行车间隔存在相互制约的关系。

从乘客换乘时间方面来看，长、短交路嵌套模式下，乘客出行到达目的地无须换乘，旅行时间较少。但由于小交路区段的行车间隔决定了其他区段的列车运行间隔，使其他区段中到发的列车运行间隔较大，乘客将花费较多的等候时间，从而使总出行时间有所增加。

③ 客运组织。

如果线路上行、下行方向长、短交路列车的目的地不同，且长、短交路的开行比例并非固定，加上长、短交路实施初期，乘客对这样的运行组织方式不了解。为此，在车站和列车两方面需要采取积极的客运组织措施。

a. 车站客运组织。

车站广播：上行方向，长交路列车到达车站前车站广播告知乘客该列车的目的地；短交路列车到达折返站进行折返作业前，站台工作人员提示乘客该列车不载客，且在列车进入折返线前做好清客工作；在短交路中，折返站到站的长交路列车比较拥挤，站台工作人员会提示乘客"本次列车比较拥挤，下一列车为空车"，缓解长交路列车的客流压力。

导向标志改造：包括站台导向牌、站台轨道交通网络图、站内路径导向系统等方面。如上行方向导向系统从原来的一个目的地改为长、短交路两个目的地。

站台电子信息显示屏：车站站台的电子显示屏画面除显示列车到站时刻外，还需增加列车的终点站，并显示即将陆续到达本站台的列车的到站时间和目的地，以供乘客了解相关信息。

b. 列车客运组织。

（a）列车车身增设表明"终点站"的显示牌。长、短交路实施初期，某城市地铁1号线所有列车外侧都加装了"腰牌"，乘客对到站列车的起点站和终点站一目了然。但列车设置显示牌后将固定长、短交路的列车，不利于运营调整。因此，在乘客对长、短交路运行方式熟悉后，取消列车显示牌。

（b）修改列车广播词。增加了延伸段车站的列车广播词，并对列车上行方向的终点站进行了修改；此外，在短交路终点站到站的广播词中增加背景音乐，使乘客有一种条件反射，有利于小交路列车到达折返站后的清客。

（c）车厢增设发光二极管（Light Emitted Diode，LED）显示屏。与列车广播配套，告知乘客下一个车站的信息，便于乘客分辨长、短交路列车及目的地是否已经到达。

3）编制列车折返计划

经过车站的调车进路由一条线路至另一条线路运营的方式称为列车折返，具有列车折返能力的车站称为折返站。

由于大多数城市轨道交通系统的车站没有侧线，列车折返是设置列车交路需要考虑的重要因素。一般说来，列车折返方式可根据折返线位置布置情况分为站前折返和站后折返两种。

（1）站前折返。

列车在中间站或终点站利用站前渡线进行折返作业。站前折返方式由于渡线设置在站前，可以在一定程度上减少项目建设的投资，缩短列车走行距离。但列车折返会占用区间线路，从而影响后续列车闭塞，并且对行车安全保障要求较高。特别是客流量大时，可能会引起站台客流秩序的混乱。城市轨道交通中较少采用这种折返模式，特别是在行车密度大、列车运行间隔短的条件下，一般不会采用站前折返方式。

（2）站后折返。

列车在中间站、终点站利用站后渡线或站后环线进行折返作业。站后折返避免了进路交叉，安全性能良好，而且站后折返列车进、出站速度较高，有利于提高旅行速度。一般来说，站后尽端折返线折返是国内外城市轨道交通最常见的方式，站后渡线方法则可为短交路提供方便；环形线折返设备可保证最大的通过能力，但施工量大，钢轨在曲线上的磨耗也大。站后折返的主要不足是列车折返时间较长。图3-17给出了几种不同形式的折返线。

4）编制列车停站计划

对位于市区范围内的轨道交通线路，国内通常采用传统的列车每站停车方案，行车组织简单，乘客无须同线路换乘。但在一些连接市区和郊区的长距离轨道交通线路上，各区段断面客流分布特征通常为阶梯形或凸字形，断面客流不均衡程度较大，从提高列车旅行速度、压缩乘客出行时间出发，可以根据线路的长、短途客流特点和通过能力利用状况，比较选用列车停站车方案，确定列车停站计划。

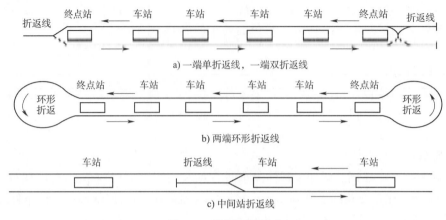

图 3-17 折返线配置形式

3.2.3 城市轨道交通车辆配备和运用计划

全日行车计划属于行车组织的计划安排，若要顺利完成运输任务，还必须合理配备一定数量的城市轨道交通车辆，根据全日行车计划确定城市轨道交通车辆运用计划。

车辆配备计划指为完成全线全日行车计划所需要的车辆保有数量计划。车辆保有数包括运用车辆数、在修车辆数和备用车辆数三部分。列车保有量根据线路远期客流预测数据，测算远期运行行车间隔，可得出所需运用列车数；备用列车数量按照运用列车数量的10%取得；检修列车数量需根据运用列车数量综合维修能力、修程修制取得，一般为运用列车数量的10%~15%。车辆运用计划是受全日行车计划、列车交路方案和车辆段位置综合决定的。

1) 车辆运用分类

为完成乘客运送任务，城市轨道交通系统必须保有一定数量的车辆。车辆按运用类型，分为运用车、检修车和备用车三类。

(1) 运用车。

运用车是为完成日常运输任务而配备的技术状态良好的车辆，运用车的需要数与高峰小时开行列车对数、列车旅行速度及在折返站停留时间各项因素有关，按下式计算：

$$N = \frac{n_{高峰} \theta_{列} m}{3600} \tag{3-23}$$

式中：N——运用车辆数，辆；

$n_{高峰}$——高峰小时开行列车数，对；

$\theta_{列}$——列车周转时间，s；

m——列车编组辆数，辆。

列车周转时间是指列车在线路上往返一次所消耗的全部时间，它包括列车在区间运行、列车在中间站停车供乘客乘降以及列车在折返站进行折返作业的全过程。

$$\theta_{列} = \sum t_{运} + \sum t_{站} + \sum t_{折停} \tag{3-24}$$

式中：$t_{运}$——列车在线路上往返一次各区间运行时间的和，s；

$t_{站}$——列车在线路上往返一次各中间站停站时间的和，s；

$t_{折停}$——列车在折返站停留时间的和,s。

当列车在折返站的出发间隔时间大于高峰小时的行车间隔时间时,须在折返线上预置一列车进行周转,此时运用车数量需相应增加。

确定运用车组数的方法有分析法和图解法两种。

分析法计算运用车组数的公式如下:

$$N_{组} = \frac{T_{列}}{t_{间隔}} \qquad (3\text{-}25)$$

式中:$N_{组}$——运用车组数,组;

$T_{列}$——列车往返运行所需全部时间,min;

$t_{间隔}$——列车发车间隔时间,min。

图解法确定运用车组数方法如图3-18所示。在列车运行图上,垂直于横轴的截取线(J)与列车运行线、折返站停留列车的交点数即为运用车组数。

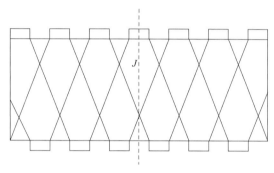

图3-18　运用车组数图解

(2)检修车。

检修车是指处于定期检修状态的车辆。车辆经过一段时间的运用后,各部件会产生磨耗、变形或损坏,为保证车辆技术状态良好和延长使用寿命,需要定期对车辆进行检修。

车辆的定期检修分成月检、定修、架修和大修等,也有安排双周检与双月检的情况。不同的检修级别有不同的检修周期参见表3-10。通过对车辆的不同部件制定不同的技术标准、检修级别和检修周期,使车辆在经过不同级别的定期检修后,能在整个检修周期内保持良好的技术状态。

车辆检修级别、周期及停时　　表3-10

检修级别	运用时间	走行公里(km)	检修停时(d)
双周检	2周	4000	1/6
双月检	2月	20000	2
定修	1年	100000	10
架修	5年	500000	25
大修	10年	1000000	40

检修周期主要是根据车辆运用的时间确定,但也有综合考虑车辆运用时间和走行公里

确定的情况。在根据运用时间确定检修周期的情况下,根据每种检修级别的年检修工作量和每种检修级别的检修停时,可以推算检修车数。除车辆的定期修外,车辆的日常检修有日检(又称列检),检修停时每日2h。此外,还应考虑车辆临修,车辆临修的停时按运用列车平均每年___次、每次2d确定。

(3)备用车。

为了适应客流变化,确保完成临时紧急的运输任务,以及预防运用车发生故障,必须保有若干技术状态良好的备用车辆。备用车的数量一般控制在运用车数的10%左右。备用车原则上停放在线路两端终点站或车辆段内。

2)车辆运用计划

车辆运用计划在列车运行图和车辆检修计划的基础上进行编制。车辆运用计划包括以下四个方面:

(1)排定车辆出入段顺序和时间。

在新列车运行图下达后,车辆段有关部门应根据列车运行图的要求,及时排定运用车辆的出段顺序、时间和担当车次,回段顺序、时间和返回方向。出段时间根据列车运行图关于列车在始发站出发时刻的规定确定,出段时间应分别明确乘务员出勤时间、客车车底出库和出段时间。回段时间和返回方向同样也根据列车运行图确定。

(2)铺画车辆周转图。

列车正线运行通常采用循环交路,根据列车运行图和车辆出段顺序,车辆运用计划以车辆周转图的形式规定了全日对应各出段顺序的车辆在线路上往返运行的交路,车辆在两端折返站到达和出发时间,以及车辆出入段时间和顺序,如图3-19所示。

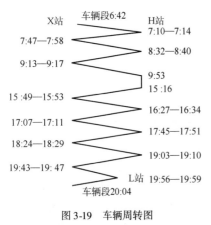

图3-19 车辆周转图

(3)确定对应各出段顺序的车辆(客车车底)。

根据车辆的运用情况和技术状态,在每日傍晚具体规定次日车辆的出段顺序和担当交路。在具体规定车辆的运用时,应注意使各客车车底的走行公里数在一定时期内大体均衡。

(4)配备乘务员。

为提高车辆利用效率和劳动生产率,城市轨道交通系统的乘务制度通常是采用轮乘制。由于乘务员值乘的列车不固定,在编制车辆运用计划时,应对乘务员的出勤、退勤时间、地点和值乘列车车次,以及工间休息和吃饭等同步安排。在安排乘务员的工作时,应注意乘务员的连续工作时间,不要疲劳工作。

 知识链接

2020年以来,北京地铁公司先后编制实施13条线路(1号线、5号线、6号线、7号线、8号线北段、9号线、10号线、13号线、15号线、昌平线、八通线、房山线、亦庄线)"超常超强"列车运行图。2020年,10条线路的最小列车运行间隔达到2min,1号线、5号

单元3 行车组织基础

线、9号线、10号线等4条线路的最小列车运行间隔甚至达到1min 45s,大幅提升了轨道交通网络运输能力,最大程度降低了高峰小时列车满载率。2021年,北京地铁公司继续优化"超常超强"运力投入,6号线、10号线最小运行间隔分别缩至1min 45s、1min 40s,运力分别提高14.3%、5%,网络整体运输效能进一步提升。

2021年,北京地铁公司开通11号线西段等5条新线(段),公司运营总里程达到538km。同时,持续动态优化15条既有线路列车运行图,核心区5条线(1号线、2号线、5号线、6号线、10号线)保持2min运营间隔,10号线实现最小行车间隔100s,1号线与八通线实现跨线运行,乘客通行效率大幅提高。所辖线路全年客运量24.8亿人次,占全市轨道交通总运量的81%、公共交通总运量的46%,为缓解交通拥堵、提高绿色出行比例发挥了重要作用。

思政点拨

2023年的端午假期,为满足广大市民出行需求,哈尔滨地铁开启24h"不打烊"最强运营模式,全天候保障,助力出行。地铁集团确定了"集中力量保障重点车站、区分时段部署连续作战、互相联动辅助确保安全"的人员调配使用基本工作思路。

从2023年6月21日6时至22日22时30分,轨道交通线网66座车站昼夜不间断运营,2023年6月21日白天按照早晚高峰时段、实时客流等情况,按计划开展行车组织,2023年6月21日夜间线路不停运,行车间隔将根据客流情况作出相应调整。

点拨:为了保证端午节24h不间断运营的顺利进行,哈尔滨地铁工作人员落实"休人不休岗"的原则,奉献小我,服务大家。

单元实训

实训3.1 绘制列车运行图

1.任务描述

根据实训资料绘制列车运行图。国内某地铁线路 A—E 区间的分布及计算资料如下:上行方向为 A—E 站,反之为下行方向。

(1)各站停站时间。

站名	A	B	C	D	E
停站时间(s)	30	30	30	30	30

(2)各区间运行时分。

站名	A	B	C	D	E
运行时分(min)	2	2	6	4	—

(3) 其他资料。

列车的折返时间为 4min，上午运营时间为 6:00—12:00，其中 7:00—9:00 为早高峰时段，发车间隔为 5min，其他发车间隔为 8min。

请根据已知条件画出 6:00—12:00 的列车运行图，并在图上表明列车交路。

2. 任务目标

(1) 重点培养学生的理解运用能力、口头及书面表达能力。通过分析知识点与图例、独立思考、制作列车运行图、课堂展示等，帮助学生掌握列车运行图的组成与运用。

(2) 培养学生信息处理、文本制作、小组合作等综合能力。

3. 任务要求

(1) 个人任务：学生个人通过分析资料，绘制列车运行图。

(2) 小组任务：6 人为一组，分若干个学习小组，自由分组、自选组长，每小组成员独立完成绘制列车运行图任务后，组长检查画制情况，由组长安排人员进行报告汇总制作、课堂展示等各项任务，小组成员各司其职。

(3) 展示所需设备：多媒体教室、激光笔、扩音器、投影设备等。

(4) 各组设置观察记录员 1 名，用摄像机、手机等视录设备将学习和课堂展示过程拍摄下来，使用观察清单记录和分析该小组学习过程及展演过程中的问题，并进行时间把控。视频也是教师小组评价依据之一。

4. 任务实施与评估标准

(1) 任务实施。

①能正确运用实训资料绘制列车运行图。

②文本等汇报材料制作简洁美观，汇报翔实、动作和用语规范、井然有序。

(2) 评估标准。

①按照上述任务实施要求完成实训任务。

②按照测评表进行合理评价。

5. 检测评价

完成本次课程，根据同学在实训任务中的表现，结合训练要求，给予客观评分。

项目	类别			
	组员自评(10%)	组长自评(10%)	小组互评(20%)	教师点评(60%)
团队和谐(10分)				
团队分工(15分)				
规范使用工具(10分)				
任务内容(25分)				
报告制作(15分)				
汇报效果(25分)				
总分(100分)				

实训3.2 编制某地铁线路全日行车计划

1. 任务描述

根据实训资料编制某地铁线路全日行车计划。编制资料如下：

(1)7:00—8:00为早高峰时段，客流量为40000人。

全日分时最大断面客流量

营业时间	单向最大断面客流量(人)	营业时间	单向最大断面客流量(人)
5:00—6:00	7200	14:00—15:00	25600
6:00—7:00	16800	15:00—16:00	28800
7:00—8:00	40000	16:00—17:00	34400
8:00—9:00	29600	17:00—18:00	25200
9:00—10:00	19600	18:00—19:00	17600
10:00—11:00	20800	19:00—20:00	11600
11:00—12:00	22800	20:00—21:00	10000
12:00—13:00	22000	21:00—22:00	8400
13:00—14:00	24800	22:00—23:00	6400

(2)列车编组为6辆，车辆定员为300人。

(3)线路断面满载率，高峰小时为110%，其他运营时间为90%。

请根据编制程序和已知条件，确定全日行车计划。

2. 任务目标

(1)重点培养学生的理解运用能力、口头及书面表达能力。通过分析知识点与例题、独立思考、计算确定全日行车计划、课堂展示等，帮助学生掌握全日行车计划的实际运用。

(2)培养学生信息处理、文本制作、小组合作等综合能力。

3. 任务要求

(1)个人任务：学生个人通过分析资料，计算确定全日行车计划。

(2)小组任务：6人为一组，分若干个学习小组，自由分组、自选组长，每小组成员独立完成计算确定全日行车计划任务后，组长检查计算确定情况，由组长安排人员进行报告汇总制作、课堂展示等各项任务，小组成员各司其职。

(3)展示所需设备：多媒体教室、激光笔、扩音器、投影设备等。

(4)各组设置观察记录员1名，用摄像机、手机等视录设备将学习和课堂展示过程拍摄下来，使用观察清单记录和分析该小组学习过程及展演过程中的问题，并进行时间把控。视频也是教师小组评价依据之一。

4. 任务实施与评估标准

(1)任务实施。

①能正确运用实训资料计算确定全日行车计划。

②文本等汇报材料制作简洁美观，汇报翔实，动作和用语规范，井然有序。

(2)评估标准。
①按照上述任务实施要求完成实训任务。
②按照测评表进行合理评价。

5. 检测评价

完成本次课程,根据同学在实训任务中的表现,结合训练要求,给予客观评分。

项目	类别			
	组员自评(10%)	组长自评(10%)	小组互评(20%)	教师点评(60%)
团队和谐(10 分)				
团队分工(15 分)				
规范使用工具(10 分)				
任务内容(25 分)				
报告制作(15 分)				
汇报效果(25 分)				
总分(100 分)				

复习与思考

一、单选题

1.( )是轨道交通行车组织工作的基础。
　　A. 列车运行图　　B. 列车时刻表　　C. 列车编组计划　　D. 列车运营标准
2. 列车运行计划一般分为列车运行图和( )。
　　A. 列车车站的停车时分　　　　B. 调度命令
　　C. 列车运行方式　　　　　　　D. 运营时刻表
3. 列车运营时间每天不少于( )h,最大时间间隔不大于10min。
　　A. 8　　　　　B. 9　　　　　C. 12　　　　　D. 15

二、多选题

1. 列车运行图按时间坐标可分为( )。
　　A. 一分格运行图　　　　　　　B. 二分格运行图
　　C. 十分格运行图　　　　　　　D. 小时格运行图
2. 列车运行图是运用坐标原理描述列车运行的( )关系。
　　A. 时间　　　　B. 空间　　　　C. 距离　　　　D. 坐标
3. 列车运行图有( )两种输出形式。
　　A. 时刻表　　　B. 行程表　　　C. 图解表　　　D. 说明表

三、判断题

1. 根据用途不同,列车运行图按时间坐标可分为一分格运行图,三分格运行图,十分格运行图和小时格运行图。　　　　　　　　　　　　　　　　　　　　　　　　( )
2. 列车运行图以横坐标表示时间。　　　　　　　　　　　　　　　　　　( )

四、简答题

1. 列车运行图有哪些组成部分?
2. 列车运行图划分为哪几种类型?
3. 列车运行图的编制步骤是什么?
4. 客流计划的主要内容包括什么?
5. 断面客流量如何计算?
6. 全日行车计划的作用是什么?
7. 全日行车计划编制程序是怎样的?
8. 车辆按运用分为哪几类?
9. 车辆运用计划的内容有哪些?

单元 4　车站行车作业组织

▶ **知识目标**

1. 熟悉城市轨道交通车站行车技术设备的使用方法；
2. 掌握手摇道岔的基本方法；
3. 掌握车站行车作业标准和主要内容。

▶ **能力目标**

1. 能够按照行车作业标准进行车站接发列车作业；
2. 能够按照行车作业标准进行列车折返作业。

▶ **素质目标**

1. 培养按照行车作业规则操作的严谨工作作风；
2. 形成认真、细致、安全、环保的职业意识。

▶ **建议学时**

6 学时

案例导入

2017年6月28日8时，哈尔滨地铁1号线哈南站突发道岔故障，影响行车安全。为确保乘客安全，运营公司全力组织设备维修人员赶赴抢修，哈南站车站人员下区间手摇道岔维持运营，其他各站加强车站广播和乘客疏导，指挥中心组织部分列车经医大二院站折返，填补哈东方向受影响区域，并及时加开备用车上线运行，调整行车间隔，保证车辆正常行驶。当天9时43分故障已解决，全线运营恢复正常。

思考：地铁工作人员手摇道岔的运用时机是什么？安全注意事项有哪些？

4.1 车站行车技术设备

4.1.1 车站

1）车站的作用

车站是城市轨道交通运输工作基层单位,是乘客上下车、换乘的场所,也是列车到发、通过、折返、临时停车的地点,大量的行车、客运设备均设在车站,车站办理客运业务、列车到发及调车等行车作业,某些车站还必须提供折返、停车检修、临时待避的功能。城市轨道交通车站如图4-1所示。

2）车站的分类

（1）按车站的空间位置可分为地下车站、地面车站、高架车站。

（2）按车站作业性质不同可分为始发站、终到站、换乘站、中间站、折返站等。

①始发站、终到站:列车起始运行或终止运行的车站。

②中间站:是指办理正线接发车及客运业务的车站,是列车运行图中经过的车站。

图4-1 城市轨道交通车站

③换乘站:除办理中间站的接发车,乘降作业外,也是乘客换乘不同线路列车的场所。

④折返站:是指除办理中间站的接发车,乘降作业外,由于配有折返线、存车线,还可办理列车折返转线作业。

（3）按车站是否具有站控功能可分为集中站、非集中站。

①集中站:是指具有站控功能的车站,集中站车站值班员根据调度命令,可监控集中站管辖线路上的列车运行、办理电话闭塞行车和执行扣车、催发车等列车运行调整措施。集中控制站通常为有道岔车站。

②非集中站:是指不具有车站控制功能的车站。非集中站通常为无道岔车站。

（4）按车站站台形式分为岛式站台车站、侧式站台车站、岛侧混合式站台车站等。

3）车站与区间的分界

站界是城市轨道交通车站与区间的划分,通常以头端墙（按列车运行方向,列车停在车站时头部对应的车站端墙）、尾端墙（按列车运行方向,列车停在车站时尾部对应的车站端墙）划分车站与区间;车站两端端墙内方为站内,相邻两车站端墙之间为区间。车站与区间的分界如图4-2所示。

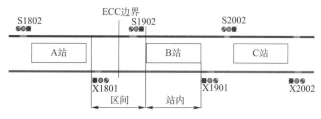

图4-2 车站与区间的分界

4.1.2 线路

线路是列车运行的基础,它是由路基、桥梁、隧道建筑物和轨道组成的一个整体工程,是所有行车线路的总称。线路主要由路基、桥隧建筑物和轨道三部分组成。

城市轨道交通线路按其所处环境不同可分为地面线路、地下线路及高架线路;线路按其在运营中的作用,可分为正线、辅助线、车场线。

图4-3 区间正线

(1)正线。

正线是指连接车站并贯穿或直股伸入车站的,供载客列车运行的线路。正线分为区间正线和站内正线(站内正线兼作到发线),如图4-3所示。

城市轨道交通正线是独立运行的线路,一般按双线设计,采用与我国城市街面一致的右侧行车制。大多数线路为全封闭,与其他交通线路相交处,一般采用立体交叉。

(2)辅助线。

辅助线是指为空载列车进行折返、停放、检查、转线及出入段作业所运行的线路,包括折返线、渡线、停车线、联络线等。辅助线是为保证正线正常运营,合理调度列车而配置的线路,其最高运行速度一般限制在35km/h以下。辅助线如图4-4所示。

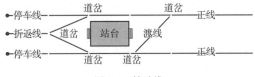

图4-4 辅助线

①折返线:为供运营列车往返运行时掉头转线及夜间存车而设置的线路。

②渡线:为使列车、车辆能从一条线路转入另一条线路,应设置渡线。渡线有单渡线和交叉渡线两种。单渡线由两副单开道岔和道岔间的直线段组成,交叉渡线由四副单开道岔和一副菱形交叉组成。

③停车线:停车线一般设置在端点站,专门用于停车,也可进行少量检修作业。

④联络线:在整个城市轨道交通路网中,用来实现同种制式的不同线路之间连接,实现列车过轨运行的辅助线称为联络线。联络线如图4-5所示。

(3)车场线。

指车辆段内各种作业线,具体包括:

①检修线:设置在车辆段检修库内,专门用于检修车辆的作业线,配有地沟和架车设备。

②试验线:设置在车辆段,用于对检修完毕的车辆进行运行状态检测的线路。

③洗车线:专门用于清洗车辆的作业线。

④出入库线:车辆段与正线联系线路,专供列车进出车辆段,一般分入库线和出库线。车辆段出入库线如图4-6所示。

图 4-5　某城市地铁 2 号线与 3 号线联络线　　　　图 4-6　车辆段出入库线

4.1.3　限界

1）限界的含义与地位

(1)限界是指限定车辆运行及轨道周围构筑物不允许超越的轮廓线。这种规定的轮廓线以内的空间是保证城市轨道交通列车安全运行所必需的空间。区间直线地段矩形隧道及车辆限界如图 4-7 所示。

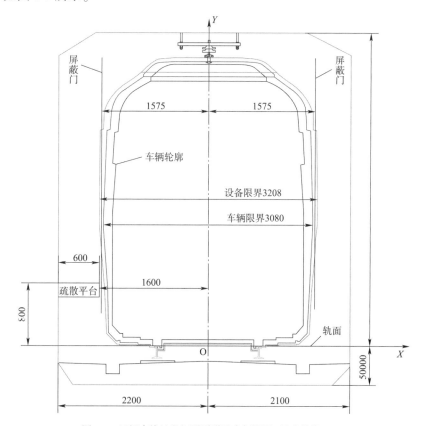

图 4-7　区间直线地段矩形隧道及车辆限界(尺寸单位：mm)

(2)一切建筑物,在任何情况下不得侵入地铁建筑限界;一切设备,在任何情况下不得侵入地铁设备限界;机车、车辆无论空、重状态,均不得超出车辆限界。

2）限界分类

（1）车辆限界。车辆限界是指车辆最外轮廓的限界尺寸。车辆限界是在直线上运行的车辆轮廓尺寸基础上，考虑车辆运行的偏移与侧倾、各连接件和走行部分的磨耗、空气弹簧一侧失效等因素，经计算求得，它是车辆在直线上正常运行状态下所形成的最大动态包络线，运行在线路上的所有车辆必须满足车辆限界的要求，该限界也被称为车辆接近限界。

（2）设备限界。设备限界是指线路上各种设备不得侵入的轮廓线。设备限界是在车辆限界的基础上，考虑各种因素在内的安全预留量而确定。除了与行车直接相关的设备外，所有设备的安装均不得侵入设备限界，因此，该限界也常被称为设备接近限界。设备限界可按所处地段分为直线设备限界和曲线设备限界。

（3）建筑限界。建筑限界是行车隧道和高架桥等结构物的最小横断面有效内轮廓线。沿线建筑物横断面，包括测量误差值、施工误差值及结构永久变形量均不得侵入此限界。

4.1.4 道岔

1）道岔的含义

道岔是一种使列车车辆从一股道转入另一股道的线路连接设备，通常在车站、车辆段和停车场大量使用。单开道岔的转辙器，是引导机车车辆沿主线方向或侧线方向行驶的线路设备，由两根基本轨、两根尖轨、各种联结零件及道岔转换设备组成。

由于道岔具有数量多、构造复杂、使用寿命短、限制列车速度、行车安全性低、养护维修投入大等特点，因此，道岔与曲线、接头并称为轨道的三大薄弱环节。

2）道岔的组成

单开道岔由转辙器（包括尖轨、基本轨和转折机械）、连接部分（包括直轨和导曲线轨）、辙叉及护航（包括辙叉心、翼轨和护轮轨）三部分组成。单开道岔的组成如图4-8所示。

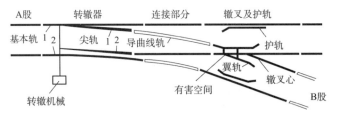

图4-8 单开道岔的组成

3）道岔的分类

常用道岔分为以下几种：

（1）单开道岔：主线为直线，侧线向主线的左侧或右侧分支的道岔。单开道岔如图4-9所示。

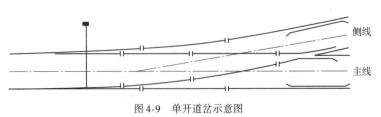

图4-9 单开道岔示意图

(2)双开道岔:又称对称道岔,为 Y 形,即与道岔相衔接的两股道向两侧分岔。双开道岔如图 4-10 所示。

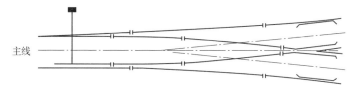

图 4-10　双开道岔示意图

(3)三开道岔:三开道岔如同 Ψ 形,同时衔接三股道,由两组转辙机械操纵两套尖轨。三开道岔如图 4-11 所示。

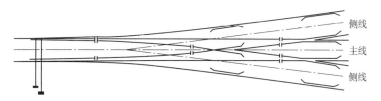

图 4-11　三开道岔示意图

(4)交分道岔:又称多开道岔、复式交分道岔。复式交分道岔相当于四组单开道岔和一副菱形交叉的组合。交分道岔如图 4-12 所示。它起到了两个道岔的作用,且占地较短,连接几条平行线路时,比单开道岔连接的长度缩短得更为显著,而且列车通过时弯曲较少、走行平稳、速度可较高、瞭望条件也较好。交分道岔构造复杂,零件数量较多,维修较困难。

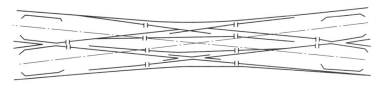

图 4-12　交分道岔示意图

道岔号数以辙叉号数 N 表示($N = \cot\alpha$),辙叉角 α 越小,辙叉号数 N 越大,列车通过道岔速度,尤其是侧向通过道岔速度也越高。轨道交通正线和辅助线一般采用 9 号道岔,车辆段线路一般采用 7 号道岔。几种常用单开道岔基本情况见表 4-1。

单开道岔基本情况表　　　　表 4-1

钢轨类型	道岔号数	辙叉角	导曲线半径(m)	辙叉全长(m)	道岔全长(m)
P50	7 号	8°07′48″	150	3.441	23.627
P60	9 号	6°20′25″	180	4.309	29.569
	12 号	4°45′49″	350	5.992	37.800

4)道岔的编号

(1)用阿拉伯数字从车站两端由外而内、由主而次依次编号,上行列车到达端用双数,下行列车到达端用单数。

(2) 如车站一端衔接两个方向以上(有上行、也有下行),道岔应按主要方向编号。

(3) 每一道岔均应编以单独的号码,渡线道岔,交叉渡线道岔及交分道岔等处的联动道岔,应编为连续的单数或双数。

(4) 站内道岔,一般以信号楼中心线或车站中心线作为划分单数号与双数号的分界线。

(5) 当车站有几个车场时,每一车场的道岔必须单独编号,此时道岔号码应使用三位数字,百位数字表示车场号码,个位和十位数字表示道岔号码。应当避免在同一车站内有相同的道岔号码。

5) 道岔的使用

正常使用下,道岔采用遥控操作、电气锁闭。在故障情况下,道岔采用现地手摇、人工锁闭。一般来说,道岔的操作由扳道员专人负责,在没有扳道员的车站,可以由站长指定能够胜任该工作的其他人员进行操作。手摇道岔过程应严格遵循工作标准。表 4-2 所示为某地铁公司的手摇道岔六部曲工作标准。

手摇道岔六部曲工作标准　　　　　　　　　　　　表 4-2

步骤	要点	具体要求	注意事项
一看	看道岔开通位置是否正确,是否需要改变位置	(1) 到达现场后遵循"从远到近"的原则双人一起到离列车最远的道岔区段。 (2) 设置红闪灯。 (3) 检查尖轨与基本轨之间是否有异物,尖轨与基本轨是否密贴,有无加钩锁器。 (4) 双人确认该副道岔的位置是否开通到需要的方向,"是"则到进路中的下一副道岔,"否"则进行摇动道岔的操作	(1) 人工排列进路,必须遵循"从远到近"的原则,从离列车最远的道岔开始。 (2) 红闪灯应设置在来车方向 5m 处。 (3) 如果有加钩锁器,则需打开钩锁器的锁,拆下钩锁器。 (4) 尖轨与基本轨之间有异物时,则需先将转辙机断电,取出异物。 (5) 确认时手指道岔尖轨处确认该副道岔开通位置,口呼道岔位置,"×××道岔开通×位"。 (6) 双人确认位置是否需要摇动道岔
二开	打开盖孔板	(1) 找到转辙机侧边的"切断电源"插孔。 (2) 旋开"切断电源插孔"小盖板。 (3) 将蝶形钥匙有凸出的一端向下插入"切断电源插孔"。 (4) 将蝶形钥匙逆时针旋转 90°切断电源。 (5) 找到转辙机正面(或后面)的手摇把插孔盖板。 (6) 将蝶形钥匙方孔一端插入盖板。 (7) 顺时针旋转蝶形钥匙。 (8) 蝶形钥匙顺时针旋转 90°后向上打开盖板	对准凹槽插入时边插入边慢慢旋转,直到手摇把突起位置与转辙机内对应

续上表

步骤	要点	具体要求	注意事项
三摇	摇道岔转向到所需的位置在听到"咔嚓"的落槽声后停止	(1)双手水平握住手摇把旋杆,水平插入转辙孔同时左右转动手摇把杆,直到手摇把杆前端的方孔与转辙孔内的方柱套牢。 (2)插入手摇把,旋转手摇把时要始终向里施力。 (3)根据右手定则顺时针(或逆时针)转动手摇把,顺时针旋转手摇把时尖轨向离开转辙机方向运动;逆时针旋转手摇把时尖轨向转辙机方向运动。 (4)不断旋转手摇把,直至听到"咔嚓"的一声落槽声才停止	摇动的过程中,确认的人员不允许站在轨道中间,摇动的过程中,除摇道岔的人员外,禁止接触道岔的任何一部分,以防止造成夹伤
四确认	手指尖轨:"尖轨密贴开通×位",并和另一人共同确认	(1)确认开通方向的人员在听到"咔嚓"的一声落槽声,和摇动道岔的人员汇报道岔摇动完毕后开始确认工作。 (2)确认尖轨密贴后大声确认"道岔位置开通右(左)位,尖轨与基本轨密贴,未加装钩锁器"。 (3)手摇道岔人员复诵"道岔位置开通右(左)位,尖轨与基本轨密贴,未加装钩锁器"	在听到落槽声后确认人员检查是否有碎石等物品夹在尖轨与基本轨之间,检查尖轨与基本轨之间的密贴情况,尖轨与基本轨之间的缝隙要小于4mm
五加锁	双人确认道岔位置开通正确后,用钩锁器锁定道岔尖轨	(1)确认人员使用钩锁器在道岔的两个连接杆之间钩锁住密贴位置(如果此位置不能加锁,则在车站选定的加锁处加锁)。 (2)拧紧钩锁器后左右摇动钩锁器,若能摇动则再次拧紧,直到无法摇动则加锁	(1)钩锁的位置必须是尖轨密贴处。 (2)加锁时要确认钩锁器的梅花旋钮孔洞相互成一直线。 (3)加锁前要使用扳手旋紧钩锁器的梅花旋钮,以防止钩锁器松脱
六汇报	向车站控制室汇报道岔开通位置正确	(1)确认道岔加锁完毕后,摇道岔人员使用对讲机或隧道电话向车站控制室报告该道岔现在开通的位置。 (2)向车站控制室汇报"×××道岔已手摇至右(左)位,已加装钩锁器"。 (3)撤除红闪灯。 (4)向车站控制室汇报"线路已出清"	(1)汇报时必须说清楚该道岔的标号、道岔位置和是否加锁完毕。 (2)汇报完成后,必须收拾好所有携带的物品再向下一副道岔前进。 (3)得到车站控制室同意后才能向列车司机打出"好了"信号

(1)手摇道岔备品工具,如图4-13所示。工具包括钩锁器、扳手、蝶形钥匙、信号旗、信号灯、红闪灯、无线调度电台、棉纱手套、手摇把、对讲机、探照灯、荧光衣、安全帽、转辙机节点钥匙、锁头、线路图。

(2)应穿戴的劳保用品包括荧光衣、安全帽、棉纱手套。

(3)手摇道岔六部曲工作标准参照表4-2。

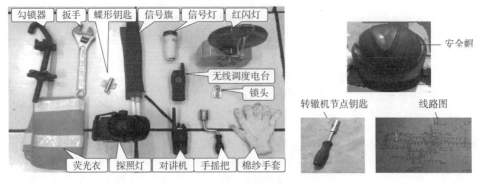

图 4-13 手摇道岔备品工具

4.1.5 列车

(1) 车辆形式分为动车(带受电弓 Mp、无受电弓 M)、拖车(带司机驾驶室拖车 Tc、无司机室拖车 T)两种,编组形式在各城市各线路行车组织细则中规定。

(2) 车辆受电方式采用接触网-受电弓受电方式(或接触轨-集电靴的受电方式)。

(3) 车辆供电电压为 DC 1500V,波动范围 DC 1000 ~ DC 1800V。

(4) 车辆载荷状态由低调高为:空载 AW0、座席 AW1、定员 AW2(6 人/m^2)、超员 AW3(9 人/m^2)。

(5) 车辆由车体、转向架、牵引与电制动、辅助电源、空气制动系统及风源系统、空调、列车自动控制、列车控制与诊断系统、车载通信和乘客信息系统、照明等组成。

(6) 转向架分为动车转向架和拖车转向架,均为无摇枕两系悬挂两轴转向架。

(7) 牵引与电制动。牵引系统采用变频调压的交流传动系统,具有牵引和再生制动功能。列车运行正常情况采用列车网络控制方式,后备采用硬线连接的紧急牵引控制方式。牵引与制动功能由司机控制器实现,司机控制器由主控制和方向两个手柄和主控钥匙组成。

(8) 空气制动系统及风源系统。制动系统采用微型计算机控制的直通式电空混合制动系统,具有常用制动、快速制动、紧急制动、停放制动、防滑保护以及空重车调整等功能。常用制动时,采用电制动优先,电制动力不足时由空气制动补足的混合制动方式,制动优先级为:再生制动 > 电阻制动 > 空气制动。

风源系统包括有交流电动机驱动的空气压缩机、空气滤清器、空气干燥器和总风缸等设施,每列车至少配置两套风源系统。

(9) 目前城市轨道交通运用的车辆通常以电动车组编列运行,编组一般为 6 节,分为 4 节动车与 2 节拖车,也有些城市轨道交通线路采用 8 节列车编组运行的。

4.1.6 联锁设备

1) 信号机

(1) 正线信号机。

正常情况 CBTC 模式下轨旁信号机灭灯。非 CBTC 列车或轨旁 ATP 故障情况下地面信号机点亮。正线信号机非 CBTC 模式下显示状态及定义见表 4-3。

正线信号机非 CBTC 模式下显示状态及定义　　　　表 4-3

序号	信号机显示状态	灯位 1 显示	灯位 2 显示	定义
1		稳定绿色	—	进路开通直向，准许列车按规定的速度越过该信号机
2		稳定黄色	—	进路开通侧向，准许列车按规定的速度越过该信号机
3		稳定红色	—	不准列车越过该信号机
4		稳定红色	稳定黄色	开放引导信号，准许列车以不大于规定速度越过该信号机并须准备随时停车
5		信号机名称变红色	—	信号机已封锁，以该信号机为始端或终端的进路不能办理

（2）车辆段信号机。

车辆段信号机的显示状态及含义见表 4-4。

车辆段信号机显示状态及定义　　　　表 4-4

序号	信号机显示状态	灯位 1 显示	灯位 2 显示	定义
1		稳定绿色	—	进路开通直向，准许列车按规定速度越过该信号机
2		稳定黄色	—	开通列车进路，准许列车按规定速度越过该信号机
3		稳定红色	—	不准列车越过该信号机
4		稳定红色	稳定黄色	开放引导信号，准许列车以不大于规定速度越过该信号机并须随时准备停车
5		稳定白色	—	准许越过该信号机进行调车作业
6		稳定蓝色	—	不准越过该信号机进行调车作业
7		信号机名称变红色	—	信号机已封锁，以该信号机为始端或终端的进路不能办理

（3）采用黄色三角形表示以该道岔防护信号机为始端的进路需人工办理，如图 4-14 所示。

（4）采用绿色箭头表示以该信号机为始端的进路设置了自动进路，如图 4-15 所示。

(5)采用黄色方框和白色数字表示以该信号机为始端的进路在 CBTC 运行控制级别下的延时解锁倒计时,如图 4-16 所示。

图 4-14　道岔防护信号机的 ATS 人工进路状态示意　　图 4-15　自动进路建立状态示意　　图 4-16　延时解锁倒计时示意

2)信号机显示

(1)正线道岔防护信号机、出站兼道岔防护信号机。

正线道岔防护信号机、出站兼道岔防护信号机采用黄、绿、红三灯位信号机构,定位显示为红色灯光,显示状态及含义见表 4-5。

正线道岔防护信号机、出站兼道岔防护信号机显示状态含义　　表 4-5

序号	信号灯显示	信号机显示状态	含义
1	绿色灯光		进路开通直向,准许列车按规定的速度越过该信号机
2	黄色灯光		进路开通侧向,准许列车按规定的速度越过该信号机
3	红色灯光		不准列车越过该信号机
4	黄色灯光 + 红色灯光		开放引导信号,准许列车以不大于规定速度越过该信号机并须准备随时停车

（2）出站信号机、区间分隔信号机、出段/场信号机。

出站信号机、区间分隔信号机和出段/场信号机采用绿、红二灯位信号机构，定位显示为红色灯光，显示状态及含义见表4-6。

出站信号机、区间分隔信号机、出基地/场信号机显示状态及含义　　　　表4-6

序号	信号灯显示	信号机显示状态	含义
1	绿色灯光		准许列车按规定的速度越过该信号机
2	红色灯光		不准列车越过该信号机

具备引导功能的出站信号机、区间分隔信号机、出段/场信号机采用三灯位信号机构，显示含义同表4-5。

（3）阻挡信号机。

①折返进路终端阻挡信号机。

折返进路终端阻挡信号机采用绿、红二灯位信号机构，定位显示为红色灯光，显示状态及含义见表4-7。

折返进路终端阻挡信号机显示状态及含义　　　　表4-7

序号	信号灯显示	信号机显示状态	含义
1	绿色灯光		准许列车按规定的速度越过该信号机
2	红色灯光		不准列车越过该信号机

②线路尽头阻挡信号机。

线路尽头阻挡信号机采用绿、红二灯位信号机构，绿灯封闭，定位显示为红色灯光，显示状态及含义见表4-8。

线路尽头阻挡信号机显示状态及含义　　　　表4-8

信号灯显示	信号机显示状态	含义
红色灯光		不准列车越过该信号机

(4)进基地/场信号机。

进基地/场信号机采用黄、绿、红三灯位信号机构,定位显示为红色灯光,显示含义见表4-9、图4-17。

进基地/场信号机显示含义　　　　　表4-9

序号	信号灯显示	信号机显示状态	含义
1	绿色灯光		进路开通直向,准许列车按规定速度越过该信号机
2	黄色灯光		开通列车进路,准许列车按规定速度越过该信号机
3	红色灯光		不准列车越过该信号机
4	黄色灯光 + 红色灯光		开放引导信号,准许列车以不大于规定速度越过该信号机并须随时准备停车

图4-17　进段/场信号机

当有利用转换轨进行调车作业需求时,进段/场信号机采用黄、绿、红、月白四灯位信号结构,定位显示为红色灯光,如图4-17所示。

其中,月白色灯光显示含义为:准许越过该信号机进行调车作业;其余灯位与进段/场三灯位信号机显示含义一致。

(5)段/场进出库信号机。

段/场进出库信号机采用黄、月白、红三灯位信号机构,定位显示为红色灯光,显示状态及含义见表4-10。

段/场进出库信号机显示状态及含义

表 4-10

序号	信号灯显示	信号机显示状态	含义
1	黄色灯光	(黄灯亮)	进路开通,准许列车按规定速度越过该信号机
2	月白色灯光	(月白灯亮)	准许越过该信号机进行调车作业
3	红色灯光	(红灯亮)	不准列车越过该信号机
4	黄色灯光 + 红色灯光	(黄灯和红灯亮)	开放引导信号,准许列车以不大于规定速度越过该信号机并随时准备停车

(6) 段/场调车信号机。

① 段/场调车信号机采用月白、蓝二灯位信号机构,定位显示为蓝色灯光,显示状态及含义见表4-11。

段/场调车信号机显示状态及含义

表 4-11

序号	信号灯显示	信号机显示状态	含义
1	月白色灯光	(月白灯亮)	准许列车按规定速度越过该信号机进行调车作业
2	蓝色灯光	(蓝灯亮)	不准越过该信号机进行调车作业

②与其他站场或线路的联络线上的调车信号机采用月白、红二灯位信号机构,定位显示为红色灯光,显示状态及含义见表4-12。

与其他站场或线路的联络线上的调车信号机显示状态及含义　　　表4-12

序号	信号灯显示	信号机显示状态	含义
1	月白色灯光		准许列车按规定速度越过该信号机进行调车作业
2	红色灯光		不准越过该信号机进行调车作业

3)联锁设备基础知识

(1)正线有道岔、配有操作员控制站(LOW)并具有联锁计算机设备的车站为联锁站,其他有道岔、配有 LOW 的车站为设备站。

①正线不设进、出站信号,只设进路防护信号机。

②西门子计算机辅助信号系统(Siemens Computer Aided Signalling,SICAS)联锁具有追踪进路功能,列车每出清一段轨道电路,进路自动逐段解锁。

③车辆段与正线连接站的信号接口,设有相互照查进路电路。

(2)轨旁 ATP 正常时,地面信号机处于灭灯状态,车载信号设备故障或没有车载信号的列车,采用不受人工限制的驾驶模式、人工驾驶模式驾驶运行的非装备列车接近地面信号机800m 前,信号机进入亮灯状态。

(3)车辆段使用微型计算机联锁系统,采用计轴轨道电路,信号机和道岔由信号楼集中控制。

我国地铁车辆正加速"驶"入中国标准时代

在 2021 北京国际城市轨道交通展览会上,中国中车股份有限公司发布了具有完全自主知识产权的系列化中国标准地铁列车产品平台,包括时速 80km A 型和 B 型、时速 120km A 型和 B 型四种车型,并首次展出了首列中国标准化地铁列车"实车"。

中国标准地铁列车最显著的特点是统一标准,实现了从零件、部件到整车的"标准化",对车辆易损易耗件、备品备件等 199 种零件进行简统化设计,零配件实现了最大程度通用化,不同线路、不同车型、不同厂家的车辆,零件可以通用互换。同时,按照"功能、性能统一,电气、机械接口统一"的原则,共简统车辆部件 252 种,实现部件模块化设计;对车辆基本参数、车体轮廓、外部接口、电气控制、通信协议、修程修制等进行规范统一,实现了整车标准化。地铁列车的"标准化",可以大幅减少车辆备品备件数量,降低用户的检修维护费用,缩短车辆设计制造周期,利于形成地铁车辆完善的技术与管理标准体系,从而降低地铁列车全寿命周期成本10%。

中国标准地铁列车升级车体强度和碰撞安全性能,车辆安全性得到进一步提升。碰撞安全性能显著优于国际标准。在节能方面,时速120km标准地铁平台车辆采用流线型头型、车顶导流罩、贯通道外形优化等技术措施,气动阻力减小约7%,运行能耗更低;牵引辅变系统设备总重降低15%,达到国际行业最优水平;配备全变频热泵空调系统,全年能耗节省15%以上。采用轻量化设计和更优的控制策略,降低运营能耗10%。

列车搭载智能诊断装置,包括弓网检测、走行部监测、车门运行状态监测、故障诊断和故障预警等,对车辆和运行环境进行实时监测与预警,保障行车安全;建立起智能运维平台,利用运维大数据,实现车辆运维和检修作业的"智能化",正线故障率降低10%,检修效率提升20%。

在系列化中国标准地铁列车平台下,每种车型可自由配置驾驶模式、受电方式、车辆编组、车体轮廓等,满足用户个性化需求。同时,车辆功能实现"菜单式"配置,所有车型均推出了170多项选配功能,涵盖乘客界面、车辆运维、智能化服务等,用户可根据需求进行定制。安全、智能、舒适、灵活的背后,是中国标准地铁列车拥有完全自主知识产权,"中国标准"覆盖率达到85%以上,核心技术、关键部件全面自主研发,所有关键零部件均实现自主研发制造。

思政点拨

上海地铁进行电话闭塞法及手摇道岔演练

为提高各岗位行车人员综合业务能力,检验各岗位应急处置、联动配合能力,巩固行车应急预案时机操作熟练程度,上海地铁6号线于2022年8月25日运营结束后开展电话闭塞法、手摇道岔等非正常行车综合演练。

2022年8月25日23时35分,由东方体育中心站出发的最后一班载客列车准点到达港城路站,地铁6号线结束了一天的运营。8月26日0时24分,行车调度员发布调令,非正常行车演练正式开始,各岗位人员迅速就位。施工负责人进行施工登记后演练开始。

(1) 电话闭塞法。

列车司机是承担地铁运营任务的主力之一,在遇到信号通号系统故障时能够按电话闭塞法要求驾驶是列车司机的基本功。司机接到书面命令并且完整复诵,列车司机在站台接送路票并严格确认,列车司机根据调车手信号进行折返作业。

(2) 手摇道岔。

演练区段各车站对钩锁器及手摇柄进行一次全面检查,并对钩锁器进行了上油保养。灵岩南路站上行试2次列车按行调命令办理相关作业,列车以电话闭塞方式运行至东方体育中心站上行,工作人员站在安全位置向司机显示停车手信号。车站行车岗位人员在值班站长带领下,下线进行手摇道岔折返作业。

试2次列车根据调车手信号驶入东方体育中心站折2线并折返至东方体育中心站下行后,以电话闭塞方式向灵岩南路站运行。车站工作人员做好与司机的车调联控,列车有序出发。各站参演人员按计划有条不紊地开展演练工作,接调令、打电话、送路票、手摇道岔、打手信号、相互盯控并做好记录,3h 的非正常行车综合演练在全体人员默契配合下顺利结束。

(3)演练总结。

演练结束后,通过查看现场记录、回放录像等方式回溯演练中各环节的处置情况并进行分析,为相关应急预案的改进提供丰富的时间数据和实践经验。

点拨:非正常行车综合演练能进一步检验员工业务技能水平,集中巩固各行车岗位电话闭塞法实施和手摇道岔业务的整体水平,加强处置突发行车事件的能力,有效检验车站应急预案能效,为日常安全运营打下牢固基础。

4.2 车站行车作业

4.2.1 车站行车作业基础

1)车站行车作业基本要求

(1)严格执行单一指挥制。车站行车作业由车站值班员统一指挥。列车在车站时,列车司机应在车站值班员指挥下进行工作。车站值班员应认真执行行车调度员的命令和上级领导的指示。

(2)遵章守纪,确保按图行车。认真执行行车规章制度,遵守各项劳动纪律。办理作业正确及时,严防错办和忘办,严禁违章作业。当班必须精神集中、服装整洁、佩戴标志,保证车站安全、不间断地按列车运行图接发列车。

(3)设备检查齐全、良好。班前认真检查有关行车设备,确保试验良好;班中保管好各种工具、备品,做好使用登记;认真进行交接班。

(4)作业联系及时、准确。联系各种行车事宜时,必须程序正确、用语规范、内容完整、简明清楚,严防误听、误解和臆测行事。

(5)立岗接送列车。接发列车严肃认真,姿势端正。认真做好看、听、闻,确保列车安全运行。

(6)正确、及时填写各种行车表报。应按规定内容、格式认真填写各种行车表报,保持表报完整、整洁。

2)作业制度

(1)车站组织机构及岗位责任制。

车站实行由上至下管理、由下至上层级负责制度,各层级人员须服从指挥,并对本岗位工作负责。站长代表城市轨道交通运营企业在车站行使属地管理权,组织车站员工全面开展车站工作,包括安全管理、行车、客运和票务管理、乘客服务、班组管理、员工培训以及对外协调等工作。

车站行车值班员的岗位职责是:执行行车调度员的命令和指示,统一指挥车站的行车作业。监视行车控制台的进路开通方向、道岔位置及信号显示,监视列车运行状态和乘客乘降情况。在实行车站控制时,按列车运行图及行车调度员下达的列车运行计划办理闭塞、排列进路、开闭信号、接发列车。填写行车凭证和其他各种行车报表。办理设备检修施工登记。组织交接班工作。

站台站务员的岗位职责是:按行车值班员指挥安全、有序地接发列车和组织乘客乘降;按行车值班员指挥正确及时地显示行车信号;车门出现故障时负责协助司机处理;安全、迅速处理屏蔽门故障;信号设备出现故障时配合值班站长人工排列进路。

(2)交接班制度。

车站行车值班员交班时,应将列车运行和设备状态,上级指示和命令及完成情况等填记在交接班登记簿上,并口头向接班车站行车值班员交代清楚。行车值班员接班时,要了解列车运行情况,对行车设备、备品、表报进行检查后,签认接班。

(3)检修、施工登记制度。

车站行车值班员对各项检修、施工作业,应根据检修施工计划,向检修施工负责人交代有关注意事项后,方可登记。凡影响行车作业的临时设备抢修,要在与行车调度员联系作业时间并获同意后,方可登记。检修、施工作业结束后,行车设备经试验、确认技术状态良好,方可签认注销。

(4)巡视检查制度。

送电前,值班站长应进行站线巡视,检查线路上有无影响列车运行的异物。对站内检修、施工后的现场进行巡视检查,复核检修、施工登记注销情况。检查车站控制室是否有异常情况。

(5)行车事故处理制度。

发生行车事故,应立即采取有效措施进行处理,同时向行车调度员及有关部门报告。认真记录事故发生的时间、地点、列车车次、车号、关系人员姓名及人员伤亡和设备损坏情况。赶赴现场,查找人证与物证,并做成记录。清理现场,尽快开通线路。对责任行车事故,应认真找出原因,提出处理意见,制定防范措施。

3)车站运营前的检查

在运营前规定时间,各站须及时向行车调度员报告运营准备情况,检查确认运营线路(含辅助线)是否已满足行车要求。运营前的检查主要包括以下内容:

(1)行车值班员通过施工登记簿、当班情况登记簿确认所有影响行车的施工(简称"A类施工")已经结束。施工销点时,车站须与施工负责人责任人核实有关作业区的出清情况。在最后一项A类施工作业结束时(销点前),负责撤除车站红闪灯防护的人员应携带灯具,到线路上确认站内线路出清情况。

(2)值班站长在运营前规定时间,对本站站台区域的运营线路情况进行检查,确保线路出清;对屏蔽门进行开关门测试,确保屏蔽门开关门功能正常。

(3)确认接触网、照明及环控系统正常。观察确认站内线路接触网正常;观察确认车站控制室内用电设备运作和车站照明工作正常;检查确认建筑自动化系统(Building Automation System,BAS)、车站机电设备监控系统、火灾报警系统(Fire Alarm System,FAS)运作模式正确,各设备工作正常。

(4)联锁站行车值班员接到行车调度员检查道岔功能的通知后,通过操作员工作站(Local Operation Workstation,LOW)接收控制权并进行以下操作:

①对本联锁区内的每副道岔分别转动两个来回,连续操作不可过快,应在前次操作到位后再进行下次操作。

②分别排列正线上的正向进路和反向进路各一次,分别排列正线到辅助线和辅助线到正线以及联络线与相邻线路的进路各一次,确认进路排列正常。

③按行车组织规则规定将相关道岔单独锁定在相应位置,打开相关信号机相应功能。

④检查完毕上交 LOW 控制权,检查过程中若发现任何异常现象必须及时处理和汇报。

4.2.2 接发列车作业

国内城市轨道交通信号系统普遍实现中央级控制,列车实行自动驾驶运行,城市轨道交通车站原则上不办理接发列车作业。车站对列车运行情况进行监视,负责向行车调度员报点,各站间相互报点,当发生意外事件时,向行车调度员请示,经同意后暂不报点;站台站务员按有关规定迎送列车。

只有在信号联锁故障,需人工排列进路组织列车运行及列车开到区间因故障要退回车站等特殊情况下才须办理接发列车作业。

1)正常情况车站接发列车作业

(1)站台作业规定。

站台人员接送列车严格执行"一立、二迎、三接、四送"的一次作业程序,见表4-13。

站台立岗一次作业程序　　　　　　　　表4-13

程序	内容
一立	当站台人员听到列车预告广播时,立即在紧急停车按钮旁立岗。站立时采取立正、左手自然下垂、右手垂直横握对讲机的姿势,目光注视乘客动向
二迎	列车进站时,站务人员面向股道,目光左右巡视,内容为行车、乘客、设备、设施等安全情况
三接	列车停稳后,目光注视屏蔽门及车门开启情况,乘客上下车情况直至全部车门及屏蔽门关闭
四送	列车起动时,确保无夹人、夹物。当车尾部经过站立位置后,站务人员面向列车出站方向90°转身,目送列车出站台,转体过程中保持挺胸收腹,脚跟并拢,脚尖分开45°,双手下垂,目光始终注视列车

站台人员在站台上巡视时,以规范走姿来回走动,全面巡视站台的行车安全、乘客人身安全及设施设备运行情况和卫生情况。发现问题,及时处理并上报。积极主动为乘客解决问题,提供优质服务。站台人员上岗时,携带口哨、对讲机,并确认对讲机电池状态。运营开始前,全面巡视站台,确认线路空闲、无异物侵限、报告车站控制室;运营结束后,确保没有乘客逗留在站台后,全面巡视设备情况。

(2)正常情况车站接发车作业标准,见表4-14。

正常情况车站接发车作业标准

表 4-14

程序	岗位		说明
	行车值班员	站台站务员	
一、检查线路	（1）与行车调度员确认使用时刻表版本。 （2）布置站务，检查站台、线路。 （3）听取汇报："人员线路清，设备正常"	（1）到岗后，根据行车值班员指示检查站台设备及线路无异常后，向车控室行车值班员汇报："人员线路清，设备正常"。 （2）站在指定区域巡视站台	遇时刻表变更时，行车值班员应将当天使用的时刻表版本及首末班车时刻等主要信息告知各个岗位
二、准备接车	（4）监控 LOW 列车进路、信号机状态和闭路电视（Closed Circuit Television，CCTV）	（3）当乘客信息系统（Passenger Information System，PIS）显示列车还有 1min 进站时，再次确认人员线路清、站台乘客全部站在安全黄线以内后，站在指定地点立岗接车。 （4）如发现危及行车或人身安全情况时，应立即按压"紧急停车"按钮，并向车站控制室行车值班员汇报	原则上两名站务员应进行分工，分别负责上行、下行
三、接车	（5）通过 LOW 和 CCTV 监视列车进站和乘客动态。发现危及行车或人身安全情况时，立即按压链路控制协议（Link Control Protocol，LCP）盘上的"紧急停车"按钮	（5）监视列车进站。 （6）随时与车控室保持联系	接车地点靠近"紧急停车"按钮或在电扶梯口附近。 接车时面向线路左右兼顾
四、组织乘客上下车	（6）通过 CCTV 监控站台乘客上下车	（7）待列车停稳开门后，站在电扶梯或楼梯口，引导乘客有序上下车	站务员应随时注意发车计时器的显示情况，发现异常应立即报告行车值班员
五、列车出发	（7）通过 LOW 和 CCTV 监视列车出发和乘客动态	（8）列车关门后，站在"紧急停车"按钮附近，监视列车出站。 （9）如发现危及行车或人身安全情况时，应立即按压"紧急停车"按钮，并向车站控制室行车值班员汇报。 （10）列车全部出清站台后，继续加强对站台的巡视，注意乘客动态	注意电梯旁边乘客动态，防止列车关门时冲上车被车门夹伤。 列车起动后，面向列车立岗，列车尾部通过身边时面送列车

2）控制中心办理接发列车作业

在采用自动闭塞时，区间闭塞是自动办理的，但进路排列有两种情形。

（1）在行车指挥自动化时，控制中心中央级控制根据使用列车运行图及列车运行实际情况，通过车站联锁设备自动排列进路、实时控制列车接发作业。在控制中心中央级控制自动功能故障时,列车进路由行车调度员人工排列。

(2)在调度集中时,由行车调度员通过进路控制终端控制管辖线路上的信号机、道岔,人工排列列车进路,办理列车接发作业。

在上述两种情况下,车站值班员通过行车控制台监视列车进路排列、信号显示,列车到发、通过情况,以及列车运行状态是否正常等。

3)车站办理接发列车作业

在采用区间闭塞设备时,行车闭塞法为双区间闭塞法;在停用自动闭塞设备时,行车闭塞法为电话闭塞法;在上述两种情形下,区间闭塞由车站值班员办理。

在区间闭塞由车站值班员办理的情况下,列车进路也由车站值班员排列。此外,如果仅是控制中心 ATS 的自动排列进路功能故障,列车仍可按自动闭塞法行车,此时将控制权下放给集中站,由车站值班员在联锁工作站上排列进路,办理列车接发工作。

4.2.3 车站列车折返作业

1)车站列车折返方式

(1)站后折返的特点。如图 4-18 所示,上行到达列车进站,停靠车站站台 a,在规定的列车停站时间内乘客下车完毕;列车由车站正线进入尽端折返 b,列车在折返线,前后部司机立即进行换向作业,停留规定时间后,在前一列下行出发并已经驶离车站闭塞分区,同时道岔开通车站正线和信号开放,进入下行车站正线 c,完成折返作业。

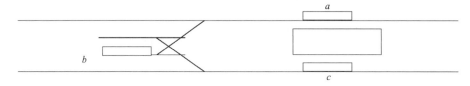

图 4-18 站后折返

优点:站后折返方式,出发列车与到达列车不存在敌对进路交叉,行车安全;而且列车出站速度高,有利于提高旅行速度,因此,站后折返方式被广泛采用。

缺点:站后折返方式的列车折返时间较长。

(2)站前折返的特点。如图 4-19 所示,上行到达列车由车站闭塞分区外方,即进站位置处 a 侧向进站,停靠下行车站正线 b,前后部司机立即进行换向作业,在规定的列车停站时间内乘客下车与乘客上车完毕;然后由车站出发,驶离车站闭塞分区 c,并为下一列进站折返列车办妥接车进路。

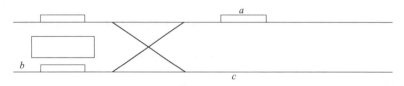

图 4-19 站前折返

优点:站前折返方式,列车无空车走行,折返时间较短;乘客上下车同时进行,能缩短停站时间;站线和折返线相结合,有利于节约造价。

缺点:出发列车与到达列车在敌对进路交叉,影响行车安全;列车进出站通过道岔,致使列车速度受限制,乘客有不舒适感;乘客上车与下车同时进行,在客流量大的情况下,站台秩序会受到影响。

在 ATC 控制时,进路的办理自动完成,以最优模式进行。在车站控制时,应优先办理最优模式进路,在一些特殊情况时,经行车调度员同意可以使用其他模式。

2)车站列车折返规定

(1)移动闭塞时,列车根据所分配的车次自动完成折返作业。

(2)自动闭塞时,由行车调度员或车站值班员单操道岔排列进路进行折返作业。

(3)电话闭塞时,列车在车站折返过程中,列车进出折返线的行车凭证为手信号。列车进出折返线或存车线时,按调车方式办理。进折返线时,车站准备好进路后,由值班站长亲自或指定人员显示"道岔开通"手信号通知司机。出折返线时,车站准备好进路后,先用手持台联系司机(手持台故障时,由现场人员口头通知),然后在指定地点显示"道岔开通"手信号。

(4)折返道岔故障时,列车折返运行采用人工驾驶模式或者非人工驾驶模式限速 25km/h运行。

3)列车折返作业组织模式

模式一:有司机监视的 ATO 折返。该模式下,司机随列车进行折返,流程如下:

(1)列车折返准备。

①ATS 确认列车身份,排列列车进入折返线的进路。

②换班的司机进入列车尾部驾驶室。

③当班的司机观察列车清客情况,关闭车门。

④车站值班员协助司机检查清客和关闭车门情况。

(2)列车进入折返线。

①当班的司机检查列车显示,并启动 ATO 按钮。

②司机观察列车进入折返线的情况,若有异常则采取紧急措施。

③车站值班员通过 CCTV 系统显示器监视列车的运行。

④控制中心从车站获取折返列车状态资料,以便与运行计划进行核对。

(3)列车折返线操作。

①当班司机关闭前驾驶室。

②换班司机启动后驾驶室。

③改变列车目的地指示。

④ATS 在适当的时机排列并开放进入另一侧的进路。

(4)列车驶进站台。

①列车司机检查列车显示,并启动 ATO 按钮。

②司机观察列车驶出折返线的情况,若有异常则采取紧急措施。

③车站值班员通过 CCTV 系统显示器监视列车的运行。

④中央 ATS 从车站获取列车身份和到达时间参数,以便与运行计划进行核对。

(5)列车发车准备。

①车载 ATO 自动打开车门让乘客上车。

②ATS系统改变列车车次信息。
③司机监视列车显示,若有异常则通过无线设备与控制中心联系。
④车站值班员通过CCTV系统显示器监视乘客的上车情况。

模式二:无司机监视的列车自动折返,流程如下:

(1)列车折返准备。
①ATS确认列车身份,排列列车进入折返线的进路。
②换班的司机进入列车尾部驾驶室,更换列车尾部目的地标志并退出尾部驾驶室。
③当班的司机更换列车前端目的地标志,观察列车清客情况。
④当班的司机关闭车门、关停前端驾驶室,然后离开前端驾驶室来到站台。
⑤车站值班员协助司机检查清客和关闭车门的情况。

(2)列车折返。
①列车前端司机观察折返信号,按动站台上的列车自动折返按钮。
②前端司机观察列车进入折返线的运行状态,然后从站台前端走到站台尾端,准备作为下一列折返列车的换班司机。
③车站值班员和中心行车调度员通过CCTV系统显示器监视列车的折返状态。
④列车进入折返线后在折返线内自动停车。
⑤车站联锁系统自动排列列车出折返线的进路。
⑥列车两端驾驶室自动切换。
⑦中央ATS在适当的时机开放列车进入发车站台的进路,并将起动命令传递给列车。
⑧接到命令的列车自动起动行驶到车站发车站台并停车。

(3)列车发车准备。
①列车在停稳后自动打开车门。
②中央ATS确认列车车组号码并向列车传递车次和目的地号码。
③等候在站台端部的列车司机打开前驾驶室门进入驾驶室。
④司机起动列车前确认设备运转正常,若有问题则通过无线设备及时向控制中心报告。
⑤车站值班员通过CCTV系统显示器监视列车出站情况。

列车进路与联锁概念

列车在车站到达、出发或通过所需占用的一段线路称为列车进路。列车进路的排列通常涉及道岔位置的转换,列车进路的防护则由设置在进路入口处的信号机来保证。

为了确保列车进路的安全,在道岔和信号机及进路之间以及信号机之间建立的相互制约关系称为联锁。联锁设备是实现联锁关系的技术设备。联锁关系可以归纳为以下几点:

(1)只有进路上有关道岔开通位置正确,防护这一进路的信号机才能开放。
(2)当防护某一进路的信号机开放以后,该进路上的所有道岔均不能转换。

(3) 当防护某一进路的信号机开放以后，所有敌对进路的信号机均不能开放。

(4) 在正线出站信号机开放以前，进站信号机不能显示正线通过信号。

北京地铁路网"最强大脑"的总调度

陈文，现任北京地铁公司调度指挥中心主任，从事轨道交通调度指挥工作30余年，曾获北京地铁国庆70周年服务保障工作记功个人、北京市劳动模范、2020年感动交通年度人物、抗击新冠肺炎疫情先进个人、北京市优秀共产党员等称号。

始终心怀打造北京地铁网络化运营"最强大脑"这个初心，积极搭建网络化应急抢险抢修体系平台，实现了突发事件的快速报告和路网资源的精准高效调动，提升突发事件处置水平和故障修复效率；持续完善公司三级应急预案体系建设；积极开展"情景构建＋"创新形式的应急演练，强化应急演练实兵实战效果。陈文用这"三板斧"着力推进"高效运营组织指挥体系"建设，助力北京地铁高质量发展。

伴随着北京地铁53年的发展，陈文圆满完成了新线开通筹备、老线更新改造、缩间隔提运力、创新行车组织、疫情防控、恶劣天气应对等各项工作以及历次重大活动运输服务保障任务，不断印证了自己的"初心"永在运行图上"不偏离不晚点"。

点拨：一切从大局出发，是"地铁人"与生俱来的敬业奉献精神。应对突发疫情、各类险情，坚持靠前指挥，这份自信源于自身扎实的业务基础和经验总结，也源于对这份工作的满腔热忱和一生追求。

实训4.1　完成手摇道岔实操

1. 任务描述

参考教材相关知识点流程，按照"1＋X"城市轨道交通站务职业技能等级证书实操考核手摇道岔实操考核评估标准，完成手摇道岔实操。

2. 任务目标

(1) 重点培养学生的理解运用能力、口头及书面语言表达能力。帮助学生掌握手摇道岔的实际运用。

(2) 培养学生按照职业技能等级考核评价标准完成岗位实践的执行力等综合能力。

3. 任务要求

(1) 个人任务：学生2人一小组，按照"1＋X"城市轨道交通站务职业技能等级证书实操考核手摇道岔实操考核评估标准，合作完成手摇道岔实操。

(2) 小组任务：6人一大组，分若干个学习小组，自由分组、自选组长，每小组每2名成员合作完成任务后，组长检查完成情况，组长汇报本小组所有成员完成情况。

(3) 汇报所需设备：多媒体教室、激光笔、扩音器、投影设备等。

（4）各组设置观察记录员 1 名，用摄像机、手机等视录设备将学习和课堂展示过程拍摄下来，使用观察清单记录和分析该小组学习过程及展演过程中的问题，并进行时间把控。视频也是教师小组评价依据之一。

4. 任务实施与评估标准

（1）任务实施。

①按照考核评估标准完成操作。

②文本等汇报材料制作简洁美观，汇报翔实、动作和用语规范、井然有序。

（2）评估标准。

①按照上述任务实施要求完成实训任务。

②按照测评表进行合理评价。

姓名：_____   准考证号：_____   考场：_____

考核起止时间： 年 月 日 时 分至 时 分 用时： 分钟

项目	标准	分值	评分标准	配分
带齐备品	(1) 对讲机； (2) 信号灯/旗； (3) 道岔钥匙； (4) 钩锁器及扳手； (5) 钩锁器锁及钥匙； (6) 手摇柄(把)； (7) 荧光衣； (8) 红闪灯； (9) 断电钥匙(如有)； (10) 无线调度台； (11) 接触轨下线人员还必须穿绝缘靴、按安全线路图行走	10	遗漏一项扣 2 分	
设置防护	来车方向，距离作业地点 3～5m 处设置红闪灯防护(如当地城市轨道交通运营企业对防护设置有其他规定，可根据实际情况进行考核)	10	红闪灯未打开，扣 5 分； 未设防控，扣 5 分； 防护设置错误，扣 5 分	
判断道岔位置	看道岔开通位置是否正确，是否需要改变开通位置(如果道岔开通位置判断错误，不再进行后续考试)	5	一项否决	□不通过
确认道岔状态	确认有无钩锁器	5	未手指确认，扣 5 分	
	尖轨密贴，另一侧尖轨与基本轨无异物	5	未手指确认或确认有误，扣 5 分	
	拆除钩锁器锁(如有)	5	不拆除钩锁器，扣 5 分	
开锁及断电	根据相应线路实际情况：开道岔锁和断电	5	未操作或错误操作扣 5 分	

续上表

项目	标准	分值	评分标准	配分
转换道岔位置	用手摇把将道岔摇到需要的位置,听到转辙机"咔嚓"落槽声后停止(双转辙机时需听到两台转辙机的落槽声才停止)	20	(1)摇错方向的每错误超过2圈扣3分。 (2)手摇一副道岔时间在25s内不扣分,每过1s扣1分。 (3)没有听到落槽声就停止(未摇到位),该项考核不通过	□不通过
确认尖轨密贴	手指尖轨呼"开通左/右位,尖轨密贴,另一侧尖轨与基本轨无异物。"(另一人确认,不在考核范围)	5	未手指确认或确认错误5分	
钩锁道岔	用钩锁器锁定道岔尖轨,折返线道岔只挂不锁	15	(1)没有使用扳手拧紧勾锁器的或出现勾锁器可以用手(三指抓紧)拨动的此项不得分。 (2)加锁一副道岔时间在40s内不扣分,每过1s扣1分。 (3)勾锁器加锁位置错误或加锁不正确,此项不得分	
出清线路	操作结束后,所有物品、人员出清	5	线路未出清,扣5分	
汇报道岔开通情况	向车站控制室汇报道岔开通位置及加锁情况:"××道岔开通左/右位,尖轨密贴,另一侧尖轨与基本轨无异物,已加锁。"	5	未操作或错误操作扣5分	
显示信号	显示发车信号或道岔开通手信号	5	未显示或显示错误,扣5分 每试错一次扣3分	
操作时间要求	操作内容要求在10min内全部完成		超过10min未完成,一项否决	□通过 □不通过
60分合格,一项否决项,任意一项不通过,则考核成绩为0分		100	小计	

考核结果: □通过 □不通过　　　考评员1签名:　　　考评员2签名:

5. 检测评价

完成本次课程,根据同学在实训任务中的表现,结合训练要求,给予客观评分。

项目	类别			
	组员自评(10%)	组长自评(10%)	小组互评(20%)	教师点评(60%)
团队和谐(10分)				
团队分工(15分)				
规范使用工具(10分)				
任务内容(25分)				

续上表

项目	类别			
	组员自评(10%)	组长自评(10%)	小组互评(20%)	教师点评(60%)
报告制作(15分)				
汇报效果(25分)				
总分(100分)				

实训 4.2　正常情况车站接发车作业

1. 任务描述

参考教材相关知识点,按照站台人员接送列车严格执行"一立、二迎、三接、四送"的一次作业程序和正常情况车站接发车作业标准,完成正常情况车站接发车作业实操。

2. 任务目标

(1)重点培养学生的理解运用能力、语言表达能力。帮助学生掌握正常情况车站接发车作业的实际运用。

(2)培养学生执行力、团队协作等综合能力。

3. 任务要求

(1)个人任务:学生2人一小组,分别扮演车站行车值班员和站务员,合作完成正常情况车站接发车作业实操。

(2)小组任务:6人一大组,分若干个学习组,自由分组、自选组长,每一大组每2名成员合作完成任务后,组长检查完成情况,组长总结汇报本小组所有成员完成情况。

(3)汇报所需设备:多媒体教室、激光笔、扩音器、投影设备等。

(4)各组设置观察记录员1名,用摄像机、手机等视录设备将学习和课堂展示过程拍摄下来,使用观察清单记录和分析该小组学习过程及展演过程中的问题,并进行时间把控。视频也是教师小组评价依据之一。

4. 任务实施与评估标准

(1)任务实施。

①按照考核评估标准完成操作。

②文本等汇报材料制作简洁美观,汇报翔实、动作和用语规范、井然有序。

(2)评估标准。

①按照上述任务实施要求完成实训任务。

②按照测评表进行合理评价。

5. 检测评价

完成本次课程,根据同学在实训任务中的表现,结合训练要求,给予客观评分。

项目	类别			
	组员自评(10%)	组长自评(10%)	小组互评(20%)	教师点评(60%)
团队和谐(10分)				
团队分工(15分)				

续上表

项目	类别			
	组员自评(10%)	组长自评(10%)	小组互评(20%)	教师点评(60%)
规范使用工具(10分)				
任务内容(25分)				
报告制作(15分)				
汇报效果(25分)				
总分(100分)				

复习与思考

一、单选题

1. 信号是指挥（　　）的信息。
   A. 列车停运　　　　B. 列车运行　　　　C. 列车监控　　　　D. 列车进路
2. （　　）是指在行车过程中使用的工器具或设备。
   A. 行车备品　　　　B. 车票　　　　　　C. 现金　　　　　　D. 调度命令
3. 信号系统相关术语错误的是（　　）。
   A. 信号　　　　　　B. 进路　　　　　　C. 出路　　　　　　D. 联锁
4. 地面信号机显示的（　　）是引导信号。
   A. 黄色　　　　　　B. 红色＋黄色　　　C. 红色　　　　　　D. 绿色
5. （　　）代表禁止超过信号机。
   A. 红色　　　　　　B. 绿色　　　　　　C. 黄色　　　　　　D. 红色加黄色

二、多选题

1. 行车组织方法主要有（　　）。
   A. 进路闭塞法　　　B. 准移动闭塞法　　C. 调令闭塞法　　　D. 电话闭塞法
2. 常用的色灯信号机有（　　）。
   A. 透镜式色灯信号机　　　　　　　　B. 电动式色灯信号机
   C. 组合式色灯信号机　　　　　　　　D. 发光二极管(LED)式色灯信号机
3. 需要进行手摇道岔的情况有（　　）。
   A. 车站控制台上道岔标识失去表示或不能正常表示(复示)时
   B. 车站控制台显示与实际不符时
   C. 道岔无法操控时
   D. 转辙机停电时

三、判断题

1. 信号是指示列车及调车作业的指令，是确保行车安全必不可少的。它包括听觉信号和动作信号。　　　　　　　　　　　　　　　　　　　　　　　　　　（　　）
2. 信号系统宜具备列车车门与屏蔽门系统的联动功能。　　　　　　　（　　）

3. 视觉信号主要包含车载信号、信号机信号、手信号、线路信号、标志等,同时显示以上视觉信号时按时别等级由低至高,依次为车载信号、地面信号或信号标志手信号。（ ）

4. 在列车运行中,信号机显示红色+黄色,则表示允许信号,信号处于有要求列车注意或减速运行。（ ）

5. 道岔的编号是由上行列车到达方向起,顺序编为单数。（ ）

6. 绿色信号灯表示允许列车按规定的速度越过此信号机进出站。（ ）

7. 手摇道岔"六部曲"为一看、二开、三摇、四确认、五加锁、六汇报。（ ）

8. 引导手信号为展开的绿色信号旗高举头上左右摇动。（ ）

四、简答题

1. 车站行车作业基本要求有哪些？
2. 车站行车作业制度有哪些？
3. 简述列车站后折返的过程与优缺点。
4. 简述列车站前折返的过程与优缺点。
5. 简述有司机监视的 ATO 折返作业流程。
6. 简述无司机监视的列车自动折返作业流程。

单元 5 车辆基地作业组织

▶ **知识目标**
1. 熟悉车辆段的组成与技术设备；
2. 掌握车场段内列车运转流程；
3. 掌握车辆段调车作业基本要求。

▶ **能力目标**
1. 能够进行车辆段接发列车作业；
2. 能够描述车辆段调车作业运行方法。

▶ **素质目标**
1. 培养按照车辆基地作业规章操作的严谨工作作风；
2. 形成认真、细致、安全、环保的职业意识。

▶ **建议学时**
6 学时

案例导入

城市轨道交通运营列车其实和人一样也是要休息、洗澡以及健康检查。所以，在每天"下班"后列车都会回到它们的"家"，进行全面的"放松"。城市轨道交通列车会在每个清晨准时到达站台，默默地等待每一位乘客，将他们送到目的地。也在每一个宁静的夜晚，回到它的"家"整装待发，完成它的使命。

思考：同学们知道城市轨道交通列车的"家"在哪里吗？

5.1 车辆基地

5.1.1 车辆段

车辆段是以车辆停放、检修和日常维修为主体,集中停车场、综合维修中心、物资总库、培训中心及相关生活设施等组成的综合性生产单位。其服务对象包括移动设备(车辆)、机电设备(如车站的自动扶梯、屏蔽门、乘客导向设施、环控设备、给排水设备等)、供电设备(如变电站、变电所、接触网、电力电缆等)、通信信号设备、轨道、桥梁、隧道、房屋建筑等固定维护设施和部门。

1)车辆段的含义与作用

车辆段是城市轨道交通车辆停放的基地,也称车场,主要承担轨道交通车辆的停放、检查、维修、清洁、整备等任务,以及负责乘务人员的组织管理、出乘、换班等业务工作。某城市轨道交通车辆段外景如图 5-1 所示。车辆段的主要作用是:

(1)列车在段内调车,停放,日常检查,一般故障处理和清扫洗刷。

(2)车辆的技术检查、月修、定修、架修、临修、试车等作业。

(3)列车回段折返乘务司机换班。

(4)段内设备和机具的维修及调车机车的日常维修工作。

图 5-1 某城市轨道交通车辆段外景

(5)配置紧急救援抢修队和物资设备存放。

2)车辆段的组成及主要技术设备

车辆段总体上由三个部分组成:咽喉区、线路和车库。车辆段技术设备由车库、站场、调机、供电、信号、通信、通风空调和给排水设备等组成。车辆段平面布局如图 5-2 所示。

(1)咽喉区。车辆段咽喉区是指连接车库与正线的部分,由出入段线与道岔组成。咽喉区应有若干平行进路,具备一定的通过能力。

(2)线路。车辆段线路包括出入段线、停车线、列检线、镟轮线、检修线、洗车线、牵出线、试车线、静调线、救援线和联络线等。线路的配置应满足各种生产功能的要求,避免列车或车辆在段内的迂回走行或相互干扰。

①出入段线:连接正线与车辆段的线路。尽端式车辆段采用双线,贯通式车辆段可在两端各设置一条单线。出入段线与正线的接轨有平交和立交两种方式。

②停车线:专门用于每日收车后停车作业和停放备用车辆的线路,也可进行简单的列车清扫和保养工作。为减少占地和道岔数量,一般每条线按停放两列车设计。为能进行列检作业,部分停车线设有检修坑道。停车线如图 5-3 所示。

③列检线:用于车辆的日常检查,要求设置检查地沟。列检线应为平直线路。

④镟轮线:轮对磨耗不符合使用要求时,可对轮对踏面进行镟修的线路。

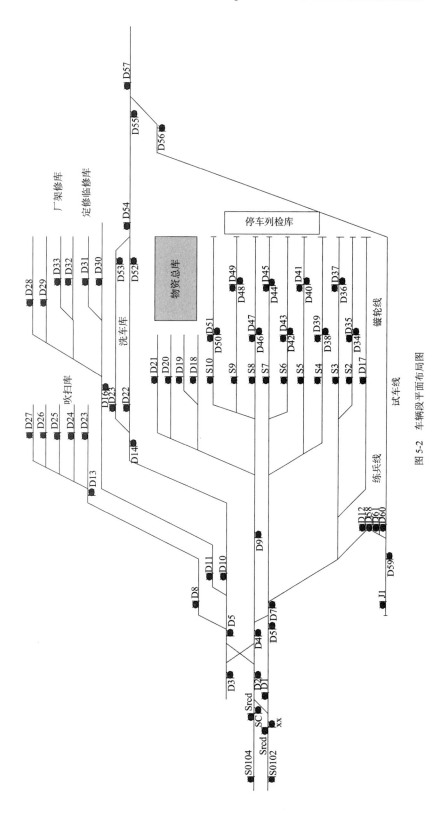

图 5-2 车辆段平面布局图

⑤检修线:用于车辆定期检修的线路,包括定修线、架修线和临修线等,设有检修坑,并根据检修作业需要配置车顶作业平台、架车机和起重机等设备。月检、定修线均需为平直线路。月检、定修要求设置检查地沟,需要设置两层或三层检修平台。架修、大修等检修作业线,要求设置检查地沟,并设置两层或三层架修作业平台。

⑥洗车线:用于车辆清洗作业的线路,一般安装自动洗车机,列车以低于5km/h的速度通过洗车设备即可完成车体清洗。洗车线可分为贯通式和尽头式两种类型,其中贯通式洗车线通常并联在入段线的外侧,两端分别与入段线和运用库前咽喉区的头部连通。洗车线有效长度范围应是一条独立作业进路。

⑦牵出线:用于车辆段内调车作业的线路。根据车库的位置,牵出线通常设置1~2条。

⑧试车线:用于车辆定修、架修后动态调试的线路,一般设在段内靠近检修库一侧。试车线的有效长度应满足按远期列车最高速度和紧急制动进行调试的要求。试车线如图5-4所示。

图5-3　停车线　　　　　　　　　　图5-4　试车线

⑨静调线:用于新车停放及静态调试的线路。

⑩救援线:用于停放救援列车的线路,一般设置在咽喉区附近。

⑪联络线:与铁路接轨的线路,用于车辆、设备等的调运。

(3)车库。根据车辆段作业内容不同,车库分为停车库、列检库、定修库和架修库。停车库与列检库用于停放车辆、进行列车技术检查等日常作业。定修库与架修库用于车辆定期检修作业,有时统称为检修库。车库及其设备如图5-5～图5-7所示。

图5-5　城市轨道交通车辆段月修　　图5-6　车轮镟床　　图5-7　洗车设备

①停车库。停车库用于收车后停车作业和停放备用车辆,可进行简单维修保养作业,以及车辆编组、清扫、整备和日常管理工作。

②检修库。检修库专门用于车辆检修作业、配有检修设备,包括列检库、月检库、定修库、架修库、大修库等。

(4)工程车。工程车分为内燃轨道牵引车、平板车、钢轨打磨车、隧道清洗车等,它们在运送物资、轨道检测、段内调车、正线救援方面发挥着非常重要的作用。工程车如图5-8、图5-9所示。

图5-8 内燃轨道牵引车　　　　　　　　图5-9 平板车

（5）车辆段信号系统。

①车辆段联锁设备。计算机联锁室内设备主要包括联锁机柜、接口柜、防雷柜、继电器架、分线盘设备和不间断电源（Uninterrupted Power Supply,UPS）等。电源室设有智能电源屏。设备室同时设有计算机监测的下位机设备和维修监测工作站等。信号楼行车控制室设有计算机联锁监视、操作终端设备，人机界面采用2个液晶显示器显示。车场指挥调度室设有ATS工作站，通过ATS工作站可监视出入场线和正线部分的列车运行情况。

②室外信号设备。室外信号设备主要有信号机、道岔转辙机、轨道电路及电缆箱盒等。

（6）通信系统。车辆段内通信系统主要包括：专用电话系统、无线通信系统、公务电话系统、时钟系统、广播系统、传输系统。

3）车辆段组织机构

车辆段调度中心（DCC）是车场生产运作、车辆维修组织和作业的控制中心，设有车场调度和检修调度。车场的生产运作组织工作由车场调度员统一指挥。车辆段组织机构如图5-10所示。

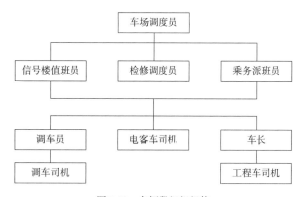

图5-10 车辆段组织机构

车辆段组织机构和岗位职责如下：

（1）车场指挥调度室。车场指挥调度室简称"场调室"，是车场内各线路行车组织、设备检修（维修）施工组织和调试作业组织、车场突发事件应急处理中心。场调室设有车场调度员、检修调度员等岗位。

（2）车场调度员。车场调度员简称"场调"，在场调室当值，统筹车场的运作管理，全面负责车辆段内的行车组织、调车作业组织、调试作业组织、设备检修(维修)施工组织和突发事件应急处置的组织、运用车管理等。

(3)检修调度员。检修调度员简称"检调",在场调室当值,负责非运用车的管理,电客车、工程车辆及车辆检修设备的计划维修、故障处理、事故处理、调试、改造等作业安排及组织实施;负责相关作业信息的收集和反馈,台账的记录与反馈,作业进度和安全控制及故障信息的收集与反馈整理;监控所有电客车、工程车辆及车辆检修设备技术状态,确保为城市轨道交通运营提供数量充足、状态良好的电客车。

(4)信号楼值班员。信号楼值班员在场调的领导下,负责车辆段计算机联锁操作台的操作,配合完成车辆段接发列车调车、设备检修(维修)等日常工作。信号楼计算机联锁操作室设置两名值班员,一名负责操作计算机设备,实现计算机联锁设备的用途及功能;另一名负责办理接发列车,接受场调的调车作业计划及与外界联系沟通等作业,并指挥监督另一名值班员排列列车进路作业。

(5)乘务派班员。乘务车间负责办理电客车、工程车乘务人员出退勤作业,制订和组织实施乘务人员的派班计划,及时汇报乘务车间生产信息,准确统计相关台账等;发生突发事件时,负责调配好乘务人员。

(6)调车员。由工程车或电客车司机担任,负责车辆段内调车作业的现场指挥,协调、组织参与调车作业人员及时完成调车任务,并监控调车作业按计划实施等。

(7)车长。工程车在正线运行时,配有两名司机,一名负责驾驶列车,一名担任车长。车长负责工程车在正线运行的现场指挥,与施工负责人沟通、落实作业要求及安全措施,并在推进运行时在前端负责引导工作等。

5.1.2 综合基地

1)综合维修中心

综合维修中心是指城市轨道交通系统中各种设备和设施的维修管理单位,一般应具有以下基本功能:

(1)承担全线轨道、道岔、隧道、路基等建筑及设备的日常维护和定期检修任务。

(2)承担全线车站建筑、站内装饰、导向标志、出入口设施、风亭等日常维护和定期检修任务。

(3)承担全线各种变电所、接触网、供电线路及设备的运营管理、日常维护和定期修任务。

(4)承担全线各种机电系统及设备,包括环控系统、给排水系统、电梯及自动扶梯等设备的运营管理、日常维护和定期检修任务。

(5)承担全线通信、信号系统的运营管理、日常维护和定期检修任务。

(6)承担全线车站BAS、FAS、SCADA等的日常维护和定期检修工作。

2)物资总库

物资总库由机电库、特殊配件库、材料库、易燃品库、卸料线、堆场等组成。它担负着城市轨道交通系统材料、配件、设备和机具,以及劳保用品等的采购、存放、发放和管理工作。

3)培训中心

培训中心负责组织和管理车辆段职工的技术教育以及培训。

知识链接

你知道城市轨道交通列车的"家"在哪吗?

城市轨道交通车辆保有量较大,运行时间长,运行距离长,技术要求高,安全可靠性指标高,对车辆的运用、保养、检修均有很高的要求,需设专门的机构完成,这一机构就是车辆段。车辆段一般设计了"五室一厅",城市轨道交通列车的维护与管理运用工作就是在"五室一厅"的相互配合下完成的。

(1)"一厅"——控制中心。

OCC是城市轨道交通运营管理、行车组织的调度指挥中心、信息收发中心和通信联络中心,是全程进行调度、指挥和监控的"中枢"。调度员24h在岗,时刻监控着列车的运营及设备的运作,保障列车正常安全运营。DCC是车场内行车组织、机车车辆(含客车车辆)及行车设备设施的检修/施工作业、调试作业和车辆清洁的管理中心。

(2)"五室之一"——停车列检库。

停车列检库是城市轨道交通的重要组成部分,其工作范围主要是对列检车辆进行维护和保养。工作内容主要包括:检查车辆的机械部件、润滑和清洁车辆、更换损坏的部件、调整车辆等。这些工作旨在确保车辆的安全性和可靠性,确保列车能够正常运行。

(3)"五室之二"——联合车库。

联合车库分为月修库、定修库和架修库,是城市轨道交通车辆做更高级修程的地方,根据城市轨道交通车辆运营时间及运营公里数,完成对城市轨道交通车辆的计划性检修,包括月修、定修、架修和大修。此外,车辆段还配备有2km长的试车线,对完成检修的车辆进行动态调试,获取车辆加速度、制动距离等参数,只有确保列车状况良好才能将其再度投入运营。

(4)"五室之三"——镟轮库。

镟轮库安装了车轮镟床,由于城市轨道交通车辆车轮在高负荷以及高速状态下长时间与轨道接触,车轮会出现踏面剥离、轮缘偏磨等问题,此时就需要对车轮进行镟修,以保证轮对的正常使用。

(5)"五室之四"——洗车库。

洗车库就是城市轨道交通列车的"洗澡间",城市轨道交通列车在隧道长时间运营,隧道中的灰尘附着在车辆外皮上,需要对外皮进行清洁,让城市轨道交通列车保持干净整洁,为迎接第二天的乘客做好准备。

(6)"五室之五"——工程车库。

城市轨道交通列车除了载人的电动客车之外,还有工程车。工程车是城市轨道交通列车的"老大哥",虽然平时乘客看不到它们,但它们却在运送物资、轨道检测、段内调车、正线救援等方面发挥着非常重要的作用。

> **思政点拨**
>
> ### 高温下的坚守：让城市轨道交通列车为乘客送去夏日清凉
>
> 为了使列车空调能够在高温天气下平稳运行，给乘客提供清凉的出行环境，城市轨道交通列车检修人员需要对列车空调定期进行清洁和检查，这对于身处超过40℃高温车顶上的检修人员来说，可谓是一项巨大的"烤验"。
>
> 一列正在检修的编号A41车辆旁，1号线一群身穿蓝色工服、头戴工作帽、脚穿劳保鞋、腰挂安全带的"地铁人"正在4米多高的车顶上弯着腰、专注地工作着。打开空调盖板，检修的员工们熟练地把沾着灰尘的脏滤网从空调盖板内取出，换上新滤网，检查部件，这样的动作不断重复着，汗水也不断流下。
>
> 地铁古田车辆段列检一工班工班长介绍，列检库安排了5名员工对回库的双周检车辆进行日常的双周检工作，每天8:30开始，24h不间断对正线43辆车进行空调监测，对回库的双周检4辆车进行空调维护及更换空调滤网。列检一工班共有14名专业技术人员，负责1号线全线72列列车的日常维护保养、故障处理等任务，其中就包括了对576台空调设备进行重点保养与维护，以确保列车空调设备的工作状态和制冷效果达到最佳。
>
> 在进行空调作业时不仅要更换滤网，还需要对空调机组的压缩机、冷凝风机等设备、零件进行仔细检查，排查是否有异常情况。2h后，经过一阵娴熟操作，一列车共48个滤网、8个空调机组全部检修完毕。检修车间的专业技术人员除了对空调进行维修跟监测以外，还会对车下的转向架、箱体吊挂，车上实验，车厢内的列车广播系统、照明系统、牵引系统、自动系统，做一个两周一次的检测，以确保列车安全地运行。
>
> 点拨：在城市轨道交通各个库区场段内，专业技术人员用汗水与坚守保障着城市轨道交通运营工作有序开展。尽管烈日当空，他们始终以匠心守初心，挥洒汗水，始终坚守在车辆检修的工作岗位，用奋斗的双手为青春描绘出绚丽底色，助力城市交通通畅。

5.2 车辆段行车作业组织

5.2.1 车辆段内行车组织原则

(1) 车辆段内运作，必须贯彻安全第一的方针，坚持高度集中、统一指挥、逐级负责的原则，与行车有关部门主动配合、紧密联系、协同动作，确保及时提供技术状态良好，数量足够的列车投入服务。

(2) 车辆段行车工作由车场调度员统一指挥，有关行车人员必须严格执行行车组织规则的有关规定。

(3) 编入列车的车辆应技术状态良好，符合行车组织规则的规定。投入运用的车辆必须经车辆部检修调度签认后，才能投入使用。

(4)平板车装载设备不得超过车辆限界。

(5)车辆段内作业应以接发列车为优先,其他作业不能影响列车出入车辆段;车辆段应合理运用设备安排接发列车、检修、施工、调车、试车、清扫等作业,确保畅通。

(6)操纵车辆段计算机联锁控制台,应执行"一看、二点、三确认、四呼唤"的作业程序。场调、车辆段值班员应做到一人操作,一人监控,共同确认,保证安全。

5.2.2 车辆段内行车作业流程

车辆段内列车运转流程指的是每日列车运用过程,包括四个环节,即列车出场、列车正线运行、列车入场、列车场内检修及整备作业。这些作业由车辆运用部门各个岗位协同配合共同完成。车辆段内列车运转流程如图5-11所示。

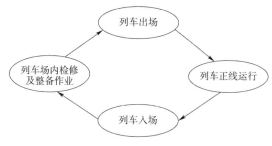

图5-11 车辆段内列车运转流程

1)列车出场作业

列车出场作业主要包括编制发车计划、司机出乘、列车出库与出段。

(1)编制发车计划。

原则上,首列车出库前1h,车场调度员应根据运营时刻表要求及列车运用情况编制好电客车出场顺序表,并向车场值班员、派班室、行车调度员等相关岗位传达。车场调度员应提前停止影响电客车出场的相关作业,并且与行车调度员确认正线具备接车条件,恢复车场行车条件。

发车计划由车场调度员根据使用列车运行图、运营检修用车安排、车辆段线路存车情况等编制,内容包括列车车次、待发股道、运用车编号等。编制发车计划时,应避免交叉发车和保证列车出库顺序无误。发车计划编制完毕后,车场调度员除应将计划下达给信号楼值班员外,还应该将计划中列车车次、车号、有无备车、备车车号等内容上报给行车调度员。

(2)司机出乘。

原则上,首列车出库前2h,检修调度员应向车场调度员提交计划上线电客车列车号(含备用车),派班员应安排好司机配备工作。司机应在充分休息的情况下出勤,按规定时间、在规定地点办理出勤手续,领取相关物品。司机在办理出勤手续时,应检查列车状态是否符合有关规定,且已经车场调度员签认;还需仔细查看行车告示牌上的行车命令,指示和安全注意事项,以及本次列车出车股道,听取车场调度员传达的事项。

出勤手续办妥后,乘务员应对值乘的列车进行出车前检查,检查合格后方能发车。若检查时发现列车故障应及时上报车场调度员并按其指示执行,车场调度员应立即通知检修故障列车,及时调整乘务员值班列车的出车次序,并向信号楼值班员传达变更出车计划。备用乘务员应与值乘乘务员同时出勤,完成备用列车检车程序后,备用乘务员应在车上待命,在发车工作结束后,方可回到乘务员休息室待命。

(3)列车出库与出段。

列车起动前应确认信号开放与库门开启正常,并注意平交道口是否有人员、车辆穿越。当规定的出库时间已到而出库信号仍未开放时,司机应询问信号楼值班员,联系不上时可通过车场调度员询问。

正常情况下,列车经由出段线出段,列车出段凭防护信号机的显示(绿色灯光或黄色灯光),在出段线的有码区按人工 ATP 方式运行,在出段线的无码区按限速(20km/h)人工驾驶方式运行。在出段线设备故障时,列车可以由入段线出段,但应得到行车调度员的许可。信号楼值班员在该情况下办理列车发车作业时,应确认区间空闲,检查库内线路状态、货物及设备堆放状况,发现有影响调车作业的工作和防护标志牌未撤除时,应立即汇报车场调度员,停止影响发车进路的调车作业。

2)列车正线运行

(1)列车运行交路。

列车正线运行的循环交路,以及列车在两端折返站的到、发时刻和出入段时间,顺序由车辆周转图规定。

(2)列车驾驶作业。

司机在值乘中应注意力集中,严禁违章行车。在发现异常、紧急情况时,司机应根据有关规章、应急预案,及时采取措施排除故障或险情,确保行车安全与乘客安全。列车故障时的行车办法、发生事故时的应急处理按非正常情况下的列车运行组织和安全规定相关内容处理。

(3)正线交接班。

司机在正线交接班时,接班司机应按要求出乘,交班司机应将列车技术状态、有关行车命令与注意事项交代清楚,并填写在司机报单上。如接班司机未能按时到达,交班司机应坚守岗位,及时报告行车调度员。

3)列车入场作业

列车入场作业包括列车入段与入库、库内作业两部分。

(1)列车入段与入库。

车场调度员提前根据运营时刻表要求及正线列车列车号与车次号对应情况编制好电客车回场顺序表,并向车场值班员、检修调度员等相关岗位传达。车场调度员应提前停止影响电客车回厂的相关作业,恢复车场行车条件。

正常情况下,列车经由入段线入段。列车入段凭防护信号机的显示,在入段线的有码区按人工 ATP 方式运行,在入段线的无码区按限速人工驾驶方式运行。在设备故障或检修施工时,列车可以由出段线入段,但应得到行车调度员的准许。信号楼值班员在办理列车接车作业时,应确认接车线路空闲,停止影响接车进路的调车作业。

列车入库按调车作业有关规定进行,进入车库前应在车门外一度停车。有人接车时按入库手信号进入车库;无人接车时,乘务员应下车确认库门开启正常、接触网送电后方能进入车库。

(2)库内作业。

列车进入车库停稳后,司机应对列车进行检查,在确认列车无异常后携带列车钥匙、司机报单及其他相关物品办理退勤手续,然后向司机长汇报当日工作情况,并听取次日工作安排与注意事项。

在发现列车技术状态不良时,司机应向车场调度员报告并在有关报表中详细记录。在发生列车晚点、掉线、清客、行车事故与救援时,车场调度员应组织当事人及有关人员填写情况报告并及时上报有关部门处理。此外,车场调度员还应对当日列车故障与安全情况进行统计。

4)列车场内检修及整备作业

(1)列车清洗。

列车清洗包括内部清扫、清洁和车身清洗,列车清洗工作根据清洗计划进行。清洗时的动车按调车作业办理。

(2)列车的检修。

列车回库停稳后,运转值班员应及时与检修部门办理车辆交接,检修部门按计划进行检修作业。

(3)车辆的验收。

检修完毕的车辆应及时与运转值班室办理移交给手续,运转值班室须派专人对车辆技术状态进行检查,验收确认车辆符合正线运行的要求。

5.2.3 车辆段接发列车作业

1)车辆段接发列车作业规定

(1)接发列车作业一般规定。

①接发列车应灵活运用股道,做到不间断接车,正点发车,减少转线作业,备用车应停放在运用库线路发车的一端,升起弓,随时准备出车辆段。

②当微型计算机联锁系统故障,采用应急台排列接发列车进路时应按压引导总锁闭,并现场确认进路开通,人工准备进路时使用钩锁器加锁进路上的对向道岔。

③采用应急台或人工准备接发列车进路办理接发列车作业时,应停止调车作业。

④联锁设备正常时,应在邻站开车或车辆段开车点提前 5min 停止影响列车进路的调车作业,准备接发车进路。

⑤原则上不得在非接发车线上办理列车接发作业。特殊情况应经车场调度员同意,得到行车调度员改变行车组织办法的命令,采用排列调车进路锁定发车进路道岔(如联锁功能失效时,人工加锁进路对向道岔)。列车凭行车调度员命令及车场调度员(或车场值班员)的发车信号出车辆段。

⑥列车进出检修库大门或通过平交道口前应一度停车,确认安全后方可通过。

(2)列车占用转换轨凭证规定。

①当车辆段微型计算机联锁系统正常时,列车占用转换轨的凭证为出车辆段信号机的黄灯。

②当车辆段微型计算机联锁系统故障,开放不了出车辆段信号时,列车占用转换轨的凭

证为出车辆段信号机的调车信号及车场值班员的允许出车辆段命令。

③当车辆段微型计算机联锁系统故障或邻站工作站故障开放不了出车辆段信号和调车信号时,改为电话联系(或区段闭塞)行车法组织行车,车场值班员得到行车调度员改变行车组织办法的命令,与邻站办理发车作业,列车占用转换轨的凭证为行车调度员命令(或路票)。

(3)列车停车规定。

①列车进车辆段后,应停于接车线信号机内方,列车头部不得越过防护信号机。如果列车尾部停在信号机外方,车场值班员应通知司机往前移动到信号机内方。

②客车在车场内运行时严禁其受电弓在分段绝缘器位置停车。

③列车停放运用库时不得压住平交道口。

(4)列车退行规定。

①列车自车辆段开车后,因故被迫停车需退行,尾部未越过入段信号机时,经车场值班员同意,换端(或车长引导)后退至发车股道出段信号机内方;尾部已越过入段信号机时经车场调度员同意确定接车股道后,车场值班员按接入列车办理,通知司机凭入段信号退行入段。

②车场值班员接到列车需退行报告时,应立即向车场调度员汇报,确认接车股道空闲及延续段的列车或机车车辆停稳后方可同意退行。

③车场调度员接到列车退行报告后,应立即组织人员对故障设备进行抢修,组织其他列车绕道出段,必要时配合司机退行,确保减小对正线运营的影响。

2)联锁设备正常时接发列车作业程序

(1)联锁设备正常时接车作业程序见表5-1。

联锁设备正常时接车作业程序　　　　　　　　　　表5-1

项目	作业程序			
	邻站	司机	信号楼值班员1	信号楼值班员2
一、准备接车进路			(1)根据接车计划的要求,确认接车进路空闲,确定该列车停放股道,填写行车日志,并通知信号楼调度员2	(2)确认列车停放股道
			(3)指示信号楼调度员2开放信号:"××车××次转换轨1(2)道往××道A(B)端接车,开放信号",听取复诵无误后命令"执行"	(4)复诵:"××车××次转换轨1(2)道往××道A(B)端接车,开放信号",听到"执行"后操作
			(6)监视显示屏,确认信号楼调度员2即将点击的信号机操作按钮与口呼按钮名称一致后,复诵信号机名称	(5)鼠标移至始端按钮,口呼该信号机名称,听到信号楼调度员1的复诵后点击操作,再移至终端按钮,进行上述操作。注:遵循由远及近排列进路的原则

续上表

项目	作业程序			
	邻站	司机	信号楼值班员1	信号楼值班员2
一、准备接车进路			(8)确认光带、信号显示正确后复诵:"转换轨1(2)道往××道A(B)端接车进路好"	(7)确认光带、信号显示正确后报告:"××车××次转换轨1(2)道往××道A(B)端接车进路好"
	(9)发车后向信号楼报点"××次××分发"		(10)复诵:"××次××分发"	
			(11)填写行车日志	
二、列车到达转换轨		(12)"信号楼,××车××次在转换轨1(2)道停稳,请求回库"	(13)回复:"××车××次在转换轨1(2)道停稳,请求回库,信号楼明白"(如有洗车计划,传导给司机)	
		(15)"××车××次在转换轨1(2)道往××道A(B)端回库进路好,确认道岔位置、地面信号动车,司机明白"	(14)确认车次号无误后回复司机:"××车××次在转换轨1(2)道往××道A(B)端回库进路好,确认道岔位置、地面信号动车"	
三、列车入场				(16)监视列车入场情况,发现异常及时汇报
		(19)复诵:"××次××分到"	(18)向发车站报点:"××次××分到"	(17)通过显示屏确认列车整列进入预定接车股道后,口呼:"××车到达"
			(20)填写行车日志	(21)更新占线板
		(22)"信号楼,××车××次在××道A(B)端停稳,已做好防溜措施"	(23)"××车××次在××道A(B)端停稳,已做好防溜措施,信号楼明白"	

(2)联锁设备正常时发车作业程序见表5-2。

联锁设备正常时发车作业程序　　　　　表5-2

项目	作业程序			
	邻站	司机	信号楼调度员1	信号楼调度员2
一、整备作业		(1)开始整备:"信号楼,××道A(B)端××车××次开始整备作业"	(2)回复:"××道A(B)端××车××次开始整备作业,信号楼明白"	
		(3)整备完毕:"信号楼,××道A(B)端××车××次防护已撤除,制动试验良好,整备完毕"	(4)回复:"××道A(B)端××车××次防护已撤除,制动试验良好,整备完毕,信号楼明白"	
二、准备发车进路			(5)指示信号楼调度员2开放信号:"××车××次××道A(B)端往转换轨1(2)道发车,开放信号",听取复诵无误后命令"执行"	(6)复诵:"××车××次××道A(B)端往转换轨1(2)道发车,开放信号",听到"执行"后操作
			(8)监视显示屏,确认信号楼调度员2即将点击的信号机操作按钮与口呼按钮名称一致后,复诵信号机名称	(7)将鼠标移至即将点击始端按钮,口呼该信号机名称,听到信号楼调度员1的复诵后点击操作,再移至终端按钮,进行上述操作。注:遵循由远及近排列进路的原则
			(10)确认光带、信号显示正确后复诵:"××道A(B)端往转换轨1(2)道发车进路好"	(9)确认光带、信号显示正确后报告:"××道A(B)端往转换轨1(2)道发车进路好"
三、列车出场		(12)复诵:"××车××次××道A(B)端到(往)转换轨1(2)道进路好,确认道岔位置、地面信号动车,司机明白"	(11)"××车××次××道A(B)端到(往)转换轨1(2)道进路好,确认道岔位置、地面信号动车"	

续上表

项目	作业程序			
	邻站	司机	信号楼调度员1	信号楼调度员2
三、列车出场	(14)复诵："××车××次分发"		(13)向接车站报点："××车××次分发"	(15)更新占线板
			(16)填写行车日志	
				(17)通过显示屏确认列车出清转换轨后，口呼："××车××次出清"

3）联锁设备故障时接发列车作业程序

当车辆段信号设备故障、联锁失效、与之相邻的正线车站信号设备不能投入使用，正线与车辆段信号接口故障，导致正线信号或车辆段计算机联锁不能监控到出入段线列车占用情况时，为保证列车上线运营或回段需要，一般采用电话闭塞法组织行车来保证不间断运营。

（1）联锁设备故障时发车作业程序见表5-3。

联锁设备故障时发车作业程序　　　　　　　　　　　　　表5-3

项目	作业程序			
	邻站	司机	信号楼调度员1	信号楼调度员2
一、确认区间空闲	(1)接到行车调度员命令，确认条件		(2)接到行车调度员命令，根据行车日志及与××站共同确认转换轨空闲（必要时与行车调度员确认），根据计算机联锁确认进路空闲	(3)与信号楼调度员1共同确认
二、准备发车进路			(5)计算机联锁正常时按规定排列进路，人工办理进路时在信号楼确认	(4)计算机联锁正常时按规定排列进路，人工办理进路时与车场调度员在现场手摇道岔
三、请求闭塞	(7)××站确认符合条件后同意闭塞："××车辆段，电话记录号××，××时××分同意××次经转换轨××闭塞"		(6)向××站请求闭塞："××车辆段请求××次经转换轨××闭塞" (8)复诵："电话记录号××，××时××分同意××次经转换轨××闭塞，××车辆段明白"	

续上表

项目	作业程序			
	邻站	司机	信号楼调度员1	信号楼调度员2
四、取消闭塞	（10）复诵："××次经转换轨××闭塞取消,电话记录号××,××站明白"		（9）特殊原因需要取消闭塞时："××站,××次经转换轨××闭塞取消,电话记录号××"	
五、列车出场		（12）司机复诵："××道××车××次,电话记录号码××号,经转换轨××道至××站上（下）行,同意××次发车,司机明白"	（11）命令司机发车："××道××车××次,电话记录号码××号,经转换轨××道至××站上（下）行,同意××次发车"	
	（14）复诵："××车××次分发"		（13）向××站报点："××车××次分发"。填写行车日志	（15）更新占线板
六、解除闭塞	（16）列车到达后："××车辆段,电话记录号××,××次××时××分到"		（17）复诵："电话记录号××,××次××时××分到"	

（2）联锁设备故障时接车作业程序见表5-4。

联锁设备故障时接车作业程序　　表5-4

项目	作业程序			
	邻站	司机	信号楼调度员1	信号楼调度员2
一、确认区间空闲	（1）接到行车调度员命令,确认条件		（2）接到行车调度员命令,根据行车日志及与××站共同确认转换轨空闲（必要时与行车调度员确认）,根据计算机联锁确认进路空闲	（3）与信号楼调度员1共同确认
二、准备接车进路			（5）计算机联锁正常时按规定排列进路,人工办理进路时在信号楼确认	（4）计算机联锁正常时按规定排列进路,人工办理进路时与车场调度员在现场手摇道岔

续上表

项目	作业程序			
	邻站	司机	信号楼调度员1	信号楼调度员2
三、同意闭塞	(6)××站确认条件具备后请求闭塞："××车辆段，××站请求上(下)行××次经转换轨××闭塞"		(7)进路准备好后同意闭塞："××站，电话记录号××，××时××分同意××次经转换轨××闭塞"	
	(8)××站复诵："电话记录号××，××时××分同意××次经转换轨××闭塞，××站明白"			
四、取消闭塞	(9)特殊原因需要取消闭塞时："××车辆段，××次经转换轨××闭塞取消，电话记录号××"		(10)复诵："××次经转换轨××闭塞取消，电话记录号××，××车辆段明白"	

  知识链接

"地铁人"的一天——司机篇

4:00，与往常一样，天还未亮，司机们已穿上工装、系好领带、戴好臂章，迎接崭新的一天。

4:05，开始检查司机包内的手电筒、驾驶证、司机日志、规章文本等行车备品是否齐全，一样一样地仔细检查，确保不遗漏任何一个小物品。

4:10，司机来到出勤室，先抄写当日行车安全注意事项及有效的行调命令，对全天的行车概况有一个详细的了解，以便做好行车预想。

4:20，抄写完行车日志后，司机就要进行日常的"酒精检测"及"每日一题"。

4:25，司机在派班调度处领取对讲电台、屏蔽门钥匙、列车主控钥匙等行车备品，准备开始今天的驾驶任务。

4:30，司机来到对应股道前，报告信号楼，随即开始进行列车出库前"整备作业"。

4:59，所有检查完毕，确认列车状态满足出库条件后，司机报信号楼："信号楼，洞拐车幺两A(07车12A)整备作业完毕，现在时间是4时59分56秒……"

5:20，经过整备作业，列车投入正线载客服务。列车到站后，地铁列车司机执行标准化作业。司机室内有监控，可是不能玩手机的哦！

12:00，值乘完当日班次，退勤下班。

13:30，司机又重新回到早晨出勤的地方，开始了今天的试车线调试工作。

18:00，调试任务结束，他们终于可以回家休息了。

5.3 调车作业

5.3.1 调车作业基础知识

1）调车的定义

除正线列车在车站到、发、通过及在区间内运行，参与运营活动以外的所有为了编组、解体列车或摘挂、取送车辆、转线等车辆在线路上有目的的移动统称为调车。

2）调车类型及作业标准

轨道交通的调车作业主要是在车辆段和折返站内进行。调车作业的动力是内燃机车或动车。车辆段调车作业的特点是作业量大和作业复杂。调车类型及其适用范围，以及领导与指挥关系见表5-5。

调车类型及其适用范围　　　　　　　表5-5

调车类型	适用范围	调车领导人	调车指挥人	行车凭证	相应作业标准
场内调车	在车场内，车组一切有目的的移动，如车组的编组、解体、摘挂、对位、转轨、救援等，车辆的取送、调移等	车场调度员	调车员（电客车凭自身动力调车时，由司机兼职）	调车司机按照信号显示、调车员调车手信号显示（或无线手持台调车指令)进行作业	车场内调车基本作业程序及有关规定
出回场调车	车组正常出回场	车场调度员	信号楼值班	司机按照信号楼值班员口头指令及信号显示驾驶车组运行	出回场调车基本作业程序及有关规定
出回场调车	正线信号联锁失效时车组出场	车场调度员	信号楼值班	司机按照信号楼调度口头指令驾驶车组运行	正线信号联锁失效时，车站至车场之间调车作业要求及程序

续上表

调车类型	适用范围	调车领导人	调车指挥人	行车凭证	相应作业标准
出回场调车	正线信号联锁失效时车组回场	值班站长	行车值班员	司机按照行车值班员口头指令及站务人员发车手信号驾驶车组运行	正线信号联锁失效时,车站至车场之间调车作业要求及程序
正线及其辅助线调车	车组过线组织	行车调度员	行车调度员	司机按照行车调度员命令及信号显示驾驶车组运行	车组过线组织规定及程序
	封锁作业区域内车组转线	—	—	—	施工封锁作业区域内车组运行组织规定
	车站人工组织车组在本站相关线路之间运行	值班站长	行车值班员	司机按照行车值班员口头指令及现场站务人员手信号驾驶车组运行	车站人工办理进路组织列车折返程序
	封锁作业区域内车组非转线运行	—	—	司机按照行车值班员口头指令及信号显示驾驶车组运行	施工封锁作业区域内车组运行组织规定

3) 调车工作制度

(1) 交接班制度。交接班时,调车组在规定地点对号交接线路存车数、停留车位置、安全及有关注意事项等。

(2) 作业前准备制度。在调车作业前,调车长应将调车作业计划、作业方法向调车司机及其他调车人员传达清楚。

(3) 班后总结制度。每班工作结束后,由调车长负责召集调车组人员,总结本班生产任务完成、安全等情况,遇非正常情况及时向车场调度员报告。

(4) 要道还道制度。要道还道是指调车长或调机司机向信号楼值班员要道,信号楼值班员在进路准备要道后向调车长或调机司机还道。

4) 调车作业基本规定

(1) 调车工作应按照调车作业有关技术要求及调车作业计划进行。参加调车作业的人员应认真执行作业标准,保证调车有关人员的人身安全及行车安全。

(2) 调车方法仅限自身动力运行法、牵引调车法和推送调车法三种,严禁使用溜放、手推法调车。

(3) 调车作业必须遵守"逐钩进行"的基本原则,每钩作业应按照"问路式调车"要求进行。

（4）遇特殊情况需要越出车场范围调车或调车作业对正线及其辅助线有相关要求时，须取得行车调度员的同意，行车指挥权在车站时应取得车站的同意。

（5）调车员使用信号旗或信号灯按照要求显示信号或使用手持台指挥作业，应正确及时地显示信号，司机没有回示时，调车员应立即显示停车信号。

（6）司机应根据调车员的信号显示动车，时刻注意确认信号并回示，没有信号（指令）不准动车，信号（指令）不清立即停车。

（7）使用手持台指挥调车时，司机与调车员间应保持不间断联系，若10~15s司机听不到调车员的指令则默认为停车信号，司机应立即采取紧急停车措施。

（8）推送车辆时，要先试拉。车组前部应有人进行瞭望，及时显示信号。单机运行或牵引车辆运行时，前方进路的确认由司机负责；推进车辆运行时，前方进路的确认由调车员负责。

（9）在尽头线上调车时，距线路终端应有10m的安全距离，遇特殊情况需接近小于10m时，应在调车计划上注明，通知司机限速3km/h运行，并采取安全措施。电客车在有接触网终点的线路上调车时，应严格控制速度。

（10）调动无动力电客车时，司机与调车员加强联系，共同确认车辆制动状态，应确保气制动和停放制动全部缓解，运行中保持车辆主风缸风压不低于5.50bar❶。

（11）原则上不使用电客车调动电客车，特殊情况下采用电客车调动电客车时，应配备两名电客车司机和一名调车员。一名电客车司机为调车司机，负责驾驶调车电客车；另一名为无动力电客车司机，负责无动力电客车连挂作业前后的车辆状态确认及防溜措施操作；调车员负责指挥调车作业。

（12）调车作业要准确掌握速度，遇到瞭望困难或天气不良时，应适当降低速度。

5.3.2 调车作业

1）调车作业前准备调车计划

调车作业计划是指调车工作的有关领导人向调车作业人员以书面形式下达或口头布置方式的调车作业通知，内容包括起止时间、担当列车（机车）作业顺序、股道号、摘挂辆数（编组车号或车位）、安全注意事项等，它是进行调车作业的凭证与根据。

（1）编制调车作业计划资料来源。

①车辆部检修调度提供的车辆检修计划及签认的临时维修计划。

②开行工程车计划。

③材料总库车辆装卸情况。

④维修工程部生产调度提报的设备检修配合计划。

⑤维修工程部、承建商动车计划。

⑥车辆部设备车间扣修计划和工程车故障报修单。

⑦需要动车的其他情况。

---

❶ 1bar = 0.1MPa。

(2)调车作业计划的编制与传达。

①车场调度员应亲自编制调车计划单并制定安全防范措施及注意事项,向调车员交递书面计划及机车、车辆动车需求计划单和调试、试验作业任务书。调车员应根据调车单亲自向司机交递和传达。作业完毕后及时收回机车、车辆动车需求计划单和调试、试验作业任务书。

②车场调度员用书面或电话向车厂值班员传达计划,车场值班员接受计划时应复诵核对。

③调车作业变更计划不超过"三钩"["一钩"作业,一般是指机车(列车)或所挂车辆由线路的一股道运行到另一股道,并且改变运行方向的作业]时,可以口头方式传达;超过"三钩"时,应重新编制书面调车作业计划,原计划取消执行。

(3)调车作业前,调车员必须充分做好准备(按规定着装、佩戴防护用品,确认无线对讲机良好),并认真检查调车组其他人员准备情况。

(4)对线路进行检查,确认进路、车辆底下和上部无障碍物。

(5)对车辆进行检查,内容包括车辆防溜措施情况、是否进行检修作业、是否有侵限物搭靠、装载加固是否良好、是否设有防护、禁止标志等,危及安全不得动车。

2)调车进路准备、信号确认与显示

(1)信号设备正常时进路准备。电气集中(或微机联锁)道岔、信号的操纵是按列车或调车运行方向,顺序按压进路的始端、终端按钮,即道岔自动转换、锁闭进路,同时信号自动开放。操纵按钮时,严格执行"眼看、手指、口呼"制度。

(2)在无联锁状态或车场某线路联锁设备故障时,调车进路办理应该执行要道还道制。

(3)调车进路的确认。在调车作业中,为了明确调车指挥人和调车驾驶员的职责,根据作业中所处的位置和所具备的瞭望条件,规定牵引车辆运行时,前方进路的确认由司机负责;推进车辆运行时,前方进路的确认由调车指挥人负责。

3)信号的显示与确认

调车作业时,调车员应在调车正面正确及时地显示信号,司机应认真地、不间断确认信号,并鸣笛回示。没有鸣笛回示时,调车员应立即显示停车信号。信号机熄灭(或瞬间熄灭)、显示错误或不清,司机应立即停车。

调车信号机故障开放不了信号时,机车、车辆需越过关闭的信号机时,调车员得到车场值班员通知,确认进路开通后方可领车越过该信号机。

机车乘务人员要认真确认信号,并鸣笛回示。没有看到调车指挥人的启动信号,不准动车。无扳道员和信号机时,调车指挥人确认道岔开通正确后向司机显示启动信号。

调车信号机开放后,需要取消时,车场值班员应通知司机及调车员,并得到应答确认列车停车或未动车后方可关闭信号机。

显示信号时,应做到严肃认真,正确及时,位置适当,横平竖直,灯正圈圆,角度准确,段落清晰。手持信号旗的人员,应左手拿拢起的红旗,右手拿拢起的绿旗(或黄旗)。在车场调车作业时,调车员显示的手信号分为徒手信号、信号旗及信号灯。

(1)列车运行时的手信号见表5-6。

列车运行时的手信号　　　　　　　　　　　　　　　　　　　表 5-6

序号	类别	显示方式	
		昼间	夜间
1	停车信号：要求列车停车	展开的红色信号旗	红色灯光，无红色灯光时，用白色灯光上下急剧摇动
2	紧急停车信号：要求司机紧急停车	展开红旗下压数次	红色灯光下压数次，无红色灯光时，用白色灯光上下急剧摇动
3	减速信号：要求列车降低速度运行	展开的黄色信号旗，无黄色信号旗时，用绿色信号旗下压数次	黄色信号灯光，无黄色灯光时，用白色或绿色灯光下压数次
4	发车信号：要求司机发车	展开的绿色信号旗上弧线向列车方向做圆形转动	绿色灯光上弧线向列车方向做圆形转动
5	通过信号：准许列车由车站通过	展开的绿色信号旗	绿色灯光
6	引导信号：准许列车进入车站或车辆段	展开黄色信号旗高举头上左右摇动	黄色灯光高举头上左右摇动
7	降弓信号	左臂垂直高举，右臂前伸左右水平重复摇动	白色灯光上下左右重复摇动
8	升弓信号	左臂垂直高举，右臂前伸上下重复摇动	白色灯光做圆形转动
9	降靴信号	左臂向右下斜45°手掌搭右大腿，右臂前伸左右水平重复摇动	白色灯光在下方(膝盖部位)左右重复摇动
10	升靴信号	左臂向右下斜45°手掌搭右大腿，右臂前伸上下重复摇动	白色灯光上下重复小动(下不过膝盖上不过腰)
11	好了信号：进路开通、某项作业完成的显示	用拢起信号旗做圆形转动	白色灯光做圆形转动

(2) 调车手信号见表 5-7。

调车手信号　　　　　　　　　　　　　　　　　　　　　表 5-7

序号	类别	显示方式	
		昼间	夜间
1	停车信号	展开的红色信号旗	红色灯光
2	减速信号	展开的绿色信号旗下压数次	绿色灯光下压数次
3	指挥列车或车辆向显示人方向来的信号	展开的绿色信号旗在下方左右摇动	绿色灯光在下方左右摇动
4	指挥列车或车辆向显示人方向稍行移动的信号(包括连挂)	左手拢起红色信号旗直立平举，右手展开的绿色信号旗在下方左右小摆动	绿色灯光下压数次后，再左右小动

续上表

序号	类别	显示方式	
		昼间	夜间
5	指挥列车或车辆向显示人反方向去的信号	展开的绿色信号旗上下摇动	绿色灯光上下摇动
6	指挥列车或车辆向显示人反方向稍行移动的信号（包括连挂）	左手拢起红色信号旗直立平举，右手展开的绿色信号旗在下方上下小动	绿色灯光平举上下小动

(3) 徒手信号见表5-8。

徒手信号　　　　　　　　　　　　　表5-8

序号	类别	显示方式
1	连挂信号	紧握两拳高举头上，拳心向里，两拳相碰数次
2	单臂停车信号	单臂伸直上斜45°，小臂下压数次
3	单臂推进信号	单臂高举头上左右摇动
4	向显示人方向稍行移动	左手高举直伸，右手平伸小臂左右摇动
5	向显示人反方向稍行移动	左手高举直伸，右手向下斜小臂上下摇动
6	好了信号	单臂向列车运行方向上弧圈做圆形转动
7	停车信号（紧急停车信号）	两臂高举头上，向两侧急剧摇动

(4) 股道号码信号见表5-9。

股道号码信号　　　　　　　　　　　　　表5-9

序号	股道	昼间显示方式	夜间显示方式
1	一道	两臂左右平伸	白色灯光左右摇动
2	二道	右臂向上直伸，左臂下垂	白色灯光左右摇动后，从左下方向右上方高举
3	三道	两臂向上直伸	白色灯光上下摇动
4	四道	右臂向右上方，左臂向左下方，各斜伸45°	白色灯光高举头上左右小动
5	五道	两臂交叉于头上	白色灯光做圆形转动
6	六道	左臂向左下方，右臂向右下方，各斜伸45°	白色灯光做圆形转动后，再左右摇动
7	七道	右臂向上直伸，左臂向左平伸	白色灯光做圆形转动后，再从左下方向右上方高举
8	八道	右臂向右平伸，左臂下垂	白色灯光做圆形转动后，再上下摇动
9	九道	右臂向右平伸，左臂向右下斜45°	白色灯光做圆形转动后，再高举头上左右小动
10	十道	左臂向左上方，右臂向右上方，各斜伸45°	白色灯光左右摇动后，再上下摇动做成十字形
11	十一至十六道	须先显示十道股道号码，再显示所要股道号码的个位数信号	

(5)听觉信号。

调车作业中使用的音响信号是用号角、口笛、响墩等发出的音响和机车、动车(组)、轨道车等的鸣笛等发出的信号,属于听觉信号。音响信号,长声为3s,短声为1s,间隔为1s。重复鸣示时,须间隔5s以上。客车、车组、工程车等列车的鸣笛鸣示方式见表5-10。口笛鸣示方式见表5-11。

客车、车组、工程车等列车的鸣笛鸣示方式　　　　表5-10

序号	信号名称	鸣示方式	使用时机
1	起动注意信号	一长声 —	(1)调试列车在正线或工程车起动及机车车辆前进时。 (2)客车接近没有屏蔽门的车站,工程车及调试列车接近车站,工程车进出隧道口前、施工地点,列车看到黄色手信号,引导手信号时,天气不良时。 (3)客车在检修及整备中,准备降下或升起受电弓
2	退行信号	两长声 ——	客车、机车车辆、单机开始退行
3	召集信号	三长声 ———	要求防护人员撤回时
4	呼唤信号	两短一长声 ··—	(1)电客车或机车要求出入车辆段时。 (2)在车站要求显示信号时
5	警报信号	一长三短声 —···	(1)发现线路有危及行车安全的不良处所时。 (2)列车发生重大、大事故及其他需要救援情况时。 (3)列车在区间内停车后,不能立即运行,通知车长时
6	试验自动制动机复示信号	一短声 ·	(1)试验制动机开始减压时。 (2)接到试验制动结束的手信号,回答试风人员时。 (3)调车作业中,表示已接受调车员所发出的信号时
7	缓解信号	两短声 ··	试验制动机缓解时
8	紧急停车信号	连续短声 ·····	司机发现邻线发生障碍,向邻线上运行的列车发出紧急停车信号时,邻线列车司机听到后,应立即紧急停车

口笛鸣示方式　　　　表5-11

序号	信号使用时机	鸣示方式	
1	发车、指示机车向显示人反方向移动	一长声	—
2	指示机车向显示人方向移动	一短一长声	·—
3	指示发车	一长一短声	—·
4	试验制动机减压	一短声	·
5	试验制动机缓解	两短声	··

续上表

序号	信号使用时机	鸣示方式	
6	减速	连续两短声	・・・・
7	取消	两长一短声	━━ ━━ ・
8	再显示	两长两短声	━━ ━━ ・・
9	列车接近通报信号 上行 下行	两长声 一长声	━━ ━━ ━━
10	连接	一长一短一长声	━━ ・ ━━
11	停车	连续短声	・・・・・・

4）调车速度的规定

进行调车作业的司机，必须严格按照有关规章和规定的限制速度和调车指挥人的信号操纵机车，在任何情况下，不准超速作业。调车指挥人除了注意观速、观距，及时准确地显示信号外，还要准确掌握速度，不准超过规定，若发现司机超速危及安全，必须显示停车信号。在进行调车作业时，应根据不同种类调车作业的特点，准确掌握调车速度。表5-12是国内一些城市轨道交通运营企业在不同调车作业中允许的调车速度。

调车速度　　表5-12

序号	调车作业项目	速度（km/h）
1	车辆段空线上牵引调车	20
2	载客车辆调车	15
3	车库内及检修线上调车	5
4	接近连挂车辆调车	3
5	尽头线调车	3

5）禁止调车的规定

（1）设备或障碍物侵入线路设备限界。

（2）禁止提活钩，溜放调车作业。

（3）客车转向架液压减振器被拆除并且空气弹簧无气。

（4）禁止两组车组或列车同时在同一条股道上相对移动。

（5）机车车辆制动系统故障影响到行车安全。

（6）有维修人员正在机车车辆上作业影响行车或机车车辆两端车钩处挂有"禁止动车"警示牌。

（7）机车车辆底部悬挂装置脱落。

（8）客车停放股道接触网挂有接地线。

（9）其他情况影响到调车作业安全。

知识链接

乘务制度

乘务制度是列车乘务员(司机)值勤的一种工作制度,它表示列车乘务员对运行列车值乘的方式。城市轨道交通运营中常见的值乘方式主要有包乘制和轮乘制,其特点和适用范围各不相同,我国目前的城市轨道交通系统大多采用轮乘制。

(1)包乘制。

包乘制是将城市轨道交通列车分配给固定的乘务组驾驶,该组乘务员全面负责列车的运用、安全等工作。包乘制的优点主要是乘务员熟悉列车的性能,有利于培养乘务员的责任心,方便列车的保养和管理,但也存在乘务员浪费、工作效率低等缺点。

(2)轮乘制。

轮乘制是由不同的乘务组按照乘务计划和安排轮流驾驶城市轨道交通列车。轮乘制不固定驾驶列车的乘务组,它能节省乘务员的数量,提高工作效率,改善乘务员的休息条件,更加有利于安全运营,但同时也存在责任不易落实、增加了管理难度、乘务员对列车的车况掌握程度降低等缺点。

有些城市设置轮乘点,它是可供乘务员出勤、退勤、换班、休息的地点。一般的轮乘点在兼备以上功能的同时还设有餐厅,方便乘务员就餐和休息。通常在列车始发站、终到站、中间停靠车站或车辆段设置轮乘点。

三班两运转的模式,乘务员的驾驶任务重,休息时间较短,需要在休息和值乘之间频繁更换,不利于安全行车。

四班两运转的模式,乘务员的休息时间充足,劳动强度适中,行车可靠度高。

五班三运转的模式,乘务员的驾驶任务较轻,有利于安全驾驶,但所需的乘务员数量也最多,增加了人力成本。

以车辆段和轮乘点作为分割点将列车运行图进行划分,这些分割点之间的运行线形成乘务片段。乘务片段是形成乘务排班方案的元片段。为保证乘务员能够连续驾驶一定的时间,将乘务片段进行组合形成乘务作业段。乘务作业段往往由某次列车中连续的乘务片段组成,也可以一个或数个乘务片段。

一天中,某位乘务员的工作安排,通常由数个乘务作业段组成。班次包括乘务员一天工作的流程安排和各个工作环节的时间、地点等详细信息,也可以称为乘务任务或乘务工作班。一个班次由一位乘务员承担,所有的班次构成线路的排班方案。

思政点拨

为车辆"穿针引线",深圳铁路调车"指挥官"奋战暑运

暑运如约而至,记者在笋岗站调车场见到了一幕"神龙不见首"的场景,火车在没有火车头牵引的情况下"来回移动",这就是铁路调车长的日常工作:按调车作业计划分解

编组列车,将一节节车厢按顺序组合成一列列车,他们也因此被称为列车的"指挥官"。来自深圳车站笋岗站的徐振,就是其中一位。

在高温"烘烤"的调车场中,徐振和同事们穿着全套装备,顶着烈日挥汗如雨,为南来北往的车辆"穿针引线"。暑运期间列车加开,调车作业量也随之增加,一天下来他们要承担6趟列车的甩挂作业、300多个车厢的编解及取送工作。

一个班次下来,徐振行走了三万多步,喝了5L水,付出的每一滴汗水,都是为了保障调车作业安全有序。"调车作业主打一个保安全、保畅通,调车长是一根'针',不仅得把调车组串起来,更要在关键时刻'扎进去'解决问题。""一批20勾的调车作业计划需花费5h左右,我们必须'站稳抓牢',车辆移动的时候,一瞬间的失误,就可能导致严重的后果,即使高温酷暑,也必须保证精神高度集中。"

得益于徐振对调车安全重要性的认识,以及严格执行作业标准,他先后获得深圳车站"先进生产工作者"、广州局集团公司"青年岗位能手"等称号。

点拨:作为一名新时代的铁路青年,要保持"时时放心不下"的责任感,扎根在最需要自己的岗位上,不畏艰难,为铁路的安全顺畅努力奉献。

 单元实训

实训5.1 车辆段联锁设备正常时接车作业、发车作业流程演练

1. 任务描述

按前述知识点,分角色演练联锁设备正常时车辆段接车作业流程、发车作业流程。

2. 任务目标

(1)重点培养学生的理解运用能力、口头表达能力。通过梳理知识点流程、独立思考并合作演练车辆段接车作业流程、发车作业流程、培养课堂展示能力等,帮助学生掌握车辆段接发列车的实际运用。

(2)培养学生信息处理、小组合作等综合能力。

3. 任务要求

(1)小组任务:6人一组,分若干个学习小组,自由分组、自选组长,每小组成员分别扮演邻站值班员、司机、信号楼调度员等完成车辆段联锁设备正常时接车作业、发车作业流程任务后,上传演练视频至在线教学平台,教师批阅后选取2个小组进行课堂展示,各小组由组长安排成员各司其职。

(2)展示所需设备:多媒体教室、扩音器等。

(3)各组设置观察记录员1名,用摄像机、手机等视录设备将学习和课堂展示过程拍摄下来,使用观察清单记录和分析该小组学习过程及展演过程中的问题,并进行时间把控。视频也是教师小组评价依据之一。

4. 任务实施与评估标准

(1)任务实施。

①能正确运用车辆段联锁设备正常时接车作业、发车作业流程完成演练。

②演练展示动作和用语规范、井然有序。

（2）评估标准。

①按照上述任务实施要求完成实训任务。

②按照测评表进行合理评价。

5. 检测评价

完成本次课程，根据同学在实训任务中的表现，结合训练要求，给予客观评分。

项目	类别			
	组员自评(10%)	组长自评(10%)	小组互评(20%)	教师点评(60%)
团队和谐(10分)				
团队分工(15分)				
规范使用工具(10分)				
任务内容(25分)				
报告制作(15分)				
汇报效果(25分)				
总分(100分)				

实训 5.2　列车运行时的手信号、调车手信号

1. 任务描述

按前述知识点，独立演练列车运行时的手信号、调车手信号。

2. 任务目标

（1）重点培养学生的理解运用能力、表达能力。通过分析知识点、独立思考、独立演练、小组课堂展示等，帮助学生掌握列车运行时的手信号、调车手信号的实际运用。

（2）培养学生严谨负责的态度。

3. 任务要求

（1）个人任务：学生个人练习列车运行时的手信号、调车手信号。

（2）小组任务：6人一组，分若干个学习小组，自由分组、自选组长，每小组成员独立完成练习任务后，组长检查练习情况，上传演练视频至在线教学平台，教师批阅后选取2个小组进行团体课堂展示，各小组由组长安排成员各司其职。

（3）展示所需设备：多媒体教室、扩音器、投影设备等。

（4）各组设置观察记录员1名，用摄像机、手机等视录设备将学习和课堂展示过程拍摄下来，使用观察清单记录和分析该小组学习过程及展演过程中的问题，并进行时间把控。视频也是教师小组评价依据之一。

4. 任务实施与评估标准

（1）任务实施。

①能正确运用列车运行时的手信号、调车手信号。

②演练展示动作规范整齐、井然有序。

（2）评估标准。

①按照上述任务实施要求完成实训任务。

②按照测评表进行合理评价。

5. 检测评价

完成本次课程,根据同学在实训任务中的表现,结合训练要求,给予客观评分。

项目	类别			
	组员自评(10%)	组长自评(10%)	小组互评(20%)	教师点评(60%)
团队和谐(10分)				
团队分工(15分)				
规范使用工具(10分)				
任务内容(25分)				
报告制作(15分)				
汇报效果(25分)				
总分(100分)				

复习与思考

一、单选题

1. 在正线或车辆段运营线路范围内,地铁列车或调车车列由某一指定地点运行至另一指定地点所经过的路段称作( )。

　　A. 路径　　　　B. 区间　　　　C. 路线　　　　D. 进路

2. 以下哪种信号机需要车辆全部通过后,信号机会自动关闭?( )

　　A. 引导信号机　　B. 调车信号机　　C. 出站信号机　　D. 进站信号机

二、多选题

1. 地铁调车工作的种类( )。

　　A. 车辆段内的调车　　　　B. 按运行图规定出入段的调车
　　C. 车站内的调车　　　　　D. 需越出站界的调车

2. 地铁线路的分类包含下列哪项( )。

　　A. 正线　　　　B. 配线　　　　C. 车场线　　　　D. 检修线

三、判断题

1. 车辆段线路包括出入段线、停车线、列检线、镟轮线、检修线、洗车线、牵出线、试车线、静调线、救援线和联络线等。( )

2. 列检线是用于车辆定期检修的线路。( )

3. 工程车分为内燃轨道牵引车、平板车、钢轨打磨车、隧道清洗车等,它们在运送物资、轨道检测、段内调车、正线救援发挥着非常重要的作用。( )

4. 车场调度员负责车辆段计算机联锁操作台的操作,配合完成车辆段接发列车调车、设备检修(维修)等日常工作。( )

四、简答题

1. 分别描述车辆段线路种类及其功能。

2. 简述车辆段组织机构并分别描述各岗位职责。
3. 简述车辆段内行车组织原则。
4. 简述车辆段内列车运转流程。
5. 简述联锁设备正常时接发列车作业程序。
6. 简述联锁设备故障时接发列车作业程序。
7. 简述调车工作制度。
8. 简述调车作业基本规定。
9. 简述编制调车作业计划资料来源。

单元 6 行车调度工作

▶ **知识目标**

1. 能够叙述行车调度组织机构中调度中心层级、行车指挥系统的指挥层级和组成部分;
2. 能够区别不同岗位的工作职责,识别行车调度相关设备,熟悉行车调度组织的工作内容和方法;
3. 知晓调度命令的种类、适用范围、填写内容的标准和要求。

▶ **能力目标**

1. 能够根据实际情况,下达对应的调度命令,填写调度命令内容;
2. 能够根据具体情况,判断采用何种行车调度组织的工作方法来调整列车运行。

▶ **素质目标**

1. 形成高度集中、统一指挥、逐级负责的严谨工作原则和严谨务实的工作态度;
2. 具备责任心以及协同合作的意识。

▶ **建议学时**

10 学时

案例导入

如图 6-1 所示,因捣固轨枕施工,科技园至世界之窗间上行线 K15+800~K15+500 处限速 45km/h,公里数位置不能相反。

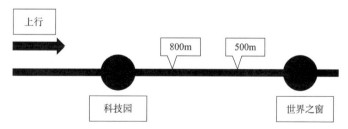

图 6-1 限速命令位置描述示意图

思考:这种列车调整情况需要发布调度命令吗?谁来发布调度命令?哪些人员需要接收调度命令,发布的是哪种调度命令?如何填写调度命令的内容?

6.1 行车调度指挥机构

6.1.1 行车调度工作的作用与任务

1) 行车调度工作的作用

城市轨道交通系统是技术密集型的公共交通系统,行车调度是城市轨道交通运营企业日常运输组织的指挥中枢,担负着组织行车、提高运营服务质量、确保运输安全、完成乘客运输计划、实现列车运行图的重要责任。它对城市轨道交通日常工作的开展起着决定性的作用。

在生产过程中,为了保证完成乘客运输计划,实现列车运行图,必须进行一系列的运输日常工作组织,城市轨道运输工作日常工作组织就是统称的调度工作。行车调度工作由调度控制中心实施,实行集中领导、统一指挥、逐级负责的原则,以使各个环节紧密配合、协同动作,从而保证列车安全、正点地运行。

2) 调度工作的任务

列车运行调度的主要任务是:科学地组织客流,经济合理地使用车辆及其他运输设备,挖掘运输潜力,根据列车运行图和每日的具体状况,组织与运输相关的各部门密切配合,采用相应的调整措施,努力完成运输生产任务,以满足乘客出行的需要,更好地服务于城市人民的生活。具体的行车调度工作的基本任务有:

(1) 负责组织各站及有关行车部门,按列车运行计划行车,监督各站及有关行车部门的执行情况,及时正确发布有关行车的命令及指示。

(2) 监督列车到发及运行情况,遇到列车晚点和突发事件时,及时采取运营调整措施,迅速恢复列车正常运行。

(3) 遇列车运行调整时,正确指导车站及有关行车部门进行工作。

(4) 负责编制及组织线路施工、抢修的作业计划。

(5) 负责工程车、试验列车等上线车辆的调度指挥工作。

(6) 当发生行车事故时,按规定程序及时向上级主管部门汇报,并采取措施防止事故扩大,并积极参与救援工作的指挥。

(7) 建立、健全运营生产及调度指挥等各项原始记录台账及统计,分析报表并按规定向上级主管部门报告。

(8) 密切注意客流动态,协同有关部门根据客流变化采取相应的组织方案。

6.1.2 调度中心的层次

运营调度是城市轨道交通系统的核心组成部分,包括负责对整个运营网络内所有列车站运行实施计划、监控和调整,组织列车或车列在车辆段运行,以及正线的施工检修作业组织等,其基本工作内容包括编制目前大城市的轨道交通调度控制中心制列车运行图、组织列车运行和应对突发事件的调整。目前大城市的轨道交通调度控制中心一般为两个层次:城市轨道交通控制中心(COCC)和运行控制中心(OCC)。

随着城市中轨道交通线路的增加,单一设置线路OCC将导致各条线路之间的信息传递不畅。单条线路采取的调度措施往往不适应整个轨道交通网络客流需求,因此,集成多条线路对整个运营网络进行协调控制成为必然,COCC应运而生。COCC层次如图6-2所示。

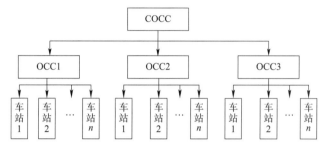

图6-2　COCC层次

COCC负责协调整个运营网络中的各条线路运营控制中心和相关部门,对路网的运营状态、设备运行情况进行实时监控。在发生突发事件时,根据影响程度及时发布预警指令,控制影响范围,降低不利影响,根据城市轨道交通运营企业信息传递的相关规定,做好内外部信息的传递工作。特别是发生影响两条及以上线路的紧急情况时,实现运营资源的统筹、协调和联动,提升应急突发事件的处置能力。COCC工作的基本任务包括:

(1)管辖范围为试运营及运营载客的线路、车站、出入口、通道、停车场、车辆段等的列车服务、客流变化、设施设备运转状态的处置与协调。

(2)实时监督运营状态,监督日常行车组织、客运组织、设备状态等各类生产活动。

(3)协调运营生产,协调企业内部各单位和部门之间、各运营线路之间的日常运营生产。

(4)实时诱导路网客流。

(5)收集反映路网运营生产情况的基础数据,汇总每日路网运营生产情况。

(6)对外发布运营实时信息与信息控制。

(7)指挥与协调社会影响较大的突发事件。

OCC是城市轨道交通系统的运营生产指挥部门,负责所管辖线路的运营调度和突发事件处理,是城市轨道交通日常运营工作的指挥中枢。OCC的基本任务是组织指挥线路与列车运行有关的各部门和各工种协同作业,确保列车按照列车运行图运行,保证行车有序和乘客安全,努力提高列车的运输效率。

调度中心实行分工管理原则,按照业务性质的不同,可设置不同的调度工种。各个城市轨道交通调度生产组织机构不尽相同,通常设置行车调度、电力调度、环控调度和客运调度等调度工种,也有些城市将行车调度和客运调度合并为运营调度,电力调度和环控调度合并为设备调度。某些城市的线路运营控制中心还设置车辆检修岗位和列车指导司机岗位,能够在应对列车故障时,给予运营调度员一定的支持。

运营调度中心经理全面负责运营线路的调度管理工作,运营主管负责运营调度行车业务方案的制定及实施、突发事件分析、运营统计、周报及月报的编制,设备主管负责线路的施工作业管理、安全生产管理和电力环控专业领域内的技术指导。其中,运营调度工作是城市轨道交通系统的核心。

6.1.3 行车指挥系统

城市轨道交通系统是一个复杂的、技术密集型的公共交通系统,线路的行车指挥调度工作由运营调度控制中心实施,贯彻高度集中、统一指挥、逐级负责的原则,各单位、各部门必须紧密配合,协调动作。下面以一条线路为例,介绍行车指挥工作的基本要求、系统组成、基本任务和组织原则。

1) 行车指挥工作的基本要求

(1) 各行车岗位具备足够数量的符合资格的人员。

(2) 制定符合现实条件的行车组织办法及安全保障制度。

(3) 能够实现正线(含辅助线)及车辆段线路联锁功能,特殊情况下,如联锁功能未实现时,应采取足够的安全措施。

(4) 具备无线调度通信系统,能实现控制中心与在线列车的对讲。

(5) 站间行车电话及专用调度电话系统开通使用,实现控制中心和车辆段、车站之间的对讲,以及各相邻车站间的对讲。

(6) 正线(含辅助线)及车辆段线路验收合格并交付使用。

(7) 正线(含辅助线)及车辆段接触网供电交付使用,已具备牵引变电所就地级控制功能。

2) 行车指挥系统组成

线路 OCC、车站和车辆段是行车指挥系统的三大组成部分,具体一条线路的行车指挥执行层次如图 6-3 所示。

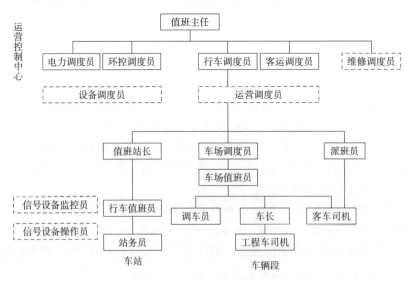

图 6-3 行车指挥执行层次示意图

运营指挥分为一级、二级两个指挥层级,二级服从一级指挥。一级指挥为行车调度员、电力调度员、环控调度员、客运调度员和维修调度员等。二级指挥为值班站长、车场调度员、行车值班员和车场值班员(某些城市轨道交通运营企业也称信号楼值班员)等。各级指挥要根据各自职责任务独立开展工作,并服从运营控制中心值班主任总体协调和指挥。

(1) OCC。

OCC 是城市轨道交通系统线路运行的神经中枢,是一级调度机构,具有集中化、自动化和模式化等特点,它是线路运营日常管理、设备维修、行车组织的指挥中心。OCC 是运营信息收发中心,所有与行车有关的信息,必须通过它集散。当发生突发事件时,OCC 代表运营单位对外协调。

OCC 各调度员由值班主任统一指挥。在处理各类突发事件、事故时,各调度员有责任向值班主任提供本岗位的处理方案,并及时报告相关信息。OCC 实行分工管理原则,按照业务性质的不同,可设置不同的调度工种。虽然各个城市轨道交通运营企业组织架构各不相同,但是主要作业岗位基本一致。

城市轨道交通的行车工作由行车调度员统一指挥;城市轨道交通供电设备运作由电力调度员统一指挥;环控和防灾报警设备由环控调度员统一指挥;客流监控和信息收发由客运调度员统一指挥;维修调度员主要负责管理范围内的故障(事故)信息接收、传递、反馈和处理的组织、协调及统计分析工作。

(2) 车站控制室。

车站控制室为二级调度机构。车站行车组织工作由车站当班值班站长统一负责,行车值班员协助。值班站长必须服从行车调度员的统一指挥,执行行车调度员命令。正线发生行车设备故障时,车站值班站长(值班员)应及时报告行车调度员,由行车调度员通知各相关专业调度/值班人员组织抢修。有些车站根据业务需要,还设置了专职信号设备监控员和信号设备操作员,负责监控、操作车站信号设备的运行。

(3) 车场信号控制室。

车场信号控制室为二级调度机构,服从 OCC 的统一指挥。车场信号控制室与出入段线连接的车站通过进路检查电路,共同组织与监控列车进出车辆段。车场信号控制室设有微型计算机联锁设备,集中控制车辆段范围内的进路、道岔和信号机,隶属车场调度员管理。客车上的员工由司机负责指挥,工程列车上的员工由车长负责指挥。

3) 行车指挥工作的基本任务

(1) 组织指挥各部门、各工种严格按照列车运行图进行各自工作。

(2) 监控列车运行,确保运行顺畅。

(3) 科学合理地组织客流,经济合理地使用车辆及其他运输设备。

(4) 及时、准确地处理行车过程中出现的异常情况,避免行车事故的发生。

(5) 如发生行车事故,除按规定程序上报,还要采取措施及时、有效地进行处理,防止故升级。

4) 行车指挥工作的组织原则

(1) 运营时刻表(列车运行图)是行车组织工作的基础,凡与列车运行有关的各部门都必须根据运营时刻表的规定组织本部门的工作。

(2) 随着城市轨道交通线路的逐步建设,不同时段其设备(主要是信号设备)条件不同,提供的行车能力也不同,所以,行车调度工作需结合不同时段能提供的载客列车数和预测客流,通过计算确定最合适的行车间隔,编制相应的运营时刻表。

(3) 城市轨道交通每条运营线路均采用双线单方向的运行方式,运营客车在两端终点站之间循环运行;特殊情况下可以采用全部或分段单线双方向运行,但运行距离不可过长。

(4) 进入正线运行的所有列车、动车必须赋予车次。

(5) 客车在运行中司机应在前端驾驶,一般客车正线最高运行速度为80km/h;后端驾驶室推进时最高速度为10km/h,推进运行时在前端驾驶室要有司机或列车引导员(有特殊规定的除外)监控客车运行;工程车正线最高运行速度牵引时为45km/h,推进时为35km/h。

(6) 行车时间以北京时间为准,从零时起计算,实行24h制。行车日期划分以0时为界,0时以前办妥的行车手续,零时以后仍视为有效。

(7) 调度电话、无线调度电话用于行车工作联系,须使用标准用语。

(8) 行车有关人员必须服从行车调度员的指挥,执行行车调度员命令,行车调度员应严格按运营时刻表指挥行车;指挥列车运行的命令和口头指示,只能由行车调度员发布。

6.2　行车调度相关岗位职责及设备

6.2.1　行车调度相关岗位及职责

1) 行车调度员工作职责

(1) 组织各部门、各工种严格按照列车运行图工作。

(2) 监控列车到达、出发及途中运行情况,确保列车运行正常秩序。

(3) 随时掌握客流情况,必要时调整列车运行方案。

(4) 检查督促各行车部门执行运行图情况。

(5) 当列车运行秩序不正常时,及时采取措施,尽快恢复正常运行秩序。

(6) 及时、准确地处理行车异常情况,防止行车事故发生。

(7) 当发生行车事故时,按规定程序及时向上级主管部门汇报,并采取措施防止事故扩大,积极参与组织救援工作。

(8) 收集、填写线路运营工作有关数据指标,做好原始记录。

(9) 服从值班主任的指挥,与电力调度员、环控调度员和维修调度员等配合,共同完成行车和施工组织工作。

在各种调度员当中,行车调度员是运输调度工作的核心岗位,担负着指挥列车运行、贯彻安全生产、实现列车运行图、完成运输计划的重要任务。因此,每个城市轨道交通企业对行车调度员的要求也是非常严格的,不仅需要扎实的专业知识,还需要具备较强的分析处理问题能力、反应能力和沟通能力等。

2) 车场调度员工作职责

(1) 组织和指挥车场内行车运营秩序。车场调度员是车场内发生突发事件的临时指挥者,指挥车场内电客车、工程车的调车作业。

(2) 按照列车运行图/运营时刻表、轨行区施工及行车计划通告、车辆检修需求,制定车场收车计划表、车场发车计划表,合理安排列车出入车场。

（3）掌握车场内列车和车辆的停留状况，根据工作需求，及时编制下达调车作业单，监督检查调车计划的实施。

（4）安排车场范围所有计划内和临时性的施工作业。

（5）指挥车场值班员合理安排车场内行车作业，布置并监控车场值班员的作业。

（6）组织试车线和车场线路上的调试工作。

（7）指挥工程车司机、电客车司机配合各施工部门工作。

3）车场值班员工作职责

（1）在车场调度员的指挥下，负责列车和车辆的出入车场进路和调车进路排列。

（2）通过无线调度台向电客车司机、工程车司机、施工负责人下达命令和通知。

（3）监控电客车、工程车在试车线上的调试和试验工作。

（4）监视信号显示和列车出入车场运行状况，发现异常时向车场调度员报告，并做好记录。

（5）严格按计划收发列车，与行车调度员沟通、确认列车出入车场安排，及时向车场调度员报告收发列车情况。

4）行车值班员工作职责

（1）在值班站长的领导下，负责车站行车组织工作，按有关规定操作和监控行车设备。

（2）负责值守车站控制室，监控车站控制室内各项设备、设施状态，发现故障及异常情况及时按有关程序处理。

（3）负责运营生产信息的上传下达，及时处理外部信息和报出本站信息。

（4）操作、监控信号设备运行(未设置专职信号设备操作员、监控员的车站)。

（5）信号设备停用时负责办理人工组织行车手续。

（6）对当班施工管理工作负责，在线路施工和工程列车开行时安排安全防护，负责车站施工作业登记、施工安全监控和施工负责人管理等工作。

（7）协助值班站长进行人员工作安排及管理。

（8）做好车站内对乘客的应急广播。

5）信号设备监控员

（1）在值班站长的领导下开展工作，主动向值班站长汇报信号设备运行情况。

（2）对本班信号设备的操作负监控责任，及时制止、纠正违章操作。

（3）负责从控制中心接收信号设备的操作指令，与信号设备操作员核对后监控其正确执行。

（4）负责监控本班工作中信号设备的状况，发现故障及异常情况及时提醒、协助信号设备操作员处理。

（5）信号设备停用时负责办理人工组织行车的手续。

6）信号设备操作员

（1）负责本班信号设备操作指令的执行。

（2）负责监控本班工作中信号设备的状况，发现故障及异常情况及时按规定上报、处理。

（3）接受信号设备监控员的监控。

（4）信号设备停用时负责办理人工组织行车的手续。

知识链接

其他行车工作人员

1. 车辆段值班员

车辆段值班员执行分公司、部、中心、车站的有关规章制度,服从车辆段调度员指挥,执行调度员命令,在车辆段调度员的领导下主管行车组织工作。车辆段值班员岗位职责主要有:

(1)在车辆段调度员的指挥下,负责列车和车辆的出入车场进路和调车进路排列。

(2)通过无线调度台向电客车司机、工程车司机、施工负责人下达命令和通知。

(3)监控电客车、工程车在试车线上的调试和试验工作。

(4)监视信号显示和列车出入车场运行状况,发现异常时向车场调度员报告,并做好记录。

(5)严格按计划收发列车,与行车调度员沟通、确认列车出入车厂安排,及时向车厂调度员报告收发列车情况。

2. 电客车司机

电客车司机在一个运营周期的作业也分为运营前、运营期间和运营后三个阶段。电客车司机岗位职责主要有:

(1)运营前,电客车司机主要进行列车整备作业,如检查车体内外情况、车载电器、制动设备、无线电话等。严格按电客车司机手册的程序和标准进行,对不符合运行要求的列车,报告车场调度,按其指示执行。

(2)在运营期间,主要是负责列车在正线运行作业、站台作业和折返作业。严格执行行规、电客车司机手册、车辆段运行手册和车辆故障处理指南的规定,正确操作客车。

(3)行车中,按规定确认行车凭证,必须执行呼唤应答等作业制度;严格按照列车时刻表或调度的命令行车,为乘客提供安全、准点、舒适、快捷的服务。

(4)立岗标准,按规定开、关车门,掌握好时机;忠于职守,不得擅自离岗,对非乘务人员登乘驾驶室时,认真按分公司的规定执行。

(5)列车运行中密切留意,如遇影响行车或设备、人身安全情况须立即采取措施,及时消除隐患,并做好状态卡和行车记录的填写。负责做好行车信息传递工作,遇到问题及时与调度联系,并做好记录。

(6)发生突发事件时,严格按应急处理程序处理事件,尽快恢复运营严格按照线路、客车限制速度运行,确保行车及人身安全。

(7)运营结束后,客车应进入车辆段进行整备,以确保第二天的正常运行。

6.2.2 行车调度员与关联岗位的关系

1) 与车站行车值班员的关系

车站行车值班员在行车调度员的业务指导下负责本车站管辖范围内的行车组织工作。

2）与车辆段、停车场信号楼行车值班员的关系

车辆段、停车场信号楼行车值班员负责车辆、停车场内的行车调度工作及列车进出段、场的作业；当核对列车运用计划及加开临时列车时，行车调度员须与车辆段、停车场行车值班员进行沟通。

3）与车务部运转值班员的关系

运转值班员负责全线列车司机的调配，行车调度员在需要加开临时列车时须与车务部运转值班员进行沟通。

4）与电力调度员的关系

运营开始、结束前，行车调度员须与电力调度员按照停送电作业流程办理相关的停送电手续；事故抢险时，行车调度员应使用调度电话通知电力调度员立即停电；供电设备临时故障需要停电时，电力调度员使用调度电话通知行车调度员，待行车调度员同意后方可立即停电；电力调度员发现或接到牵引变电所跳闸或故障报告后，应立即通知行车调度员，电力调度员将故障处理完毕后，立即报告行车调度员。

5）与环控调度员的关系

在列车被迫在区间停车 2min、ATS 系统发生报警后，行车调度员应通知环控调度员启动环控系统阻塞模式，并通知环控调度员注意观察系统运营情况。

6）与值班主任的关系

行车调度员必须服从值班主任的绝对领导，当发生事故和突发事件时，由值班主任指挥各专业调度员工作，各专业调度员负责了解相关情况，并提供事故和突发事件的配合处理方案，经值班主任批准后执行；行车调度员发布书面调度命令前须报经值班主任批准。

7）与车辆段调度员的关系

当地铁运营需要加开备用车等情况时，行车调度员联系车辆段调度员，此时车辆段调度员需精准配合备车准备作业，进一步确保正线安全有效运营。

6.2.3 行车调度相关设备

1）COCC 的运营生产监督设备

（1）显示大屏（图 6-4）：是 COCC 设备的核心系统，主要显示各种信息、全网线路示意图、自动售检票（Automated Fare Collection，AFC）系统、全网客流情况等图像。

（2）中央信号显示大屏（ATDS）：显示界面由若干显示器组成，实时获取各条线路列车运行信息，对各线路的 ATS 进行监督，但不控制。

（3）综合监控和数据采集系统（Supervisory Control And Data Acquisition，SCADA，又称远动系统）：显示界面由若干显示器组成，具有遥信功能，不具备遥测功能；包含一次接线图相关的所有位置信号；可定制画面；不包含事故信号告警。

（4）视频监控系统（CCTV）：可查看各线路运营控制中心调度选择的画面，供调度员了解车站站厅、站厅的客流和列车到发等情况。

（5）COCC 调度电话：供 COCC 调度员选呼各线路 OCC 调度员、轨道交通公安指挥室以及各运营企业。

（6）公务电话：供 COCC 调度员与内部各单位、生产部门进行业务联络。

(7)城市轨道交通网络运营智能化信息服务系统(Tricolor Operating Status,TOS):对路网在线列车与站间区间的实时延误、在线列车与站间区间客流饱和度进行实时跟踪。

图6-4　显示大屏

2)OCC行车调度相关设备

(1)综合显示屏。

OCC一般装有行车、供电、环控中央监控终端设备、各模拟屏能够显示现场(车站、车辆段)设备的使用和占用情况,包括列车运行状态、供电系统情况和车站环控设备工作情况。

(2)中央级ATS工作站。

在OCC内,综合显示屏可供所有人员监察,而各类工作台的设备按各种专业功能而有所不同。

(3)通信设备。

控制中心的通信设备主要有调度电话、无线调度电话、中央广播设备等。

3)车站行车调度相关设备

(1)车站级ATS工作站。

联锁站的车站级ATS工作站能对本联锁区内的车站线路、道岔、信号机及列车状态进行监控。当中央级ATS失效时,由行车调度员授权车站行车值班员在车站级ATS工作站上排列行车进路,组织列车运行。

(2)本地控制工作站(LOW)。

当中央级及车站级ATS工作站失效时,由行车调度员授权车站行车值班员在本地控制工作站(LOW)上排列行车进路,组织列车运行。

(3)计轴复位盘。

当联锁区内线路上某段计轴出现故障需要复位时,由行车调度员授权车站行车值班员在计轴复位盘上按下某段计轴的复位按钮进行复位。

(4)区域控制台(Local Control Panel,LCP,又称局域控制板)。

车站控制室设有LCP控制盘,盘面上的上、下行线路分别有紧急关闭、紧急关闭恢复、扣车、取消扣车、提前发车按钮和紧急关闭、扣车、提前发车指示灯,以及控制转换开关、报警切除和表示灯测试按钮。当ATP系统正常运作时,站务人员可根据行车工作需要按压各按钮。

(5)车站安全门报警盘(IBP盘)。

车站安全门报警盘(IBP盘)设置在车站控制室BAS,也有的城市称为EMCS(Electrical

and Mechanical Control System)的IBP盘上,在紧急情况下能实现控制整列安全门开关操作,且每列站台各有一个IBP开关。IBP开关是所有安全门系统控制级别中的最高级,当安全门在IBP盘上控制时,任何其他级别都无法控制安全门系统的操作。

(6)CCTV。

视频监控系统(CCTV)可提供车站各位置实时监控画面,安装在车站控制室。

(7)车站有线调度电话。

车站控制室配备有线调度电话,实现与行车调度员、相邻车站等行车岗位进行通话的功能。

(8)车站广播。

车站控制室配备车站广播系统,具备对车站进行广播的功能。

4)车辆段行车调度相关设备

(1)信号联锁设备。

①车场ATS工作站。车场调度员配备一台车场ATS工作站,实现对车场内全部列车的监视和控制。

②微型计算机联锁系统。保证道岔、轨道区段、ATP信号间正确的联锁关系,完成车场管辖范围内所有线路、道岔的进路排列功能。

③应急台。作为一种应急状态下的备用控制方式,当联锁系统故障后投入使用,可以通过应急台单独操作道岔,操作道岔后,需要人为确认道岔位置。

(2)通信设备。

①有线调度电话。车场调度员、车场值班员配备有线调度电话,实现相互间及与行车调度员、派班员等岗位进行通话的功能。

②无线手持台。车场调度员、车场值班员配备无线手持台。无线手持台具备强大的呼叫功能,实现相互间及与行车调度员、电客车司机、工程车司机、车场内施工负责人等的组呼、选呼、紧急呼叫等功能。

思政点拨

调度主任张永利——工作就要像军人一样

0时,运营控制中心调度人员的忙碌才刚刚开始,他们关注着调度大屏幕上显示的密密麻麻的线路,以及不断跳动着的红、绿、黄等颜色信号,桌前堆积了一摞摞的地铁运行图,并不时地在图上做着标记,这是张永利作为一名行车调度员时的场景,这工作他一干就是10年。

"工作就要像军人一样,不仅要敢做、敢担当,还要时刻保持一个良好的精神面貌,这样会使自己做事更认真、更投入"。不论做任何事,张永利都挺直腰板、目光炯炯,穿起蓝色客运制服显得格外精神。

电话、对讲机和计算机是调度人员日常工作的指挥棒。白班时,行车调度员要对全线列车的安全、正点的运行进行监控,每接发一趟列车,调度员就要通过手持台、无线调度台下达10多条的指令。如果发生应急情况,他们还要用专用、公务系统联系车站工作人员及时配合。

　　凌晨才是调度员最忙碌的时刻。一般施工作业都是从0点开始,调度人员通过电脑审批各检修专业的计划点,通常称为"批点",并负责施工安全进行卡控。4时,调度人员开始进行运营前的安全确认。5时,配合车场调度员确认出车情况检查。如果遇到台风、暴雨等客观环境的影响,列车运行图还可能会被打乱,那才是真正考验调度员组织能力的时候。"可能是早已习惯了这忙碌的节奏,有时回到家反而有些不适应,还经常在晚上做梦时被发错指令和突发事件吓醒",张永利说道。

　　今年刚满40岁的张永利现在是名调度三室的主任调度员。2002年,张永利从老家山西来到深圳地铁集团有限公司从事客车车长工作,他是深圳地铁集团有限公司的第一批车队成员,7年的驾驶磨炼让他对行车运营组织有深刻的认识。行车调度员是地铁运营一线的重要岗位。从2009年起,他开始在深圳地铁3号线担任行车调度员,他说:"做车长的时候身体更累些,当调度员精神上、心理上的压力非常大"。现如今,张永利早已成为了一名运营控制中心内的多面手。在日常工作中,他不仅熟练掌握本专业的知识,还全面了解通信、信号、车辆、路网、供电等各专业系统设备的相关知识。

　　在问到"车长、调度员和主任调度之间有何异同"时,张永利笑着说道,"这是由点、线到面的转变,起初作为一名车长时,开好自己的列车是第一要义。到了行车调度员,需要统筹整条线的行车运营组织。而现在,我不仅要懂各个调度口的业务,还要管理好整个团队,这个过程中你需要承担的越来越多,责任也越来越大。"

　　点拨:看完张永利的故事,你觉得作为行车调度员有哪些职业素养?对你未来在岗位上工作有什么启发?

6.3　行车调度组织的工作内容和方法

6.3.1　行车调度控制方式

　　城市轨道交通系统的行车调度控制方式主要与采用的行车调度指挥设备类型有关。随着科学技术的发展,城市轨道交通系统运行控制设备正逐步向自动化、远程化、计算机化发展,行车调度工作逐步由人工控制方式向电子调度集中和行车指挥自动化控制系统发展。

1)人工调度指挥系统

(1)控制调度中心设备。如调度电话、无线调度电话、传输线路。

(2)车站设备。如调度电话、传输线路。

(3)列车设备。如无线调度电话。

　　该系统主要由行车调度员通过调度电话向车站值班员直接发布指令,又称电话闭塞法。由车站值班员排列接发列车进路,通过与车站值班员的联系,行车调度员掌握列车到达、出发信息,下达列车运行调整调度命令。行车调度员通过无线调度电话呼叫列车司机,发布调度指令,指挥列车运行。列车运行图由行车调度员手工绘制。这种方式通常在线路开通初期、设施设备尚未到位等特殊情况下才会采用。

2）电子调度集中系统

（1）调度控制中心设备。如调度集中总机、运行显示屏、运行图自动绘制仪等。

（2）车站设备。如调度集中分机、传输线路。

（3）机车设备。如无线调度电话、信息接收装置。

调度集中控制设备是一种远程控制的信号设备，目前能实现运行调度指挥的遥信和遥控两大远程控制功能。它的特点是区间采用自动闭塞，车站采用电气集中联锁，并利用电缆引接到指挥控制中心。控制中心的行车调度员通过中央 ATS 工作站对各车站进行集中控制，可以直接排列进路，直接指挥列车的运行调整，并通过运行显示屏监控列车到达、出发及途中运行情况，及时掌握线路上列车运行及分布情况、各信号机的显示状态和道岔开通位置，确保列车运行秩序正常。

这种基本闭塞方法为自动闭塞法，列车运行采用自动驾驶。在必要时，可由调度集中控制改为车站控制，即将列车运行进路排列权限下放给车站，由车站值班员操作。

3）行车指挥自动化控制系统（ATC 系统和 CATS 系统）

目前，列车自动控制（ATC）系统已被越来越多的城市轨道交通系统采用。通常 ATC 系统由列车自动保护（ATP）系统和列车自动运行（ATO）系统和列车自动监控（ATS）系统组成。其中：

（1）列车自动保护（ATP）系统。该系统强制规定列车运行速度，保证前后列车之间的安全运行间隔。

（2）列车自动运行（ATO）系统。该系统能够使列车按照 ATS 速度进行平稳调速运行能够指挥列车在站内正确位置停靠，是 ATS 系统自动调整列车运行的前提。

（3）列车自动监控（ATS）系统。ATS 子系统能监控列车运行状态，实时控制列车运行时刻表。

CATS（控制中心列车自动监控子系统）是一个实时控制系统，一般由调度控制和数据传输电子计算机、工作站、显示盘、绘图仪等构成，电子计算机按双机备用配置。

CATS 的主要功能包括：运行显示及人工控制；能发出控制需求信息，从轨道线路上及信号设备上接收信息，并由行车调度员人工或自动地将调度指挥信息（如停站时间，运行等级）传递至各集中站 ATC 设备；实现了列车的动态显示，如列车位置、车站到发时分，车次号等；能储存多套列车运行图，如基本运行图、双休日运行图、客流组织运行图，并按照当前使用的运行图调整；监督列车运行，调整列车发车时刻，控制列车停站时分和终点站列车折返方式；自动进行列车运行调查、自动绘制实际列车运行图和生成各种运行报告。

6.3.2 正常情况下调度指挥工作

1）列车运行指挥工作

（1）组织制定行车、电力、环控调度规程，参与制定运营技术管理行车组织等规程及突发事件预案，并组织实施。

（2）组织控制有关行车人员按运行图行车；遇到列车晚点和突发事件时，应及时采取调整措施，迅速恢复列车正常运行。

（3）密切注意客流动态，并按规定负责下达和通知自动售检票系统有关单位实行相关运营方案。

（4）负责行车、设备事故及突发事件的救援抢修的调度指挥，采取有效措施防止事故扩大，尽快恢复正常运行；按事故报告程序及时做好上报和下达工作。

（5）负责编制和组织实施正线的施工、调试列车的作业计划。

（6）建立、健全生产运营，调度指挥等各项原始记录统计和分析表，并按规定向上级主管部门上报。

（7）维护调度纪律，督查各基层单位执行行车调度员命令和有关规章制度的情况，发现问题应立即采取相应措施。

2) 正常情况下列车运行组织程序

（1）运营前的准备工作。

①在每日运营前，行车调度员要与车站值班员确认线路上所有施工检修作业已经完成注销，线路空闲，无侵限，设备运行正常。

②根据运营计划，与车辆段运转值班员核对运行图，当日运用列车数应符合运营计划的要求。出厂列车需具备以下条件：列车无线电话和车厢广播设备使用功能良好；车载 ATC 设备日检正常、铅封良好；车辆设备良好。

③每日运营前 ATS 需具备以下条件：中央工作站、表示正确且一致；所有集中站处于中控状态；方向开关、道岔位置及信号表示正确；确认各终端站折返的主用模式；确认系统的调整方式；消除告警窗内所有无效告警；建立并确认计划时刻表。

④每日运营前须确保接触网系统、消防环控系统、通信信号系统等与运营有关的设备状况良好。

⑤每日运营前各车站及信号楼须按规定做好各项运营准备工作。所有运营有关值班人员须到岗，检查、确认无任何异常情况。

⑥每日运营前行车值班员、运转值班员等有关运营人员须主动与行车调度员校对以控制中心 ATS 钟点为准的钟表时间（ATS 钟点应与北京时间校对），列车司机须在出乘报到时向运转值班员校对钟表时间。

（2）列车出入场(库)。

①列车出场。

计划列车出场。对 ATS 系统所确认的计划列车，行车调度员应使列车在转换轨处进入系统，并确认 ATS 系统到点开放信号，使计划列车按图定时间发车。

非计划列车出场：行车调度员应在转换轨处应人工设置车次号，并人工排列出库进路，令司机确认信号后按收到的速度码发车。

②列车入场。

计划列车入场。列车为 ATS 系统所确认的计划列车，可由 ATS 系统自动控制列车，行车调度员应令运转预先办理入场进路，并确认计划目的地号，监督列车回库。

非计划列车入场。行车调度员应令运转值班员预先办理入场进路，并人工排列回库进路，令司机确认信号后按收到的速度码回库。

（3）运营中的调度监督。

列车进入正线运营后，行车调度员必须时刻关注列车运行动态，确保安全、正常运行。

行车调度员在运营中的调度监督分为以下两种情况：

①调度监督下列车运行组织中的调度监督。在调度监督下的列车运行组织中，行车调度员不能直接进行远程控制排列列车进路，开闭出站信号由车站值班员操纵，行车调度员主要通过显示盘监督线路上各车站信号机开闭、显示区间闭塞情况和列车运行状态，组织指挥列车运行。

为了实现按图行车，行车调度员要努力组织列车正点运行，而组织列车正点始发又是列车正点运行的基础。对始发列车，行车调度员应在列车出库、列车折返和客流异动等各方面进行具体掌握，以组织列车正点始发。

在始发站列车正点始发的情况下，由于途中运缓、作业延误或设备故障等原因，难免会出现列车运行晚点的情况。行车调度员应根据实际情况，及时采取有效的调整措施，尽可能使晚点列车恢复正点运行或缩短晚点时间。

②行车指挥自动化时的调度监督。在行车指挥自动化情况下，列车进路可自动排列，列车运行可自动调整电子计算机通过调度集中设备实现当日使用的列车运行图，指挥列车运行。行车调度员通过显示盘与工作站显示器，准确掌握线路上列车运行和分布情况区间和站线的占用情况，以及信号机的显示状态和道岔的开通位置等。行车调度员也可以应用人工控制功能，通过工作站终端键盘输入各种控制命令，控制管辖区域的信号机道岔以及排列列车进路，进行列车运行的调整。

(4) 运营结束后的收尾及施工前的准备工作。

运营结束后，首先要核对所有运营列车及备用列车已离开运营正线，确保正线线路空闲。按运行图要求，保证各类列车运营终止后回库或停放至指定位置，当日计划实际运行图绘制完毕。如因绘图仪故障无法绘图，仍应发出绘图命令，并通知ATS组打印当日各折返站的到发报告，根据各项报告，整理统计当日运行情况，汇总到日报表。

日常的养护维修施工，原则上利用停运期间进行。作业单位应提前提出计划报运营部，经运营部安排，以检修施工通告的形式下达给有关站段总调度以及作业单位。施工前，调度员对当晚行车电力、工务环控等方面的施工进行核对，落实具体的施工计划责任人安全细则。根据施工计划及施工申请，对需要停电区段的接触网通知电力调度停电，监控施工作业过程。

作业负责人应对日常的养护维修、施工充分做好一切准备，按批准的检修施工计划，提前在车站进行检修施工登记，通过车站值班员向行车调度员申请作业。行车调度员应保证作业时间，并向有关车站单位及作业负责人发出实际作业命令。作业负责人确认施工内容及起止时间后，在设好停车防护后方可开工，并保证在规定时间内完成。经检验设备使用性能良好，车站值班员报行车调度员申请开通区间，行车调度员下达注销命令号码。如不能在规定时间内完成施工作业，须在规定的施工截止时间前20min与行车调度员联系，得到批准后方可延长作业时间。

6.3.3 行车调度工作分析

1) 调度工作分析的作用及分类

(1) 调度工作分析的作用。

调度工作分析是通过对日常运输工作进行综合分析，肯定成绩，总结和推广先进工作经验,及时发现日常运输中存在的问题,查明原因,寻找规律性的因素,针对存在的问题提出各种解决措施,以便完善工作,为运行图的修改和上级领导的决策提供依据。因此,调度工作分析不仅仅是对日常运输工作进行事后分析,而且要通过分析研究,预见运输工作发展的趋势和可能出现的问题,减少运营损失。

调度工作分析必须及时、准确。只有准确的分析,才能客观地反映运输工作的实际情况,恰当地评价工作中的优缺点,以便针对存在的问题,制定可行的解决措施。另外,运输工作具有多变性,这就要求调度工作必须及时分析,及时拟定措施,及时采取措施。如果分析不及时,等到分析完问题再提出解决措施,实际情况已经发生变化,提出的措施没有针对性,因此也就没有作用。

(2)调度工作分析的类型。

①日常分析。日常分析应每日进行,在班工作或日工作终了时,对日班计划的执行情况及日常运输中的先进经验和存在的问题进行简要的分析。对运输中存在的问题,应查明情况及原因,以便采取措施。

②定期分析。定期分析有旬分析和月分析。在日常分析的基础上,收集和积累有关资料、建立必要的台账和报表,如运营日报、故障报告等,按时作出旬、月分析,总结经验、发现问题,提出改进意见。

③专题分析。专题分析是运输工作在某一方面或某一指标有比较突出的变化,而且对运输生产产生较大影响时,分析人员深入现场调查研究,对某一方面或某一指标作出专题分析,并提出改进意见和措施,以改进运输工作。

2)调度工作分析的主要内容

(1)运营日报。

值班主任每日均须编写运营日报,报告前一天运营计划完成情况,主要内容包括:

①当日完成运送客运量、客车开行情况、兑现率、正点率和月度累计指标。

②车辆调度提供的运用客车数及投入使用客车数。

③客车加开、停运及中途退出服务情况。

④耗电量和温湿情况。

⑤客车服务情况,包括事故、故障和列车延误及处理。

⑥有关工程列车,试验列车运行方面的信息。

(2)故障和延误报告。

故障和延误报告作为编写运营日报原始资料的一部分,行车调度员应在行车设备发生故障及造成列车延误时及时编写,主要内容包括:

①发生故障的时间、地点,列车编组报告员及概况(故障现象)等情况。

②发生故障导致列车延误,影响情况。

③采用的调整列车运行的措施。

④恢复正常运作的时间。

(3)行车事故概况。

行车调度员根据每件行车事故及时填写"行车事故概况",并按规定的时间报运营公司安全监察室和运营主管部门。

(4)统计分析工作制度。

①客车统计分析。运营结束后,控制中心值班主任负责客车统计分析,主要内容有计划开行列数、实际开行列数、救援列次、清客列次、下线列次、晚点列数、正点率、列车运营里程。行车调度员记录晚点的客车晚点原因。晚点原因有车辆故障、线路故障、供电故障、通信故障、信号故障,客流过多、调度不当及其他方面。

②工程车统计分析。

③调试列车统计。

④检修施工作业及统计分析。首先对前一天的正线、辅助线的检修计划件数和完成情况进行统计,其次对检修施工完成情况进行分析。分析的主要内容包括日计划、临时计划兑现率、临时计划占全日比例、各单位施工计划完成情况分析、检修施工作业清点件数的统计等。

⑤月度运营技术分析。城市轨道交通运营企业通常在每月上旬对上月的运营情况进行技术分析。调度部门根据各市、部相关网络提供的资料,重点对月度运营指标完成情况、行车组织客运组织、票务管理等情况、设备故障和当月典型事件、故障、事故等进行技术分析,找出问题,提出完善建议。

3)行车调度工作主要考核指标

(1)列车运行图兑现率。

列车运行图的兑现率主要反映基本运行图的完成情况。计算公式如下:

$$兑现率 = \frac{实际开行列车数}{计划开行列车数} \times 100\% \quad (6-1)$$

其中,实际开行列车数 = 计划开行列车数 − 运休列车数。计划开行列车数为当日运行图计划开行列车总数(含空车);运休列车数为由于各种原因(客车、天气等)取消的计划列车数(包含计划空车)。

(2)列车正点率。

列车正点率包括列车始发正点率和列车到达正点率,列车正点统计的规定如下:凡按列车运行图规定的车次和时间正点始发、正点运行的列车统计为正点列车数,早点或晚点不超过2min的按正点列车统计;临时加开的列车按正点统计。计算公式如下:

$$列车正点率 = \frac{正点运行列车数}{总开行列车数} \times 100\% \quad (6-2)$$

由于客流的变化,行车调度员采取临时措施,抽调或加开部分列车时,调整后的运行时间一律按正点统计。列车运行时刻的确定:

①到达时刻:以列车在站台规定位置停稳,不再移动为准。

②出发时刻:以列车在车站(或存车场、车库)起动时刻为准。

③通过时刻:以列车前部机车通过车站规定位置为准。

(3)平均满载率。

平均满载率是指在单位时间内,车辆载客能力的平均利用效率。计算公式如下:

$$平均满载率 = \frac{日均客运量 \times 平均运距}{输送能力 \times 线路长度} \times 100\% \quad (6-3)$$

(4)清客统计。

当运营列车发生清客时,需要在车站或区间将车上的旅客清除至站台,该列车按清客统计。

(5)载客通过(放站)。

由于运输的需要,载客列车在运行过程中在某一站或某些站不停车通过,该列车按放站统计。

(6)责任事故率。

责任事故率是指在单位距离内,发生责任事故的比例。计算公式如下:

$$责任事故率 = 责任事故次数 \div 列车公里 \times 100\% \tag{6-4}$$

某日下午,深圳地铁3号线因突发事件影响,致使列车区间性停运及区间性有限度运行,5号线双方向列车于布吉站不停站通过。后经了解,3号线因轨行区进人导致列车运行受到影响,而后,3号线线路恢复正常运行。同日16时27分,深圳地铁官方微博发布公告称:地铁3号线布吉站开往华新方向的列车出现延误,预计影响时间超过10min。16时45分,深圳地铁官方微博再次发布公告:受突发事件影响,地铁3号线红岭—塘坑区间暂停服务。3号线红岭—益田、双龙—塘坑区段采取小交路有限度运行。布吉站5号线双方向列车暂时不停站通过。

点拨:以上属于哪种列车运行调整方法?当发生地铁延误时,作为行车组织工作人员应遵循什么处理原则?除了让地铁尽快恢复正常运营,我们应该对乘客做哪些工作?

 6.4 调度命令

6.4.1 调度命令的分类

在组织列车运行的过程中,行车调度员按规定在进行某些行车作业时需要发布调度命令,以表示行车调度员在指挥列车运行过程中的严肃性和强制性,有关行车人员接到调度命令后,必须严格执行。

调度命令是指行车调度员在调度指挥过程中对行车有关人员发出的要求,并强制其配合完成的指令。调度命令样式见表6-1。

调度命令　　　　　　　　　　　　　　表6-1

表号:		年　月　日　时　分	
受令处所		命令号码	行调姓名
命令内容			

行车专用章_____　　　　车站值班站长_____

调度命令有口头命令和书面命令两种。口头命令与书面命令虽然形式不同,但具有同样的严肃性,均须做到规范发令、严格执行。

(1) 口头命令。口头命令一般是对单个受令对象(一般为列车司机)直接发布的短期性指令。在无线录音设备正常状态时,行车调度员发布的行车调度命令均以口头命令下达,包括命令号、受令人处所、受令人、受令内容、发布日期及时间、发令人姓名及复诵人姓名。

(2) 书面命令。书面命令一般至少有两个受令对象(有时还需送达司机),且较长时间影响行车。书面调度命令必须填写调度命令登记簿,见表6-2。

调度命令登记簿 表6-2

日期	发令时间	号码	受令处所	命令内容	复诵人姓名(代码)	接令人姓名(代码)	行车调度员姓名(代码)	备注

在录音设备因故障停用时,遇救援列车、反方向行车及ATP切除运行均须发布书面命令,命令内容同上。

6.4.2 需发布调度命令的情况

各个地区由于运营体系不同,在须发布口头命令和书面命令的使用条件区分上不完全一致,下面以某城市轨道交通运营企业为例说明两种调度命令的使用范围。

1) 发布口头命令的常用范围

(1) 临时加开或停开列车(包括客车、工程车及救援列车)。
(2) 客车推进运行、退行,工程车退行。
(3) 停站列车临时变通过。
(4) 改变列车驾驶模式。
(5) 线路临时限速(当日当次有效)/取消临时限速。
(6) 变更基本进路。
(7) 客车清客。

2) 需发布书面调度命令的情况

(1) 线路限速/取消限速(临时限速除外)。
(2) 封锁开通线路。
(3) 非限制人工驾驶模式(URM模式)下反方向运行。
(4) 行车调度员认为有必要记录的命令。

在实际调度工作中,可先发布口头命令,再事后补发书面命令。

6.4.3 调度命令的发布要求

(1) 调度命令须由行车调度员发布。
(2) 发布前应详细了解现场情况,听取有关人员意见。
(3) 命令内容应一事一令。命令应先拟后发,书写调度命令应简明扼要、用语标准,遇有不正确的字,应圈掉后重新书写,对涉及相邻调度区段的重要调度命令,应在取得调度主任同意后发出,发令时应口齿清晰、语速适中。

(4)受令处所若为沿线各站及运转站,应根据标准填记车站全称或采用标准缩写站名。

(5)发令人、受令人、复通人、复核人必须填写全名。

(6)命令中空缺的内容应正确填写,做到不随意涂改。如调度命令内容与固定格式中虚体字内容相吻合,应及时描实,不需要的虚体字内容用横线划掉。

(7)下达命令时,命令号每天由1~100顺序循环使用,每个循环不得漏号、跳号、重号使用。发令日期、发令时间按实际发令时间填写,并如实记录在调度命令登记簿上,不能随意涂改,如有涂改,应由发布命令的调度员盖章确认。发布调度命令后,应及时将调度命令按照顺序号装订成册,做到不遗漏、不颠倒顺序。

(8)在日常执行中如无法及时把调度命令交付给司机,应适时完成补交手续。

(9)调度电话、无线调度电话用于行车工作联系,需使用标准用语,数字发音标准见表6-3。

数字发音标准　　　　　　　　　　　　表6-3

数字	1	2	3	4	5	6	7	8	9	10
拼音	yao	liang	san	si	wu	liu	guai	ba	jiu	dong
读音	幺	两	三	四	五	六	拐	八	九	洞

(10)行车调度员应掌握工程列车的运行,了解装卸作业进度,检查工程列车进出作业区域的情况,确保安全。

6.4.4 调度命令的编制与下达

1)调度命令号码的编制

调度命令号码的编制应按不同工种分别编号,行车调度命令号码按日循环,其他工种调度命令号码按月循环。调度命令日期的划分以0:00为界。各级调度命令的保存期限一般为1年。

为了使行车调度命令发布规范化、用语标准化,调度命令内容更加准确、简练、清晰、完整,从而提高工作效率,确保安全生产,各城市轨道交通运营企业均对常用的行车调度命令格式和用语进行统一,目的是强化发布调度命令的标准化作业,保证行车安全。

2)口头命令的标准格式及内容编制

口头命令可不签阅,发令时应用语规范、口齿清晰、语速适中。

3)书面命令的标准格式及内容编制

某城市轨道交通运营企业的调度命令标准格式见表6-4。

某城市轨道交通运营企业调度命令标准格式示例　　　　表6-4

命令号码：　　　　　　　　　　　　　　　　年　　月　　日　　时　　分

命令处所	调度员姓名（代号）	复诵人姓名	受令人姓名	阅读时刻（签名）
内容				

(1)限速命令(受令处所：××站至××站，××运转)。

"自_____时_____分起，_____站至_____站(百米标_____至百米标_____处)上/下行线列车限速_____km/h 运行。"

(2)取消限速命令(受令处所：××站至××站，××运转)。

"自_____时_____分起，取消_____站至_____站(百米标_____至百米标_____处)上/下行线列车限速_____km/h 运行。"

(3)封锁区间命令(受令处所：××站至××站，××站交司机)。

"自_____时_____分起，_____站至_____站上下行(不含_____站台/折返线/存车线)封锁，准_____站上/下行_____次凭令及施工号进入封锁区间施工。"

(4)开通区间命令(受令处所：××站至××站，××站交司机)。

"自_____时_____分起，_____站至_____站上下行(不含_____站台/折返线/存车线)封锁解除。"

(5)其他命令(格式自拟)。

运行指挥中，如遇其他特殊情况时(即命令内容超出现有标准格式)，应由行车调度员将命令内容写在调度命令登记簿中。

4)调度命令的下达

调度员采用计算机发布调度命令时，必须严格遵守"一拟、二审核(按规定需监控人审核的)、三签(按规定需领导、值班主任签发的)、四发布、五确认签收"的发布程序。受令人必须认真核对命令内容并及时签收。采用电话发布调度命令时，必须严格遵守"一拟、二审核(按规定需监控人审核的)、三签(按规定需领导、值班主任签发的)、四发布、五复诵核对、六下达命令号码和时间"的发布程序。

行车调度员向司机发布调度命令时，当司机未离段/场前，应发给车辆段/停车场运转值班室，由其负责转达。当列车已出场段，应由行车调度员向司机直接发布。

行车调度员应使用无线通信系统向司机、行车值班员发布调度命令或口头指示(在通信记录装置故障时，只可以使用调度命令)，有关人员必须复诵正确调度命令内容，可执行的条件具备后，行车调度员才可发布授权执行命令。

6.4.5 行车用语规则

1)呼叫规则

(1)通话发起者应表明自己身份以及信息接收者的身份。

(2)当通话发起者或信息接收者有两名及以上人员需要介入通话时，均应先表明当前介入通话者的身份，并确认对方明确当前的介入通话者身份后，介入通话者方可发布相关指令或提出相关建议。

(3)各行车岗位人员发起通话时呼叫用语规范见表6-5。

2)回应规则

(1)信息接收者在听到通话发起者的呼叫后，应及时进行完整回应。

(2)各行车岗位人员回应通话时回应用语规范见表6-6。

呼叫用语规范 表6-5

通话发起者	通话对象	呼叫用语	备注
行车调度员	车站	行车调度员××呼叫××站	
车站	行车调度员	××站呼叫行车调度员	
	司机	××站××（岗位）呼叫××（地点）××方向列车司机	
	车站	××站（本站）呼叫××站（需要通话的车站）	
	车场	××站（本站）呼叫××（车场名）车场××（岗位或处所）	岗位：车场调度；处所：信号楼，值班室
司机	车站	××地点××方向××次呼叫××站	

回应用语规范 表6-6

回应者	回应对象	回应用语	备注
行车调度员	司机	行车调度员××有，××站请讲	
车站	行车调度员	××站有，行车调度员请讲	
	司机	××站有，××地点××方向列车司机请讲	
	车站	××站（被呼叫车站）有，××站（呼叫车站）请讲	
司机		××地点××方向××次司机有，××站××（岗位）请讲	

3) 通话规则

(1) 每一次通话的发起者确认信息接收者身份或信息接收者回应及确认发令内容时均需以"请回话"作为继续通话的确认，行车调度员及车站等相关行车岗位发布行车及相关安全指令时需以"请复诵"作为继续通话的确认，当信息接收不清时需以"请重复"要求信息发起者再次复述信息。

(2) 正常情况下，必须待信息接收者回应之后再进行具体通话；发生紧急情况应使用紧急呼叫措施，可在信息接收者回应前直接发布对应紧急指令。

(3) 当通话发起者需要同时向多个接收者发布信息时，应指定其中一个信息接收者进行复诵，并确认所有信息接收者正确接收到指令后方可结束通话，避免信息遗漏。

(4) 通话双方不能互相抢话，需待对方"请讲""请回话""请复诵"或"请重复"等需自己回应的指令发出后方可陈述自己的内容或复述对方的命令。

(5) 如果因命令内容较多，需要分段发令时，在命令分段处用"请复诵"进行分段。

(6) 当受令者听到发令者的呼叫或回应不是同一个人时，应加倍警觉，对前后命令的一致性加以辨别，有前后命令不一致情况时及时向发令者提出，待发令者确认后按最终确认后下发的命令执行。

(7) 当受令者复诵信息有误时，发令者在回话中应先使用"错误"进行回应，并适当提高音量加以提醒,然后向受令者重述正确指令。

4)复诵规则

(1)通话发起者和信息接收者必须互相复诵,以达到让对方审核自己听到的信息是否准确的目的。

(2)通话双方必须认真核对对方复诵内容,严禁使用"明白""好的"等词语代替复诵。

单元实训

实训6.1　行车调度命令的发布

1. 任务描述

2011年12月1日,如图6-5所示,深圳地铁021次载客列车在华侨城站清客,原车体加开211次运行至深圳大学站。请向司机发布清客调度命令,发布临时停运、加开列车的调度命令。

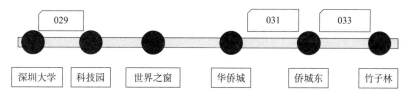

图6-5　运行状况示意图

2. 任务目标

(1)学生能知晓调度命令的种类、适用范围、填写内容的标准和要求。

(2)掌握口头调度命令和书面调度命令发布的时机和区别。

(3)能够根据实际情况,下达对应的调度命令,填写调度命令内容。

3. 任务要求

(1)学员4人一组,分演车站不同岗位工种,按照演练步骤,根据本项目所学内容,制订本组演练方案,发布调度命令。

(2)学生可反复演练,逐步完善演练效果。

(3)各组设置观察员1名,用摄像机、手机等视录设备将演练过程拍摄下来,使用观察清单记录和分析该小组演练问题及演练程序中关键点的时间把控程度。演练视频也是教师评价依据之一。

(4)演练后应对演练效果进行评价,并汇报说明演练中存在的问题,提出改进措施。

4. 任务实施与评估标准

(1)任务实施。

能正确运用调度命令发布内容及要求,遵循发布调度命令的程序和规范,编制小组演练方案;演练完毕做好自我评估总结和汇报。

(2)评估标准。

演练方案思路清晰程序正确完整;演练准备得当,组织有力,分工明确,小组成员扮演各岗位的调度命令发布与接收的执行准确,节奏紧凑,动作和用语规范;本组演练总结客观全面,意见中肯,能发现本组演练中的问题和不足并提出改进意见,汇报话语流畅,表达准确、得体、清楚。

5. 检测评价

完成本次课程,根据同学在角色扮演中的表现,结合训练的要求,给予客观评分。

项目	类别			
	组员自评(10%)	组长自评(10%)	小组互评(20%)	教师点评(60%)
团队和谐(5分)				
团队分工(10分)				
角色设置(10分)				
规范对讲机、调度电话等使用工具(10分)				
处理程序、填写调度命令内容正确(25分)				
发布调度命令种类正确、顺序正确(15分)				
汇报效果(25分)				
总分(100分)				

实训 6.2　行车调度组织的工作内容及方法

1. 任务描述

2023年薛之谦巡回演唱会定档2023年6月3日武汉体育中心主体育场,为避免拥堵与混乱,交管部门对周边道路实行了交通管控,部分路段开辟观众专用通道,双向禁止机动车通行。作为武汉地铁的行车调度员,请你针对此类预见性大客流情况进行列车运行调整。

2. 任务目标

(1)熟悉行车调度组织的工作内容和方法,根据实际情况,采用相应的方法调整列车运行。

(2)能选用适当的调度命令类型进行调度命令的发布。

3. 任务要求

(1)学员4人一组,分演行车调度员和行车值班员等岗位工种,按照演练步骤,根据本单元所学内容,制订本组演练方案,演练运用调度组织工作方法来调整列车运行。

(2)学生可反复演练,逐步完善演练效果。

(3)各组设置观察员1名,用摄像机、手机等视录设备将演练过程拍摄下来,使用观察清单记录和分析该小组演练问题及演练程序中关键点的时间把控程度。演练视频也是教师评价依据之一。

(4)演练后应对演练效果进行评价,并汇报说明演练中存在的问题,提出改进措施。

4. 任务实施与评估标准

(1)任务实施。

能正确运用行车调度组织方法,编制小组演练方案;依据演练方案完整有序地完成演练;演练完毕做好自我评估总结和汇报。

(2)评估标准。

演练方案思路清晰程序正确完整;演练准备得当,组织有力,分工明确,小组成员扮演各岗位的程序执行准确,节奏紧凑,动作和用语规范,关键点控制得当;本组演练总结客观全面,意见中肯,能发现本组演练中的问题和不足并提出改进意见,汇报话语流畅,表达准确、得体、清楚。

5. 检测评价

完成本次课程,根据同学在角色扮演中的表现,结合训练的要求,给予客观评分。

项目	类别			
	组员自评(10%)	组长自评(10%)	小组互评(20%)	教师点评(60%)
团队和谐(5分)				
团队分工(10分)				
角色设置(10分)				
规范对讲机、调度电话等使用工具(10分)				
处理程序(25分)				
处理技巧(15分)				
汇报效果(25分)				
总分(100分)				

复习与思考

一、单选题

1. 城市轨道交通行车工作由( )统一指挥。
   A. 电力调度员　　B. 行车调度员　　C. 环控调度员　　D. 客运调度员
2. 行车有关人员必须服从行调指挥,执行行调命令,严格按( )指挥行车。
   A. 时刻表　　　　B. 行车日志　　　C. 调度命令　　　D. 列车运行图
3. 指挥列车运行的命令和口头指示,只能由( )发布。
   A. 行车调度员　　B. 值班站长　　　C. 值班主任　　　D. 站务工长
4. 指挥列车运行的命令和口头指示,只能由( )发布。
   A. 行车调度员　　B. 值班站长　　　C. 值班主任　　　D. 站务工长

二、多选题

1. 属于需要发布调度命令的情况有( )。
   A. 封锁、开通区间　B. 列车反方向运行　C. 列车限速运行　D. 列车救援
2. 调度命令包括( )。
   A. 口头调令　　　B. 书面调令　　　C. 临时调令　　　D. 长期调令
3. 属于调度命令应该包括的内容有( )。
   A. 受令人　　　　B. 发令人　　　　C. 受令单位　　　D. 命令要求

三、判断题

1. 原则上，由救援列车空车前往救援。（   ）
2. 向封锁线路发出救援列车时，不办理行车闭塞手续，以行车调度员的命令作为进入该封锁线路的许可。（   ）
3. 城市轨道交通的行车工作由行车调度员统一指挥。（   ）
4. 城市轨道交通运营企业规定指挥列车运行的命令和口头指示，只能由行车调度员发布。（   ）

四、简答题

1. 行车调度员的工作职责是什么？
2. 发布口头命令的内容有哪些？
3. 调度命令的发布程序是什么？
4. 发布口头命令的常用范围有哪些？

单元 7　正常情况下的行车组织

▶ **知识目标**

1. 能说出 ATC 系统的构成和主要功能;
2. 能区别正常情况下的列车运行组织的调度监督下的自动运行控制、调度集中控制和调度监督下的半自动运行控制三种方式;
3. 能够说出列车驾驶模式的种类及适用范围。

▶ **能力目标**

1. 能根据实际情况,选择正确的列车驾驶模式;
2. 能根据具体情况,选择正确的列车运行控制方式,能区分行车指挥自动化、调度集中控制下、调度监督下的运行组织;
3. 作为控制中心和车站人员,知道采用不同控制方式下的工作内容和实现的功能。

▶ **素质目标**

形成安全规范的责任意识。

▶ **建议学时**

8 课时

案例导入

《城市轨道交通行车组织管理办法》(交运规〔2019〕14 号)规定:运营开始前,相关岗位人员等应确认施工核销、线路出清、设备状态、行车计划准备等情况并报行车调度人员。行车调度人员确认具备条件后,原则上应安排空驶列车限速轧道。确认线路安全后,方可开始运营。运营企业应合理安排驾驶员工作时间,单次值乘的驾驶时长不应超过 2h,连续值乘间隔不应小于 15min。运营企业应配备酒精检测等设备,有条件的可配备毒品检测设备,在出勤时通过检测、问询等方式对列车司机状态进行检查列车进站时,司机应确认列车在车站指定位置停稳后方可开启车门及屏蔽门;车门与屏蔽门的关闭时间应相匹配,列车司机在列车起动前,应通过目视或其他技术手段确认车门及屏蔽门关闭,且两门之间间隙处无夹人夹物。车站行车人员应做好日常行车监控。当切除 ATP 或采用点式 ATP 运行等特殊情况时,车站行车人员应根据调度命令,严密监控列车运行和站台情况,遇紧急情况应及时采取措施。对未配备车站行车人员的有轨电车线路,应设置必要的通信和视频监控设备,对车站情况进行有效监控。
　　思考:日常正常情况下行车组织如何完成?各级指挥系统之间是如何相互配合的?

7.1　概述

　　城市轨道交通的行车组织工作是指在运输生产的过程中,为完成运送乘客的任务所进行的一系列与运输有关的工作。行车组织工作是整个轨道交通运输生产的核心内容,组织工作的好坏,直接影响乘客的选择意愿,甚至乘客的生命安全。

　　城市轨道交通具有行车密度高、运行间隔小、安全运营要求高等特点。根据信号设备所提供的运行条件,正常情况下的列车运行组织一般分为调度监督下的自动运行控制、调度集中控制和调度监督下的半自动运行控制三种方式,按照列车运行图规定的行车计划组织列车运行。与铁路相比,城市轨道交通系统的技术设备自动化程度较高,因此,城市轨道交通系统的运输组织和运营工作都比铁路相对简单。正常情况下的行车组织工作是指在设备及客流比较稳定的情况下,列车运行实现自动控制。

　　行车组织工作包括列车进出车辆段、正线列车运行组织和车站接发列车三部分,分别由控制中心、车站和车辆段三地协调完成。城市轨道交通的列车运行由控制中心统指挥,车站和车辆段作为二级调度,按照控制中心的指挥组织列车运行。为统一指挥日常运输生产工作,城市轨道交通的行车工作必须坚持"高度集中、统一指挥、逐级负责"的原则。

7.1.1　调度监督下的自动运行控制

　　列车自动运行控制是城市轨道交通列车运行组织的主要控制方式,自动运行控制方式利用计算机技术对列车运行实行自动指挥和自动运行监护,并具备列车运行自动保护系统,可以提高行车安全系数。在正常情况下,系统根据列车运行图自动排列列车进路,列车以自动驾驶模式运行;在非正常情况下,按调度指令调整行车计划调度监督下的自动运行控制可实现的基本条件如下:

　　(1)计算机系统可输入及储存多套列车运行图,并可根据设定的列车运行指挥功能。
　　(2)对正线运行列车实行自动跟踪,显示进路、道岔位置、区间及线路占用情况。
　　(3)可自动或人工对列车运行进行调整,可人工对进路排列、信号开放、道岔转换进行控制。
　　(4)提供中央及车站两级运行控制模式,并可根据需要进行控制权转换。
　　(5)列车运行自动保护系统对列车运行设定防护区段,控制前后列车运行的安全间距。
　　(6)列车可使用自动驾驶功能,也可采用人工驾驶,列车占用区间的凭证是列车收到的速度码。
　　(7)通过计算机系统自动绘制列车实际运行图,并进行有关运营数据的统计。

7.1.2　调度集中控制

　　调度集中控制下的行车组织方式,在控制中心行车调度员的统一指挥下,利用行车设备对列车在车站的到达、出发、折返等作业进行人工控制及调整。调度集中控制下的行车组织指挥由行车调度员实施。在大多数情况下，车站不直接参与行车组织工作调度集中控制可实现的基本条件如下：

(1) 应具有微型计算机联锁和电气集中联锁设备，实现远程控制功能，并从设备方面提供列车的运行安全保障。

(2) 通过控制屏或显示器可监护全线列车状态情况。

(3) 应能利用微型计算机联锁成电气集中联锁设备转换道岔、排列进路、开放信号，指挥和调整列车运行。

(4) 应能自动成人工绘制列车实际运行图。

7.1.3 调度监督下的半自动运行控制

调度监督下的半自动运行控制方式是在控制中心行车调度员的统一指挥和监督下，由车站行车值班员操作车站微机联锁设备、电气集中联锁设备或临时信号设备控制列车运行。在一些新线上，由于信号系统尚未安装调试完毕，在过渡期运营时会采取这种方式进行行车组织。在信号设备完全安装完毕的条件下，当中央列车自动监控子系统设备发生故障时或在特殊情况下，也可采取此种方式。调度监督下的半自动运行控制可实现的功能：

(1) 车站信号控制系统具有联锁功能，可对进路排列、道岔转换、信号开放实行人工操作。

(2) 可实时反映进路占用、信号及道岔等工作状态，对线路上的列车运行进行监护。

(3) 可储存信号开放时刻、道岔动作、列车运行等各类运行资料，并根据需要调用。

(4) 车站根据调度指令对列车运行进行调整。

(5) 计算机自动绘制或人工绘制列车实际运行图。

7.1.4 行车组织原则

(1) 在 ATC 系统正常情况下，列车以 ATO 模式驾驶，司机应在列车出库或交接班时输入乘务组号。在 ATS 有计划运行图且列车进入正线运行时，自动接收目的地及车次信息；在没有 ATS 计划运行图且列车在正线运行时，需由司机或行车调度员输入目的地码和车次号信息。

(2) 行车时间以北京时间为准，从零时起计算，实行 24h 制。行车日期划分：以 0 时为界，0 时以前办妥的行车手续，0 时以后仍视为有效。

(3) 正常情况下，正线上司机凭车载信号显示或行车调度员的命令行车，按运营时刻表和发车计时器(DTI)显示时分掌握运行及停站时间。

(4) 非正常情况下行车时，司机应严格掌握进出站、过岔、线路限制等特殊运行速度。

(5) 列车在运行中，司机应在前端驾驶；如推进运行，由副司机或引导员在前端驾驶室引导和监控列车运行。

(6) 在车场范围内指挥列车或车场调车的信号，以地面信号和调车专用电台为主，手信号旗/灯为辅。

(7)调度电话、车站无线电话用于行车工作联系,联系时必须使用标准用语。

(8)列车司机可使用列车广播系统向乘客进行信息广播。遇信息广播故障时,可使用人工广播,若人工广播也不能使用时,报告行车调度员,并按其指示办理。

(9)列车晚点统计方法。比照运营时刻表,单程每列晚点 3min 以下为正点,3min 及以上为晚点;排队晚点时,则按统计的要求进行统计。行车调度员应根据列车晚点情况及时采取措施,调整列车运行。

7.2 行车指挥自动化时的行车组织

行车指挥自动化是利用电子计算机控制调度集中设备,指挥列车运行的一种自动远程遥控设备。在行车指挥自动化情况下,自动闭塞为基本闭塞法,ATC 系统是列车自动运行全过程的控制系统。

7.2.1 ATC 系统构成

1) ATS 系统

ATS 系统的主要功能是监督列车状态、产生列车时刻表、自动调整列车运行时刻和保证列车时刻表正点运行、生成运行报告和统计报告、向乘客向导系统提供信息等,采用软件方法实现联网、通信及列车运营管理自动化。

2) ATP 系统

ATP 系统的主要作用是根据故障-安全原则,通过列车 ATP 系统和地面 ATP 系统间的信息传输,来实现列车间安全间距的监控、速度控制、列车的超速防护、安全开关门的监督和进路的安全监控等功能,确保列车和乘客的安全。

3) ATO 系统

ATO 系统主要完成站间自动运行、列车速度调节和进站定点停车,并接受 OCC 的运行调度命令,实现列车的自动调整。

三个子系统通过信息交换网络构成闭环系统,实现地面控制与车上控制结合、现地控制与中央控制结合,构成一个以安全设备为基础,集行车指挥、运行调整以及列车驾驶自动化等功能于一体的 ATC 系统,如图 7-1 所示。ATC 系统的主要功能如下:

(1)由基本列车运行图或计划列车运行图生成使用列车运行图。

(2)自动或人工控制管辖范围内各车站的发车表示气、道岔以及排列列车进路。

(3)跟踪正线列车运行,显示各车站发车表示气开闭、进路占有和列车车次、列车运行状态灯。

(4)自动或人工进行列车运行调整。

(5)自动绘制实际列车运行图和生成运营统计报告。

7.2.2 行车指挥自动化情况下的行车组织

1) 正线运行前组织

在行车指挥自动化情况下,由控制中心 ATS 设备实现当日使用列车运行图并指挥列车运行。控制中心 ATS 通常储存数个基本列车运行图,而经过加开或停运列车等修改后的基本列车运行图称为计划列车运行图,使用列车运行图是当日列车运行的计划,由基本列车运行图或计划列车运行图生成,如图 7-2 所示。

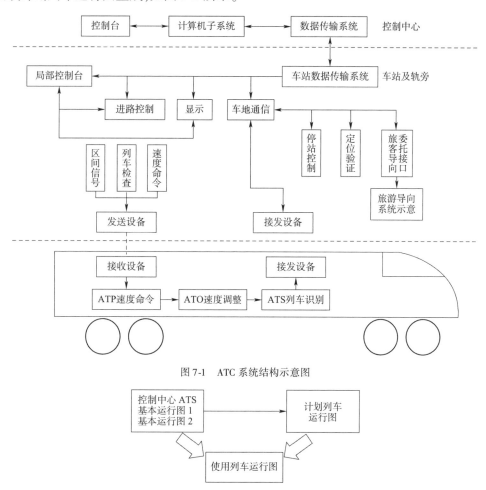

图 7-1　ATC 系统结构示意图

图 7-2　使用列车运行图的产生

行车调度员通过显示盘与工作站显示器,准确掌握线路上列车运行和分布、区间占用和站内线路占用的情况以及发车表示器的显示状态和道岔开通位置等。在行车指挥自动化情况下,列车占用区间的行车凭证为列车收到的速度码,凭发车表示器显示稳定的紫色灯光发车,如发车表示器无故障,凭行车调度员的命令发车。追踪运行列车间的安全间隔由 ATP 系统自动实现。

2) 列车出段

在车辆段内,列车按照设计模式运行,因车辆段内没有安装轨旁设备,且联锁设备为 6502 电器集中联锁或微型计算机联锁,与 ATP 设备没有接口关系,列车在车辆段范围内只能采用受限制的人工驾驶模式,车载 ATP 提供限速 25km/h 的超速防护。

3) 列车正线运行

目前城市轨道交通列车正线运行时采用的列车驾驶模式主要有以下五种:ATO 模式(列

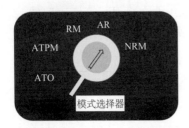

图 7-3　驾驶模式选择器

车自动运行模式)、SM 模式(受监控的人工驾驶模式)、RM 模式(受限制的人工驾驶模式)、URM 模式(不受限制的人工驾驶模式)、AR 模式(列车自动折返模式)。司机可根据线路、设备状态及运营要求,以任何一种驾驶模式驾驶列车运行。在正线运行时,ATO 模式和 SM 模式均为正常运营模式,而 RM 和 URM 模式均为非正常的运营模式。驾驶模式选择器如图 7-3 所示。各种驾驶模式的特性和运用见表 7-1。

各种驾驶模式的特性和运用　　　　表 7-1

模式	定义	基本特性	运用
ATO	列车自动运行	ATO 模式是最优先级的驾驶模式,通过 ATC 信号系统实现,自动控制两站间的列车运行。这种模式下,两站间的列车自动运行,列车的运行不取决于司机。司机负责监督 ATP/ATO 指示、列车状况以及所要通过的轨道、道岔、信号的状态,必要时加以人工干预	ATO 模式在正线正常时运用(包括折返线和试车线)
SM	受监控的人工驾驶模式	SM 模式是次优先级的驾驶模式,正常情况下培训时采用,或当 ATO 设备故障,但车载和轨旁的 ATP 设备良好时必须采用。在 SM 模式下,列车由司机驾驶,司机负责驾驶列车,监督 ATP 的显示。司机必须根据显示屏显示的推荐速度驾驶列车,当实际速度在推荐速度 -1km/h 到推荐速度 +4km/h 的范围时,会有声音报警,当实际速度大于推荐速度 4km/h 时,ATP 产生紧急制动,司机要负责监督列车状况以及所要通过的轨道、道岔、信号的状态	SM 模式一般在 ATO 故障时(但车载和轨旁的 ATP 设备良好)降级采用,或在运行时发现轨道上有障碍物(如人)以及列车在地面站行驶下雨时采用
RM	受限制的人工驾驶模式	RM 模式是较低级的驾驶模式,在该模式下,列车由司机驾驶,司机负责监督 ATP/ATO 指示显示、列车状况以及所要通过的轨道、道盆、信号的状态,速度不能大于 25km/h,因为 ATP 只提供 25km/h 的超速防护。如果超过,则列车产生紧急制动而停车。司机负责列车运行安全	该模式一般是列车在车辆段范围内运行(试车线例外),或联锁、轨道电路、ATP 轨旁设备、ATP 列车天线发生故障及列车紧急制动后运行
URM	不受限制的人工驾驶模式	URM 模式是故障级驾驶模式,在该模式下,列车的运行完全由司机负责,没有 ATP 的监控。国内部分城市轨道交通列车采用 URM 模式时,列车前进最高速度可达 80km/h,后退最高速度可达 10km/h。用 ATP 钥匙开关后才起作用,使用时必须经过批准和登记。列车运行由司机控制,没有限制速度监督	该模式一般在车载 ATP 设备因故障不能使用或车辆部分设备检修和调试时,或联锁故障后采用降级的行车组织办法时使用
AR	列车自动折返模式	AR 模式包括列车的自动换向和有折返轨的自动折返。其中,有折返轨的自动折返又可分为人工折返和无人折返。自动控制列车折返,司机可以不在列车上及不如干预进行列车折返作业。司机负责检查自动折返前乘客已经下车,车门已经关闭,才操作位于站台端墙处的自动折返按钮	该模式在折返站和具有换向功能的轨道区段使用

注意,在所请求的驾驶模式指示有效的情况下,线路上任何位置的驾驶模式切换都可以发生,司机可以在不停车的情况下由 RM 模式切换至 SM 模式或由 SM 模式切换至 AM 模式(自动模式),反之亦然。模式的切换操作由司机完成,各驾驶模式间的转换原则如图 7-4 所示。

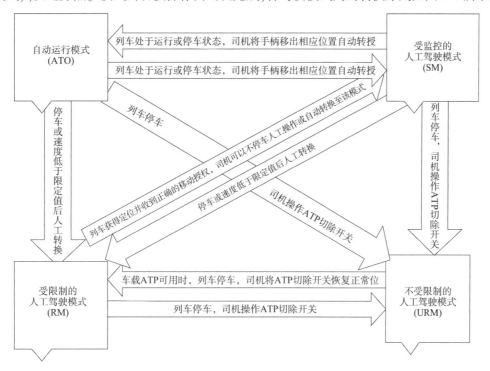

图 7-4 各驾驶模式间的转换原则

为了平稳地完成模式切换,还需要注意以下问题:
(1)当切换至 RM 模式时,列车速度应低于 RM 的限制速度(一般为 25km/h 限速)。
(2)当由 SM 模式切换至 ATO 模式时,牵引/制动手柄须在惰行位置。
(3)从 SM 模式切换到 ATO 模式时,ATO 需要几秒的时间执行其 ATO 速度曲线。
(4)在列车驾驶模式中,ATO 模式、SM 模式、RM 模式、URM 模式优先级依次降低,当进行降级转换时,驾驶模式可以越级切换,但进行升级转换时,则不可以越级切换。如果上述情况满足,在正常的载客运行时,司机可以按照调度命令切换驾驶模式。

4)列车正线运行调整

列车正线运行调整的主要方法有组织列车始发正点和组织列车运行正点两种,具体办法有在始发站提前或推迟发出列车、扣车等,其目的在于尽可能在最短时间内使列车恢复按图运行。

(1)列车正线运行自动调整。

在执行列车运行自动调整时,ATS 系统会根据使用列车运行图对早、晚点时间在一定范围内的固定列车自动进行列车调整。这样的自动调整通过控制列车的停站时间和列车的运行等级来实现。列车运行等级的设置见表 7-2。

ATS 系统设置了列车运行调整比较参数,系统计算列车实际到站时间与列车图定到站时间的差值,并将差值与表 7-3 所示参数进行比较,根据比较结果确定列车运行调整方法。

列车运行等级设置　　　　　　　　　　　　　　　　　表 7-2

列车等级	列车速度	运行调整
1	ATS 限速 = ATP 限速	ATS 限速 ±2km/h 范围内调整
2	ATS 限速 = ATP 限速	经惰行标志线圈后： ①列车速度≥30km/h,惰性保持； ②列车速度≤30km/h,提起至 30km/h
3	ATP 限速≠20、30km/h	ATS 限速 =75% 的 ATP 限速
4	ATP 限速	ATS 限速 =65% 的 ATP 限速

差值参数（单位:s）　　　　　　　　　　　　　　　　表 7-3

参数	取值	参数	取值
太早	90	太晚	90
很早	60	很晚	60
早点	10	晚点	10
最大停站时间	60	最小停站时间	20

（2）列车正线运行人工调整。

在列车早点早于太早和晚点晚于太晚时，可在不退出自动功能的情况下执行人工功能进行列车运行调整，此时，人工功能优先于自动功能。但执行人工功能时设定的列车停站时间和列车运行等级仅对经过指定车站的指定列车一次有效，当指定列车经过指定车站后，系统将自动恢复对经过该站的后续列车进行列车运行调整。列车运行人工调整的方法主要有：

①跳站停车。列车跳站停车分两种，见表 7-4。列车跳站停车的设置可由行车调度员在工作站上进行，也可由行车调度员命令列车司机在当次列车上进行，前者称为中央设置，后者称为列车设置。中央设置对允许跳停列车有所限制，并且不能设置同一列车在两个车站连续跳停。列车设置对允许跳停车站没有限制，并且具有连续设置跳停功能。

跳站停车　　　　　　　　　　　　　　　　　　　　　表 7-4

类型	载客跳站停车	空驶跳站停车
不应使用	客流较大车站；首末班列车；同一车站不允许连续两列列车跳停通过	
应使用	设备故障； 发生事故； 乘客滞留造成拥挤	缓解客流压力； 列车晚点影响后续列车运行

②扣车。扣车指的是将列车扣停在后方车站，行车调度员扣车应在列车到达指定站台停稳，并在发车表示器闪光前完成。如多列车分别在各站进行扣车时，行车调度员应及时命令列车司机在指定车站扣车。实施扣车后，如要终止列车停站，行调应进行催发车，扣车时间一般控制在 10min 内。

5)列车折返作业

列车折返作业主要是到达司机与折返司机进行交接,并组织列车进行折返,分有司机监视的自动折返和无司机监视的自动折返两种方式。

7.3 调度集中控制下的列车运行组织

调度集中(CTC)是调度中心(调度员)对某一区段内的信号设备进行集中控制、对列车运行直接指挥、管理的技术装备。传统行车组织模式是:调度员←→车站值班员←→列车,而调度集中行车组织模式是:调度指挥中心←→列车。调度集中行车组织的工作架构如图7-5所示。

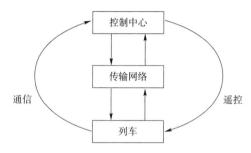

图7-5 调度集中行车组织的工作架构

在调度集中情况下,行车调度员能通过进路控制终端显示各车站信号机开闭、进路占用和列车车次、列车运行状态等信息,同时控制管辖范围内的信号机、道岔以及排列列车进路。调度集中时的列车运行组织由三部分组成。

1)调度集中下的列车运行组织

在调度集中情况下,行车调度员通过进路控制终端键盘输入各种控制命令,控制管辖线路上的信号机、道岔以及排列列车进路;通过显示盘与显示器,准确掌握线路上列车运行和分布情况、区间和站内线路的占用情况以及信号机的显示状态和道岔开通位置等。

在调度集中时,自动闭塞为基本闭塞法,列车进入区间的行车凭证为出站信号机的绿灯显示。如出站信号机故障,凭行车调度员的命令发车。追踪运行列车间的安全间隔由自动闭塞设备实现。

2)调度集中下的列车运行调整

行车调度员的职责就是保证列车按列车运行图正点运行。列车正点运行的基础是组织列车正点始发,对始发列车,行车调度员应在列车出段、折返交路和客流情况等各方面进行具体掌握和组织,以确保正点始发。

但是,在始发列车正点始发的情况下,也会因为途中运缓、作业延误或设备故障等原因,出现列车运行晚点的情况。此时,行车调度员应根据列车运行的实际情况,尽可能地运用各种调整方法使晚点列车恢复正点运行。调度集中下的列车运行调整的主要方法有:

(1)始发站提前或推迟发出列车。

(2)根据车辆的技术状况、司机驾驶水平和线路允许速度,组织列车加速运行,恢复正点。

(3)组织车站快速作业,压缩列车停站时间。
(4)组织列车跳站停车。
(5)变更列车运行交路,组织列车在具备条件的中间站折返。
(6)组织列车反方向运行。
(7)扣车。
(8)调整列车运行间隔。

3)列车折返作业

在调度集中控制下,列车折返的进路由行车调度员人工排列。在车站有数条折返线或渡线,即在有不同折返进路的情况下,应在列车折返作业办法中规定优先采用的列车折返模式,明确列车折返优先经由的折返线或渡线。在办理列车折返作业时,如折返列车尚未起动,需临时变更列车折返模式时,可在通知折返列车司机后,变更列车折返进路。

在行车调度员人工排列折返进路后,折返列车凭调车信号显示进入折返线或折返停车位置。列车停妥后,司机应立即办理列车转向作业,然后凭道岔防护信号机的准许越过显示进入车站出发正线。

7.4 调度监督下半自动控制的行车组织

7.4.1 调度监督下的控制中心作业

采用调度监督设备的轨道交通线路,行车指挥实行调度监督控制。调度监督设备是一种行车调度员能监督现场设备和列车运行状态,但不能直接控制的远程监控设备。它由控制中心的调度人员监督设备、显示盘、闭塞设备、车站终端和数据传输设备以及联锁设备等组成。

调度监督与调度集中的区别是只能监督、间接控制,不能直接控制。调度监督的控制中心主要功能有:

(1)控制中心能实时显示车站信号机、道岔的状态、进路占用情况、列车车次和列车运行状态等。

(2)打印实际列车时刻表和生成运营统计报告。

7.4.2 调度监督下的车站作业

在控制中心行车调度员的统一监督下,由车站行车值班员操作车站微型计算机联锁或电气集中联锁或临时信号设备控制列车运行。调度监督下的车站控制可实现如下功能:

(1)利用车站信号控制系统的联锁功能,车站行车值班员可对进路排列、道岔转换、信号开放施行人工操作。

(2)车站可根据中央指令对列车进行运行调整。因为在调度监督下调度监督设备只起监督作用,不具有行车调度员直接控制功能,所以调度权下放,由车站行车值班员运用车站联锁闭塞设备办理接发列车作业。车站行车值班员办理接发车作业必须按规定的程序和要求进行。车站接发列车作业流程如图7-6所示。

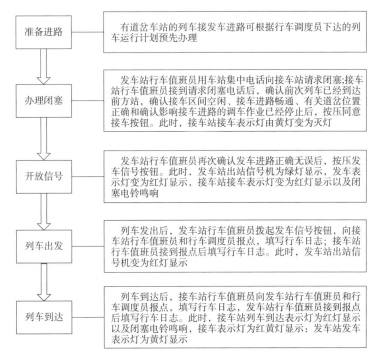

图 7-6　车站接发列车作业流程

7.4.3　调度监督下的行车组织

在实行调度监督控制时，调度监督设备只起监督作用，不具有行车调度员直接控制功能。基本闭塞法通常采用双区间闭塞，即列车间隔按两个区间内只准有一列列车占用进行控制。

行车调度员通过显示盘监督出站信号开闭、区间占用情况和列车运行状态，组织指挥列车运行，并按规定收记列车到、发点和绘制实际列车运行图。在调度监督、双区间闭塞行车时，列车占用区间的行车凭证为出站信号机的绿灯显示，凭助理值班员的手信号发车。如出站信号机故障，行车凭证为行车调度员下达的调度命令。

连发列车的安全间隔由双区间闭塞设备实现。在按双区间闭塞法行车时，列车正线运行限速 60km/h。列车接近车站时，司机应加强对接近车站的瞭望，控制进站速度，遇有险情立即制动停车。列车进入通过式车站的限速为 40km/h，列车进入尽端式车站的限速为 30km/h。

在列车晚点或列车运行秩序紊乱时，行车调度员应及时进行列车运行调整，尽快恢复按图行车，可采用的列车运行调整措施与调度集中控制时相同。但应强调，在调度监督控制时，对采取列车跳停、反方向运行等运行调整措施有更严格的控制。在调度指挥过程中，如发现车站值班员或列车司机有违章作业情况，行车调度员应及时下令纠正，确保行车安全。

列车正线运行调整

1. 任务描述

某日 12:00 正线列车 10001 次运行至某车站时，司机向行车调度员报告：列车晚点

150s。此时,作为行车调度员的你应该如何处理?

2. 任务目标

(1)掌握行车指挥自动化情况下列车在正线运行调整的方法。

(2)能叙述列车正线运行人工调整的适用情况和人工调整方法。

3. 任务要求

(1)学员4人一组,分演行车调度员和行车值班员、司机等岗位工种,按照演练步骤,根据本单元所学内容,制订本组演练方案,演练发布调度命令来调整列车运行。

(2)学生可反复演练,逐步完善演练效果。各组设置观察员1名,用摄像机、手机等视录设备将演练过程拍摄下来,使用观察清单记录和分析该小组演练问题及演练程序中关键点的时间把控程度。演练视频也是教师评价依据之一。

(3)演练后应对演练效果进行评价,并汇报说明演练中存在的问题,提出改进措施。

4. 任务实施与评估标准

(1)任务实施。

能正确运用列车运行调整方法,编制小组演练方案;依据演练方案完整有序地完成演练;演练完毕做好自我评估总结和汇报。

(2)评估标准。

演练方案思路清晰程序正确完整;演练准备得当,组织有力,分工明确,小组成员扮演各岗位的程序执行准确,节奏紧凑,动作和用语规范,关键点控制得当;本组演练总结客观全面,意见中肯,能发现本组演练中的问题和不足并提出改进意见,汇报话语流畅,表达准确、得体、清楚。

5. 检测评价

完成本次课程,根据同学在角色扮演中的表现,结合训练的要求,给予客观评分。

项目	类别			
	组员自评(10%)	组长自评(10%)	小组互评(20%)	教师点评(60%)
团队和谐(5分)				
团队分工(10分)				
角色设置(10分)				
规范对讲机、调度电话等使用工具(10分)				
处理程序正确(25分)				
调整方案恰当正确(15分)				
汇报效果(25分)				
总分(100分)				

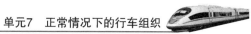

单元7 正常情况下的行车组织

复习与思考

一、单选题

1. 列车运行模式中的 RM 模式表示(　　)。
   A. 自动驾驶模式　　　　　　　　B. 编码人工驾驶模式
   C. 限制人工驾驶模式　　　　　　D. 不受限制的人工驾驶模式

2. 列车自动控制系统不包括(　　)系统。
   A. ATC　　　　B. ATP　　　　C. ATO　　　　D. ATS

3. 在 ATC 正常情况下,客车采用(　　)模式驾驶。
   A. ATO　　　　B. SM　　　　C. RM　　　　D. URM

4. 在 ATC 正常情况下,当停车精度不能满足要求时,采用(　　)模式驾驶。
   A. ATO　　　　B. SM　　　　C. RM　　　　D. URM

5. 客车在任何车站停站时分晚(　　)s 以上时,车站要向行车调度员报告原因。
   A. 15　　　　B. 30　　　　C. 45　　　　D. 60

6. RM 驾驶模式是只在车载 ATP 保护下限速(　　)的人工驾驶。
   A. 35km/h　　　B. 15km/h　　　C. 25km/h　　　D. 20km/h

7. (　　)模式指的是受监督的人工驾驶模式。
   A. SM　　　　B. ATO　　　　C. RM　　　　D. URM

二、多选题

以下属于调度集中下的列车运行调整的主要方法有(　　)。
   A. 始发站提前或推迟发出列车　　　　B. 组织列车加速运行,恢复正点
   C. 组织车站快速作业,压缩列车停站时间　D. 组织列车跳站停车

三、判断题

在 ATC 正常情况下,客车采用 ATO 模式驾驶(当停车精度不能满足要求时,采用 AR 模式驾驶)。　　　　　　　　　　　　　　　　　　　　　　　　　　　(　　)

四、简答题

1. 对比行车调度组织方式的特点,找出其中的不同点。

行车调度组织方式	排列进路(自动/人工)	操作权、控制权(权属何人)	监督管理(权属何人)
行车指挥自动化			
调度集中控制			
人工调度指挥			

2. 列车驾驶模式有哪些?如何运用和转换?
3. 调度集中和调度监督的功能是什么?
4. 行车组织的原则有哪些?
5. 调度集中时,列车如何运行组织?如何运行调整?

单元 8　非正常情况下的行车组织

▶ **知识目标**

1. 熟悉 ATC 设备故障时的行车组织方法；
2. 掌握车站联锁设备故障时的行车组织方法；
3. 掌握特殊情况下的行车组织方法。

▶ **能力目标**

1. 能够按照行车作业标准进行 ATC 设备故障时的行车组织；
2. 能够按照行车作业标准进行车站联锁设备故障时的行车组织；
3. 能够按照行车作业标准进行特殊情况下的行车组织。

▶ **素质目标**

1. 培养按照行车组织规则要求正确操作的严谨工作作风；
2. 形成认真、细致、安全、环保的职业意识。

▶ **建议学时**

10 学时

【案例导入】

正常情况下，城市轨道交通列车运行实行中央控制，由 OCC 行车调度员通过 ATS 系统监控全线列车运行。当 ATS 系统运行出现故障时，控制中心行车调度员应通过专用调度电话授权给联锁车站行车值班员，转换列车运行控制模式，实行临时性的车站控制，通知相关车站通过联锁控制工作站 LOW 监控列车运行状态，车站行车值班员发现问题应及时上报控制中心行车调度员。

思考：ATC 设备故障时的行车组织方法是什么？

单元8 非正常情况下的行车组织

8.1 ATC设备故障时的行车组织

8.1.1 车站控制模式与列车进路控制方式

1)车站控制模式

(1)控制中心自动控制模式(CA)。

在控制中心自动控制模式下,列车进路命令由ATS进路自动设定系统发出,其信息来源是时刻表及列车运行自动调整系统。控制中心调度员可以对列车运行自动调整系统进行人工干预,使列车按调度员意图运行。

(2)控制中心自动控制时的人工介入控制或利用CTC系统的人工控制模式(CM)。

在控制中心自动控制时,控制中心调度员也可关闭某个联锁区或某个联锁区内部分信号机或某一指定列车的自动进路设定,直接在控制中心的工作站上对列车进路进行控制,在关闭联锁区自动进路设定时,控制中心调度员可发出命令,利用联锁设备自动进路控制功能,随着前行列车的运行,自动排列一条后续列车的固定进路。在自动进路功能出现故障的情况下,控制中心调度员可以人工设置进路。

(3)车站设备自动控制模式。

在控制中心设备故障或通信线路故障时,控制中心将无法对联锁车站的远程控制终端进行控制,此时将自动进入列车自动监控后备模式,由列车上的车次和发送系统发出的带列车去向的车次信息,通过远程控制终端自动产生进路命令,由联锁设备的自动功能来自动设定进路,即随着列车运行,自动排列一条固定进路。

(4)车站人工控制模式。

当ATS因故障不论用人工方式还是自动方式都不能设置进路,或由于某种运营上的需要而不能由中心控制时,可改为现地操纵模式,在现地操纵台人工排列进路。车站自动控制和车站人工控制也可合称车站控制(LC)。当车站工作于LC模式时,不能由ATS系统启动控制。然而,ATS系统将继续收到表示,更新显示和采集数据。

控制等级应遵循的原则:车站人工控制优先于控制中心人工控制,控制中心人工控制优先于控制中心自动控制或车站自动控制。

2)控制模式间的转换

(1)中控转换至站控。

只有当控制中心ATS已经发出相应的命令,才能转换到车站操作模式。因此,所有转换只能由车站操作员操作才能有效实施。当转换模式时,不用检查联锁条件,自动运行功能不受影响。即使转换至车站操作,联锁显示还应传输至控制中心ATS。

(2)强制转换至站控。

中控强制转换至站控是当中央设备出现故障或车站发现危及行车安全情况时,强制使用的一种方法。在没有收到控制中心ATS发出的命令时,也可以转换至车站操作。通过一个已经登记的转换操作可以转换至车站操作,联锁系统的所有操作仅能由车站操作员来执行。

(3)站控转换至中控。

当特殊作业完成或设备恢复,需要将车站控制权上交控制中心,一般由车站行车值班员申请,当行车调度员同意后进行操作。只有当车站操作已经发出释放的命令,才能转换到控制中心 ATS 操作,然后等待控制中心 ATS 确认。所有转换操作只有经控制中心操作员同意才能有效实施。随着转换至控制中心 ATS 操作,控制中心 ATS 可以执行所有允许的操作。当站控转换到中控时,设备和工作处于正常状态,有的设备还要求进路已经取消、道岔处于解锁状态。

正常情况下,车站控制权的转换可由车站提出,也可由控制中心提出,前提是必须得到另一方的同意后才能执行,但在特殊情况下,可以进行"强行站控"。根据《城市轨道交通信号系统运营技术规范(试行)》,当处于中控、站控和紧急站控模式时,ATS 子系统人机界面中宜分别采用稳定绿色、稳定黄色、稳定红色圆点表示。ATS 子系统人机界面控制模式状态显示示意图如图 8-1 所示,LOW 车站控制权转换操作命令示意图如图 8-2 所示。

图 8-1　ATS 子系统人机界面控制模式状态显示示意图

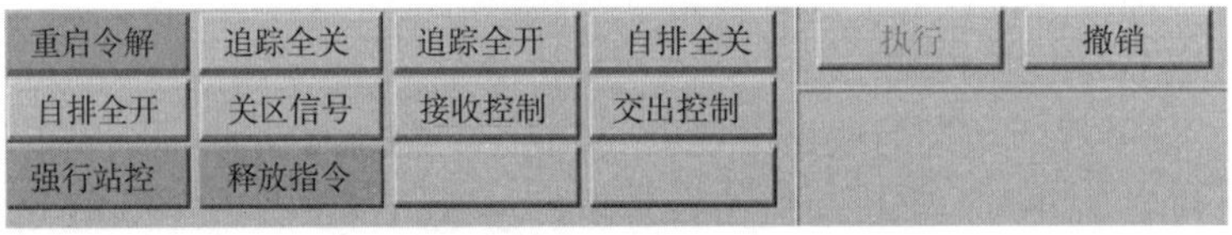

图 8-2　LOW 车站控制权转换操作示意图

3)列车进路控制方式

列车运行进路控制采用三级控制,即控制中心控制、远程控制终端控制和车站工作站控制。

(1)中心级控制(ATS 自动控制)。

中心级控制为全自动列车监控模式下,列车进路设置命令由自动进路设定系统发出,其信息来自计划表和列车运行自动调整系统。控制中心调度员也可以人工干预,对列车进行调整,操作非安全相关命令,排列和取消进路。

(2)远程控制终端控制(Remote Terminal Unit,RTU)。

当 ATS 子系统中央设备故障,导致通信线路中断时,系统自动转入降级模式。RTU 降级模式激活后,依靠列车身份识别系统(Position Train Identification,PTI)多路转换器接收列车的报文,报文中含有司机在列车车头人机界面输入的车次号。RTU 接收到 PTI 多路转换器接收回来的车次号后,就根据车次号的目的地码控制联锁系统排列进路,列车的运行时分和停站时分都是缺省值,列车是没有自动调整功能的。

①司机输入一个正确的车次号(如果列车本身已有的车次号正确,则无须司机输入,但是在折返站列车掉头后,需要司机人工输入新的车次号),屏蔽门控制指令接收装置(PTI-LOOP)接收列车发送的信息后,立即传给本联锁区的 RTU 设备。当 PTI01 收到的车次号信息不同时,RTU 可根据车次号信息来选排黄、蓝两条不同方向的进路。

②RTU 接收车次号信息后,判断列车进路方向,产生正确的进路信息。

单元8 非正常情况下的行车组织

③RTU 把排列进路命令发送给联锁系统。联锁系统按照 RTU 进路命令排列相应的进路,开放信号。

④RTU 以缺省的停站时间为倒计时起始时间,发送显示信息给列车发车时刻显示器(DI)及发车计时器(DTI)进行显示。

⑤RTU 在倒计时为零后,发送取消停车点的命令给 ATP,列车接收到速度码后就可以 ATO 模式开车。

(3)车站级控制(站控)。

在车站级控制模式下,列车进路由行车值班员控制,列车进路的设定取决于行车值班员的意图。联锁控制逻辑检查进路没有被占用,没有建立敌对进路,然后排列通过联锁区的进路、锁闭进路,在满足所有安全条件后,开放信号机,ATP 将速度命令传送给列车。

8.1.2 ATS 故障时的行车组织

1)ATS 设备故障(无显示)时的行车组织

(1)行车调度员应授权给联锁站控制。

(2)联锁站行车值班员确认 LOW 工作站上的 RTU 降级模式是否激活,当 RTU 降级模式激活时,保持原状态;若 RTU 降级模式未激活时,联锁站应在确认客车进站停稳后,人工在 LOW 上取消运营停车点。当某站联锁区 RTU 降级模式未激活时,则在 LOW 工作站上设置列车进路。

(3)ATS 设备故障时,行车调度员通知司机在显示屏上输入当时车次号,倒换向运行时,输入新的目的地码和车次号,直至行车调度员通知停止输入为止。

(4)报点站向行车调度员报告各次列车的到开点,至行车调度员收回控制权时止。

(5)行车调度员以报点站为单位铺画客车运行图,至 ATS 设备恢复正常,收回控制权时止。

(6)当车站在 LOW 工作站上取消不了运营停车点时,应立即报告行车调度员,由行车调度员转告司机,用 RM 模式驾驶列车出站,直至转换为 ATO 模式;当车站取消运营停车点而列车目标速度仍为零且超过 30s 时,车站值班员应报告行车调度员,由行车调度员指示司机开车。ATO 驾驶恢复正常时,应向行车调度员报告。

(7)当 ATS 的自动排进路或联锁系统的追踪进路不能自动排列时,应由人工介入,在人机界面上或在 LOW 工作站上人工排列进路。

(8)当运行线 ATS 设备发生故障时,行车调度员使用 CLOW(中央联锁工作站)监督全线列车运行状态。

2)中央 ATS 故障或全部人机界面故障时车站的行车组织工作

(1)RTU 降级模式激活时行车值班员的职责。

①确认故障后,报告行车调度员、值班站长。

②根据行车调度员命令操作"强行站控",将"中控"模式切换到"站控"模式。

③确认 LOW 工作站上的 RTU 降级模式是否启动,当 RTU 降级模式激活时,保持原进路状态。

④负责联锁区内列车进路监控。

⑤通过 LOW 和 CCTV 监视列车和旅客。

⑥向行车调度员报告各次列车的到、开点,至行车调度员收回控制权时止。

(2) RTU 降级模式未激活时行车值班员的职责。

①确认故障后,报告行车调度员、值班站长。

②根据行车调度员命令操作"强行站控",将"中控"模式切换到"站控"模式。

③确认 LOW 工作站上的 RTU 降级模式是否启动,当 RTU 降级模式未激活时,在 LOW 工作站上,人工排列列车进路。

④负责联锁区内列车进路监控。

⑤通过 LOW 和 CCTV 监视列车和旅客。

⑥人工取消运营停车点。车站使用"取消站停"命令取消运营停车点,无法取消时立即报告行车调度员;若"取消站停"命令无效,通知司机以 RM 模式开车;直到电客车收到速度码时,由司机转换为 ATO 模式;当车站取消运营停车点超过 30s 而列车仍未起动时,车站值班员应报告行车调度员,由行车调度员指示司机以 RM 模式动车,恢复 ATO 驾驶时,应向行车调度员报告。

⑦向行车调度员报告各次列车的到、开点,至行车调度员收回控制权时止。

8.1.3 ATP 故障时的行车组织

(1)列车在区间运行发生紧急制动,若司机明确发生紧急制动的原因,在确认前方列车进路安全的情况下,首先转换 RM 驾驶模式(限速 25km/h 运行)运行,再向行车调度员报告;当 RM 模式运行未能在规定的范围内恢复 ATP 监控下的人工驾驶模式或 ATO 模式时,应继续以 RM 模式运行到前方车站。若不明确列车发生紧急制动的原因,司机应立即向行车调度员报告,按行车调度员指示要求执行。

(2)当 ATP 轨旁设备发生故障,行车调度员通知有关司机以 RM 模式驾驶运行。出清故障区段经过两个轨道电路还未恢复 ATO 模式时,司机报告行车调度员。行车调度员指示司机以 RM 模式驾驶至前方车站或终点站。当 ATP 轨旁设备发生故障影响范围较大时,由控制中心值班主任决定该区段是否采用 URM 模式驾驶或自动站间闭塞模式。控制中心行车调度员通知 ATP 轨旁设备故障区所有的设备集中站和列车司机,列车以 RM 模式运行,进入车站停车。在故障恢复前,该故障区及相邻区间采用站间自动闭塞法组织列车运行。

(3)当 ATP 车载设备故障时,行车调度员命令司机以 URM 模式驾驶列车至前方终点站(根据情况可在中间有存车线的车站退出运行)退出服务。列车 URM 运行时,行车调度员应通知车站上监控员协助司机瞭望、监控速度表,提醒司机控制速度,必要时立即按压紧急停车按钮。当列车在区间无法上监控员时,可限速 40km/h 运行至前方站,监控员上车后按 URM 模式规定速度运行。

(4)行车调度员应随时注意 ATP 车载设备故障的列车运行情况,严格控制确保列车间的最小行车间隔在一站两区间以上。遇到两列车进入同一个区间时,应采取紧急措施扣停后面的列车。

(5)列车在运行中因道岔显示故障造成紧急停车(停在岔区)时,车站报告行车调度员、维修调度员,行车调度员通知司机限速 15km/h 离开岔区后,及时安排人员带钩锁器到现场将道岔锁定。

(6)列车在站台收不到 ATP 码时,司机报告行车调度员,在得到行车调度员同意后方可使用 RM 模式动车。

8.1.4 ATO 故障时的行车组织

(1)列车 ATO 故障时,司机立即报行车调度员,经行车调度员同意后,切换相应的列车运行 SM 降级模式(ATP 监控下的人工驾驶模式)运行。

(2)若有备用车,行车调度员则安排 ATO 故障列车运行至终点站退出运营服务,备用车替换运行。

(3)车载 ATO 发生故障,车门与屏蔽门不能联动时,必要时,行车调度员通知下一车站派站务人员上驾驶室,协助司机开关屏蔽门。

某城市轨道交通站控时行车工作相关规定

(1)在站控时,集中站对其管辖内列车运行情况进行监控。

(2)在站控时,遇地面信号设备故障,行车值班员须将故障情况及列车运行情况及时报告行车调度员,按有关规定及行车调度要求组织行车,必要时各车站相互间要通报发车车次及发车时刻,并按规定填写车站行车日志。

(3)在操作 LOW 工作站过程中,操作人员必须确认进路要素是以正确的方式显示,否则必须立即停止操作,并报告行车调度员。

(4)站控转换对进路的影响:

①中控转站控:从中控向站控的转换过程中或转换后,未经人工介入各进路的原自动控制模式不变。

②中控或站控转强行站控:切换到强行站控后,所有进路控制方式都是人工控制。

③站控转中控:人工控制进路会自动转成自动控制。

④在站控或中控时,人工取消进路后,该进路将转为人工控制。

(5)办理进路的规定:

①当能在工作站上排列进路时,由车站按照计划排列进路,司机凭地面信号和车站指令动车。

②当不能在信号工作站上排列进路,而道岔可以在工作站上操作"转换道岔"命令,并执行"单独锁定"命令,办理站确认进路上的所有道岔位置正确后,向司机发出进路准备好及动车的指令。

③当只能人工现场准备进路时,车站按照计划,人工办理进路并钩锁道岔,办理人员确认进路上的所有道岔位置正确后,向司机发出道岔开通手信号的动车指令。

④办理人工进路接发列车规定:

a. 接发列车人工进路的办理、锁定及解锁应在行车值班员的统一指挥下进行。

b. 进路准备妥当、现场人员撤离至规定的安全地点后,相关人员以无线电向行车值

> 班员汇报,经许可后方可向列车司机显示发车或引导接车手信号。
> c. 行车值班员在同意发出接发列车手信号前,还应确认相关进路、区间空闲。
> d. 应对进路上的对向道岔及邻线的防护道岔进行锁定。
> e. 手摇道岔及道岔现场加锁时,进路由车站确认,道岔技术状态由设备部门确认。

8.2 联锁设备故障时的行车组织

8.2.1 联锁设备故障情况及处理

联锁区域故障是指联锁主机等联锁核心设备故障,导致联锁区的全部或大部分行车信号设备无法使用的情况,例如造成如下情况:

(1) 全线或某个联锁区内的联锁工作站全灰。
(2) 全线或某个联锁区内的计轴设备故障。
(3) 全线或某个联锁区内的道岔失去表示。
(4) 全线或某个联锁区内的信号机失去表示。
(5) 全线或某个联锁区内的进路无法排列。
(6) 相邻联锁区向故障联锁区进路无法排列。

联锁设备故障时,由值班主任决定,区间行车使用电话闭塞,行车调度员将行车控制权下放至车站,车站接发列车进路要人工办理,道岔要人工加锁,车站用手信号接发列车,列车占用区间的凭证是路票。

8.2.2 联锁设备故障时的行车组织

(1) 一个或多个集中站联锁故障时,故障及相关区域采用电话闭塞法组织行车。
(2) 在执行电话闭塞法组织行车,列车若在本站内折返时,按调车方式办理折返作业。
(3) 故障刚发生时迫停区间的列车,在确认停车位置到前方站出站信号机之间线路无列车占用且无道岔时,司机凭行车调度员命令 URM 模式限速 25km/h 进站后待令;在确认停车位置到前方站出站信号机之间线路无列车占用但有道岔时,行车调度员须在道岔人工钩锁后口头命令司机 URM 模式限速 25km/h 进站后待令,司机应加强瞭望和通过广播安抚乘客。
(4) 行车调度员及时向有关车站发布口头命令:从×时×分起,在上行线×站至×站间采用电话闭塞法组织行车,在下行线×站至×站间采用电话闭塞法组织行车;由行车调度员口头通知司机或车站转告司机调度命令的内容。
(5) 车站和行车调度员共同确认第一趟发出的列车运行前方的区段(区间及接车线)空闲。
(6) 司机在闭塞区段内凭路票行车,电客车以 URM 模式限速 45km/h 运行,区间内遇禁止信号时视为无效(出站信号机的禁止信号为有效信号,越过出站信号机的凭证为路票)。
(7) 有关站值班站长/行值接到调度命令后,采用就地级控制、组织行车;在每个需接发

单元8 非正常情况下的行车组织

列车的站台头端墙屏蔽门端门外方分别派站务人员负责接发列车。

(8)当集中站的联锁设备故障时,应将故障联锁站道岔开通客车运行线的位置,并用钩锁器锁定,两端站的折返道岔在确认位置正确后,使用钩锁器但只挂不锁;各集中站客车运行进路的准备、检查确认和加锁的具体规定,按车站行车工作细则的相关规定执行。

(9)接发列车的相应规定:

①采用电话闭塞法行车的各车站不得办理通过列车;

②接车站行车值班员确认站内接车线路及区间空闲,办理好接车进路后向发车站给出电话记录号码,同意接车;

③发车站行车值班员接到前方接车站同意接车的电话记录号码,确认发车进路准备妥当后,指示站台接发车人员填写路票交给司机;

④司机确认路票正确后,依次关闭好屏蔽门、车门后发车;

⑤列车停稳后,接发车人员向司机收回路票并及时打"×"作废,路票须保存1个月备查。

(10)人机接口可正常使用但无法排列(或无须排列)进路的集中站,应采用"单独锁定"命令锁定受影响进路上的相关道岔。

(11)当折返站联锁故障时,原则上使用固定折返线折返。

8.2.3 电话闭塞法的实施条件

发生下列情况,由行车调度员决定是否采用电话闭塞法组织行车:

(1)信号系统不具备(或开通初期功能未达到)联锁功能。

(2)信号系统设备具备联锁条件,但联锁区联锁故障。

(3)遇计轴大面积受扰或集中站计轴器故障停止工作时。

(4)一个联锁区发生数据通信系统(DCS)故障时,在故障区域内采用电话闭塞法组织行车。

(5)正线与车场接口故障。

(6)降级运营情况下,后备模式运行故障时。

(7)夜间非运营期间开行工程车辆。

(8)双线改按单线行车或反方向行车。

(9)发出由区间返回的列车。

电话闭塞法行车组织流程在单元2已讲,此处不再重复。

知识链接

联锁站轨道电路故障现象与处理

1. 区段计轴故障

(1)定义:区段计轴故障是指一段实际空闲的区段上有错误的占用显示。

(2)处理方法。

①OCC把控制权交给车站,同时通知设备维修调度,设备维修调度通知信号相关维修人员进行处理,车站确认影响范围。

②车站在LOW上对计轴区段进行预复位。

③整个联锁区计轴轨道电路计轴故障。

如果联锁区计轴区段全部红/紫光带,则按站间电话闭塞法组织行车,如果能从LOW上确认道岔位置正确并单独锁定,可以不到现场钩锁道岔,司机沿路确认线路安全,驾驶列车通过红/紫光带区段。

④个别计轴区段红/紫光带按下列要求执行。

具备ATP功能的区段内出现红/紫光带,司机在信号机前转换为URM驾驶模式,行车调度员和车站、司机共同确认线路安全后,开放引导信号,第一列车限速45km/h驾驶列车通过红/紫光带区段,后续列车按线路允许速度运行。

未具备ATP功能的区段出现红光带,行车调度员指令司机沿路确认线路安全,开放引导信号,以URM模式驾驶,第一列车限速45km/h,后续列车按正常速度运行。

2. 列车通过后区段不能正常解锁

(1)现象:区段有绿色光带,不能正常解锁故障。

(2)处理方法。

①OCC把控制权交给车站,同时通知设备维修调度,设备维修调度通知信号相关维修人员进行处理。

②进路的区段(含道岔区段)出现不能正常解锁故障。对区段执行"强解区段""强解道岔"命令。

③未解锁区段与即将排列进路方向相同的区段出现不能正常解锁故障时,进路依然可以排列。列车通过后,若不能解锁的是进路的第一个区段时,需要强解进路中所有区段后方可排列进路。

8.3 特殊情况下的行车组织

8.3.1 应急扣车时的行车组织

1)扣车的使用条件与方式

(1)扣车的适用条件。运营调整、区间堵塞或列车救援等需要时,应及时采取扣车措施,将列车扣停。

(2)按设备划分,扣车方式主要有以下几种:①用ATS扣车;②利用联锁设备扣车;③利用LCP(IBP盘)扣车;④用紧急停车按钮扣车;⑤人工扣车。

2)扣车及取消扣车的规定

(1)行车调度员只能在"中控"状态下通过MMI进行"扣车/取消扣车"操作;车站在任何信号控制状态下均可通过HMI(HMI是车站人机接口,是车站级"联锁"与"ATS"合二为一的人机接口)进行"扣车/取消扣车"操作。

(2)所有的"扣车/取消扣车"操作在 MMI、HMI、站台发车表示器(Train Departure Timer, TDT)上均有相应表示(MMI、HMI上可区分扣车来源);在 CBTC 模式下,所有的"扣车/取消扣车"操作均可在 CBTC 客车 DMI 上有相应表示(可区分不同的扣车来源)。

(3)对信号机的影响:非 CBTC 模式下,如果办理了扣车,相应的出站信号机将不能开放,或原开放的信号将被关闭(进路仍在锁闭状态);取消扣车后,有关联锁条件满足时,相应的出站信号机自动开放。

(4)在中控时,行车调度员可在 MMI 上扣车,车站可在 HMI 上扣车,也可以同时设置扣车。

(5)在站控时,行车调度员不能在 MMI 上扣车,车站可在 HMI 上扣车;行车调度员须扣车时,可通知车站在 HMI 上执行。

(6)在中控时,行车调度员可取消 MMI 上设置的扣车,不能取消车站设置的扣车;车站可通过 HMI 取消本站和 MMI 上设置的扣车。

(7)在站控时,行车调度员不能取消 MMI 上先前设置的扣车,车站可通过 HMI 取消本站和 MMI 上先前设置的扣车。

3)办理扣车的规定

(1)当信号设备(MMI/HMI)具备扣车功能时,行车调度员/车站行车值班员应使用信号设备扣车,扣车时间超过 1min,扣车一方须口头通知另一方及司机。

(2)当信号设备(MMI/HMI)不具备扣车功能或者情况紧急来不及通过设备扣车时,行车调度员通过无线电台通知司机自行扣车,同时通知车站;车站通过无线电台、口头通知或显示紧急停车手信号等方式要求司机扣车,同时报行车调度员。

(3)遇紧急情况时,车站行车值班员或站台有关人员可以利用紧急停车按钮进行扣车。

(4)电话闭塞时,若需要临时扣车,行车调度员或车站行车值班员在确认列车未从车站发出的情况下,先通知列车车站扣车,若已发路票,则应及时收回。

(5)扣停列车原则上要求"谁扣谁放",但遇行车调度员与车站同时扣车时,车站在取消扣车前须得到行车调度员同意。

4)在信号系统扣车及取消扣车操作

选中站台,右键单击可弹出下拉式菜单,在菜单中选择扣车后,弹出对话框,根据对话框提示即可完成扣车设置及取消扣车。选择"确认",将发出该站台扣车命令;选择"取消",则放弃操作并关闭对话框。

(1)扣车。选择此功能用于在某一指定站台设置中心扣车。

(2)取消扣车。选择此功能用于对某一指定站台或全线站台取消之前设置的中心扣车。"类型"可以选择"本站台下行",或"上行全线"(取消全部上行线站台的中心扣车),或"下行全线"(取消全部下行线站台的中心扣车)。缺省选择为"本站台"。"功能"自动选定为"取消扣车"。选择"执行",将发出取消扣车命令;选择"取消",则放弃操作并关闭对话框。

(3)执行扣车及取消扣车的注意事项。

①集中站只能实现本联锁区内相应车站的扣车,不能实现上行全线或下行全线扣车。

②扣车命令一般在处理故障或行车调度员人工调整列车运行时使用。

③在后备模式下,确认扣车成功后联锁会关闭出站信号机,在 TDT 上有扣车指示"H",HMI 界面上站台旁显示"H",见表 8-1。

站台扣车显示示意　　　　　　　　　　　　表 8-1

图标	说明	含义
	字母黄色	车站设置站台扣车
	字母白色	控制中心设置站台扣车

④在 CBTC 模式下,执行扣车成功后,出站信号机不会关闭,显示蓝色,车次号上方会有"H"显示,并会在站台旁显示"H",TDT 上也会有相应的扣车指示。

⑤取消扣车必须保证在列车起动前操作,此操作执行成功后,出站信号机开放,站台旁的"H"消失,TDT 倒计时立即变为 0,并会有命令发给列车。

⑥扣车或取消扣车执行失败,会有相应的提示(命令冲突或命令超时等)。

5) 在 IBP 盘上的操作

IBP 盘对信号系统的操作是主控系统实现对车站设备的集中控制,IBP 盘可以对信号系统发出紧急停车和扣车的指令。车站 IBP 盘如图 8-3 所示。

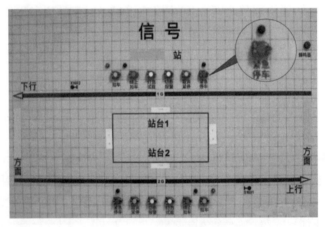

图 8-3　车站 IBP 盘

(1)有效操作扣车的前提条件。

①操作"紧急停车"按钮后对列车有效的前提条件:列车处在 CTC 控制级别,受连续式 ATP 保护。

②紧急停车有效的区段范围:相应的站台区段。

③紧急停车功能的激活:按压站台的紧急停车箱里的按钮或 IBP 盘上的"紧急停车"按钮,激活紧急停车功能。

(2)在 IBP 盘上紧急停车的操作步骤及执行显示。

①在 IBP 盘上按压相应的"紧急停车"按钮。

②IBP 盘上相应的紧急停车指示灯亮红灯,并发出电铃报警声音,同时在 LOW 上相应的站台区段出现红色蘑菇闪烁。

③进站进路及出站进路的进路防护信号机关闭。

④CTC(调度集中指挥控制)列车在相应的保护范围内因 ATP 作用停车。

⑤执行切除报警操作,按压相应的切除报警按钮,消除报警声音。

(3)CTC 列车 ATP 对"紧急停车"按钮状态的监控。

①列车正在进站时,停车点将前移至站台区段前 100m。若已经越过此停车点,列车则产生紧急制动。

②列车在站台时,速度码不能释放,列车不能动车。

③列车离站,列车尾部已经出清站台区段则运行不受影响,若列车尾部未出清站台区段则会产生紧急制动。

(4)在 IBP 盘上切除紧急停车功能的操作步骤及执行显示。

①在 IBP 盘上按压相应的"取消紧急停车"按钮。

②IBP 盘上相应的紧急停车指示灯灭,并发出电铃报警声音,同时在 LOW 上相应的台区段的红色蘑菇消失。

③此时应执行切除报警操作,按压相应的切除报警按钮,消除报警声音。

④信号机可以重新点亮,CTC 列车的速度码可以释放。

(5)操作扣车按钮后对列车有效的前提条件。

①ATS 系统正常,列车以 SM、ATO 及 AR 模式驾驶。

②IBP 盘上黄灯亮起(黄灯灭不能扣车)。

③扣车的有效区段是站台区段。

(6)"扣车"的操作步骤及现象。

①在 IBP 盘上按压相应的"扣车"按钮,IBP 盘上相应的扣车指示灯红灯闪烁(注意:如果是 OCC 扣车,IBP 盘上相应的扣车指示灯为稳定红灯)。

②同时在 LOW 上发生 B 类报警,记录了对应的站台区段的扣车提示内容,并发出报警声音。

(7)在 IBP 盘上对扣车进行"放行"操作的步骤及现象。

①在 IBP 盘上按压相应的"取消扣车"按钮,IBP 盘上相应的扣车指示灯灭。

②按压相应的"扣车"按钮一次(复位)。

③按压相应的"取消扣车"按钮一次(复位)。

④同时在 LOW 上对应的 B 类报警的第三栏有"扣车恢复"的提示信息。注:列车扣车后原则上是"谁扣谁放",只有 OCC 的 HMI 故障时,车站经行车调度员授权可取消扣车。

(8)扣车的原则。

如果 IBP 盘上运营停车点指示灯亮黄灯,扣车操作有效。ATS 系统正常时,如果 IBP 盘上运营停车点指示灯黄灯灭时(如果只是黄灯指示灯灯泡烧坏,可以进行扣车操作),扣车操作无效,因为此时运营停车点已被取消。在 ATS 系统故障时,信号系统将自动进入 RTU 降级模式或 LOW 人工控制模式,此时只要运营停车点未取消,扣车操作仍有效。

> **知识链接**
>
> 站台紧急停车按钮的使用
>
> 1. 按压紧急停车按钮的时机
> (1)乘客跳下站台,进入轨道区间时。
> (2)物品掉下站台,影响列车运行时。
> (3)设备及物品侵入限界,阻挡列车正常进出车站时。
> (4)屏蔽门或车门夹人,危及乘客安全时。
> (5)屏蔽门或车门夹物影响行车时。
> (6)其他可能危及行车安全的突发性事件发生时。
> 2. 按压紧急停车按钮所起的作用
> 　　按压紧急停车按钮将关闭车站区间相应的轨道,运行于该区域及接近区域的CBTC模式列车将实施紧急制动;即将进入该区域及接近区域的CBTC模式列车将自动停车;停于该区域及接近区域的CBTC模式列车将无法动车。按压紧急停车按钮后,由于车站出发信号机关闭,按照信号显示原则,非CBTC模式列车不能越过信号机红灯显示。
> 3. 紧急停车的操作
> (1)遇紧急情况时,站务员或乘客可以使用站台"紧急停车"按钮对列车进行紧急停车控制,以防止意外情况发生。某些车站,站务员或乘客需要用小锤的尖端砸碎玻璃并立即按下红色按钮。
> (2)车站控制室IBP盘上对应站台的紧急停车按钮指示灯点亮,值班员扳动"紧急停车"按钮开关至"急停"位置。
> (3)站务员赶到事发地点,采用适当处理措施处理突发事件,并保持站台、车站控制室和OCC联系畅通,必要时请求协助。
> (4)在确定处理完毕后,站务员用钥匙复位被激活的"紧急停车"按钮,向司机显示"好了"的手信号,并通知行车值班员。
> (5)行车值班员扳动车站控制室内IBP盘上对应的紧急停车开关至复位位置。

8.3.2 列车通过的行车组织

1)列车通过作业的规定
(1)在行车工作中,如因车辆及设备故障、客流突变等原因造成运行晚点或特殊原因需要时,准许客车在站停车改通过(简称"通过"),又称"跳停""越站"。
(2)采取通过措施时,应遵循下列原则:
①确定采取通过措施后,行车调度员应提前通知司机及车站,车站和司机要做好乘客广播。
②不影响后续客车正点运行或折返后能够正点始发的晚点客车,原则上不得通过。
③原则上头班车、末班车不得通过。

④原则上不准两列及其以上电客车在同一车站连续通过。

⑤客流大站原则上不办理通过作业。

⑥通过车站作业原则上在始发站乘客上车前安排,如必须在中途办理通过作业,应提前两站通知有关列车司机、车站。

⑦列车以限速45km/h通过车站。如限速标识低于上述规定,则按限速标示要求执行。

2)设置跳停

选择此功能用于对某一指定站台设置"跳停"命令,命令后续列车不停站通过该站台。用鼠标点击站场图上的站台图标,并在出现的菜单中选择该操作项,被点击站台的属性将被自动列入弹出的对话框中(图8-4)。可以选择"全部跳停"或"列车跳停"。

站台跳停:每列车都将跳过跳停站台,直到取消原来的跳停命令。

指定列车跳停:需指定欲跳停列车的车组号(必须用鼠标在站场图界面上点击选择列车),当该车成功跳过跳停站台后,跳停命令被自动取消。

图8-4 设置本站台下行跳停

3)设置跳停的注意事项

(1)设置跳停应在后方站列车未出发前设置。

(2)在已经设置站台跳停的站台,将不允许再设置指定列车跳停命令。

(3)在已设置指定列车跳停的站台,如再设置站台跳停,将自动删除指定列车跳停设置。

(4)跳停设置成功后,TDT会有跳停显示,会有命令发给列车,站台显示为稳定的蓝色/湖蓝色,见表8-2。

站台跳停显示示意 表8-2

图标	说明	含义
	稳定蓝色	站台已设置跳停命令
	稳定湖蓝色	站台已设置指定列车跳停命令

4)取消跳停

选择此功能用于对某一指定站台取消之前设置的跳停命令。用户鼠标点击站场图上的站台图标,并在出现的菜单中选择该操作项,被点击站台的属性将自动列入弹出的对话框中。如果为指定列车取消跳停,还需要再输入或用鼠标选择一列列车,然后执行这一功能。

5)取消跳停的注意事项

(1)取消跳停应在列车还未进入跳停限制区域时完成设置。

(2)如果该站台设置了站台跳停,选择取消站台跳停,所有列车跳停命令将被取消;如果选择取消指定列车跳停,则该列车跳停被取消,其他列车跳停仍有效。

(3)如果该站台设置了指定列车跳停,选择取消指定列车跳停,指定列车跳停命令将被取消;选择取消站台跳停,则指定列车跳停命令将被取消。

（4）取消跳停成功后，TDT会有相应显示，并会发命令给列车，列车会根据收到的运行命令停靠站台。

（5）当列车接近站台时，对跳停列车执行"取消跳停"功能需注意时机，最好在区间无车时，取消相应的跳停功能。

8.3.3 列车在车站对标不准的行车组织

（1）客车进站停车，当未到停车标停车时，司机确认运行前方无异常后，自行动车对位。

（2）当越过停车标1个车门及以下时，司机报告行车调度员或由车站转报行车调度员，行车调度员控制后续进路安全后，命司机转RM模式后退对标，对位后报告行车调度员。

（3）客车进站停车越过停车标1个车门以上时，司机报告行车调度员或由车站转报行车调度员，行车调度员控制后续进路安全后，命司机转RM模式后退对标；遇不具备后退条件时，通知司机不停站继续运行，行车调度员应及时通知前方站。

（4）客车在本交路（含临时）终点站进站停车越过停车标1个车门以上时，司机报告行车调度员或由车站转报行车调度员，行车调度员扣停后续客车或控制后退进路安全后，通知司机后退对标下客。

知识链接

各城市轨道交通运营企业相关规定不完全相同，例如上海地铁列车进站未按规定位置停车时的处理规定如下：

(1) 列车未到停车牌停车时。

列车未到停车牌停车时，司机可按3km/h速度向前移动到停车位置。

(2) 列车越过停车牌停车时。

①第一扇客车门不影响乘客上下车的情况。

a. 列车不必退行对位（有屏蔽门和安全门的车站除外，遇有屏蔽门和安全门的车站列车必须停准，确保乘客安全上下车）。

b. 司机切除ATP门控旁路开客室车门，开门后即刻恢复ATP门控开关，后按行车调度员下达的命令关门及发车。

②第一扇客车门影响乘客上下车的情况。

a. 司机立即用无线电话向行调提出"××次请求退行对位"。

b. 行车调度员接到司机请求报告后，先采取以下措施：

(a) 若后续列车未进入相邻站间区间，则将后续列车扣在后方相邻车站。

(b) 若后续列车已经进入相邻站间区间，则给后续列车司机下达停车命令。

(c) 收到后续列车已经停车报告后命令，行车值班员连续广播两遍"列车退行对位，请乘客注意安全"，报行车调度员，行车调度员用无线电话命令司机以3km/h限速退行对位。

③列车退行过程中，警卫负责列车尾部及站台上的行车与人身安全。

单元8 非正常情况下的行车组织

④列车退行对位及时打开客室车门后,立即向行车调度员报告退行完毕,行车调度员收到退行完毕后,下令后续列车恢复运行。

8.3.4 列车退行、反方向运行、推进运行

1)列车退行

列车退行是指列车在区间因自然灾害、线路故障、坡停等原因不能继续向前运行而退回原发车站,或列车部分或全部车厢越过站台需退回站台内办理乘降作业。

(1)列车因故在站间停车需要退行时,司机必须及时报告行车调度员,在得到行车调度员的命令后方可退行。行车调度员应及时通知有关车站。

(2)列车退行进入车站时,车站接车人员应于进站站台端处显示引导信号,列车在进站站台端外必须一度停车,确认引导信号正确方可进站(后端推进退回车站难以确认时车站应做好站台防护工作)。

(3)退行列车到达车站后,司机应及时向行车调度员报告,同时根据行车调度员的命令进行处理。

2)列车反方向运行

列车反方向运行是指在特殊情况下(例如行车调度员为应急行车指挥需要、在正方向区间的线路封锁施工、发生自然灾害或因事故中断行车等特殊情况下,经行车调度员准许),城市轨道交通系统运营中出现上行列车运行在下行线,或下行列车运行在上行线的情况。

(1)在没有 ATP 保护的情况下,除降级运营时组织单线双方向运行或开行救援列车外,载客列车原则上不能反方向运行。

(2)在 ATP 正常使用时,列车反方向运行在各站不能通过,自动停车,没有跳停功能,停站时分由司机掌握。列车须反方向运行时,在 MMI(LOW)上排列进路,列车根据 ATP 允许速度以 ATO 或 SM 模式运行。

(3)ATP 轨旁设备故障时,行车调度员通知司机以 RM 模式运行。

(4)在明确行车计划和进路排列好的情况下,工程车方可反方向运行。

3)列车推进运行

列车推进是指在列车尾部驾驶室操纵列车运行或救援列车在前端驾驶室推送被救援客车运行。

(1)列车推进运行,必须得到行车调度员的调度命令,应有引导员在列车头部引导。

(2)因天气影响,难以辨认信号时,禁止列车推进运行。

(3)在30‰及以上的下坡道推进运行时,禁止在该坡道上停车作业,并注意列车的运行安全。

8.3.5 救援列车的开行

1)救援列车的请求与派遣

(1)列车的故障在规定时间内未能排除,且不能动车时,司机应及时报告行车调度员,由控制中心值班主任确定处理办法。当决定救援时,司机需做好救援的防护连挂工作。

(2) 正线发生列车故障需救援时,行车调度员及时通知相关换乘点的司机,事后应通报派班员。需车辆段出车时应及时通知信号楼,由信号楼负责车辆段内的组织安排。

(3) 请求救援列车需要疏散乘客时,行车调度员发出口头命令通知司机和有关车站,要做好乘客疏散及救援工作。司机除引导乘客下车外,还必须做好客车的防护及协助救援工作。

2) 救援列车的开行规定

(1) 行车调度员决定救援或接到司机的救援请求后,向有关车站、司机(检调、运转派班员)发布开行救援列车的命令及时组织备用车上线,采用无 ATP 保护的列车救援或因挤岔、脱轨、线路故障等可能会影响后续列车行车安全的原因救援时,必须发布封锁线路的命令。

(2) 已申请救援的列车严禁动车,司机应做好防护及救援准备工作。

(3) 原则上,救援列车空车前往救援。救援列车司机接到救援命令,清客广播 2 次后可关闭客室照明,2min 内未能清客完毕的,带客前往救援。列车到达存车线车辆段前,安排车站、公安配合再次清客。

(4) 救援列车应距被救援列车 20m 外停车。以 5km/h 速度接近故障车 3m 处一度停车,听候救援负责人(被救援列车司机)的指挥连挂。故障车在连挂之前可继续排除故障,但不能动车,如故障排除则报告行车调度员解除救援。

(5) 向封锁线路发出救援列车时,不办理行车闭塞手续,以行车调度员命令作为进入该封锁线路的许可。

(6) 在未接到开通封锁线路的调度命令前,不得将救援列车以外的其他列车开往该线路。

(7) 救援过程中,列车连挂由车站行车值班员现场指挥,行车调度员须通过 ATS 系统监视列车当前状况。

① 救援列车司机必须确定故障列车已将故障切除,方可进行连挂作业。

② 完成挂接后,救援列车、故障列车司机必须进行制动系统测试。

③ 得到行车调度员授权后,救援列车司机可使用正向牵引或者推进运行驾驶模式及指定速度将故障列车驶离正线。

 思政点拨

"报告值班主任,取水楼控制区显示异常,徐家棚 1 站台、王家墩东 2 站台已设置好扣车……"0 时 29 分,武汉地铁三金潭控制中心灯火通明,行车调度员在监控列车运行的过程中发现设备故障,第一时间报告值班主任。

与此同时,7 号线信号中心值班员发现取水楼联锁区通信服务器故障,与中央自动监视系统通信丢失。值班主任果断决策:立即通知故障区域内无速度码列车停车待命!一场与时间赛跑的轨道交通信号设备故障应急演练,在午夜时分的地面控制中心和地铁 7 号线全线同时展开。

单元8 非正常情况下的行车组织

突发:地铁信号故障就像人被蒙住眼睛

信号系统就像地铁的"大脑",是保证列车运行安全,实现行车指挥和列车自动运行,提高运输效率的关键系统。联锁区通信丢失,相当于人在行走时突然被蒙住了眼睛,前方什么状况完全不知道。为了保证安全,行驶中的列车在接近故障联锁区时,根据故障导向安全的原则,紧急停车是最好的举措。

应对:迫停在隧道内的列车尽快靠站

"列车因区间停车,请乘客耐心等候。"列车司机用列车广播安抚"乘客"情绪的同时,报告确认列车精确位置、与道岔关联情况。

此时,相关车站故障应急广播响起,现场组织"客流",确定列车进路,准备好钩锁工器具。地下车站和列车内故障信息广播、沟通联络通话声此起彼伏。

地面控制中心所有人员全部进入紧急状态:行车调度员组织相关专业人员抢修、向车站通报故障信息;电力环控调度员全程监控环控设备运行状态,确保通风等应急安全措施执行及时;信号抢修人员立即赶往信号机房进行设备抢修……

现场可以看到,应急处置各项环节紧扣,多个现场的多专业、多岗位协作密切,形成合力,急而不乱。为做到最大程度维持运营,减小故障对运营产生的影响,全线划分成3个区段,线路两端按照小交路运行,故障区域列车在保证安全的情况下,以人工模式限速进站,抓紧时间抢修尽快恢复正常运营。

抢修:为道岔加"钩锁"确保绝对安全

0时50分,故障区域内迫停5列车进站后,取水楼、三阳路站6名工作人员身着反光背心、脚穿绝缘鞋、手拿钩锁器材,在三轨带电的情况下进入轨行区。他们摸黑快速奔跑至道岔处,确认尖轨与基本轨密贴且无异物、加装钩锁器、拧紧装锁具、上锁、确认道岔密贴已加好钩锁器、清理工器具后离开。加装钩锁器就是给失去信号的道岔加了一道安全防线,这样就能够确保列车通过时绝对安全。

1时02分,取水楼至三阳路站区间失去信号的6组道岔钩锁完毕,所有人员撤离区间,控制中心组织列车以人工模式在故障区域内运营,乘客出行逐渐恢复正常。

1时17分,"故障原因:取水楼站联锁设备SCOM(通信服务器)网络接口故障,现已排除!"调度中心接到信号专业抢修队的报告,全线立即恢复正常交路运营。

点拨:调度、车辆、客运、信号、机电、工务等多个专业500余名员工,完成了一场高强度的"作战任务"。结束运营后的应急处置演练,练在平常用在急时,宁可备而不用,不可用而无备。一旦有突发事件发生,各线路的设备故障应急预案均——对号入座,最终目的就是不断提高运营服务可靠度。

实训8.1 ATC设备故障时的行车组织流程演练

1. 任务描述

参考教材相关知识点,分别完成ATS故障时和ATP故障时的行车组织流程演练。

2. 任务目标

（1）重点培养学生的理解运用能力、语言表达能力；帮助学生掌握 ATC 设备故障时的行车组织流程的实际运用。

（2）培养学生执行力、团队协作等综合能力。

3. 任务要求

（1）小组任务：6 人为一大组，分若干个学习组，自由分组、自选组长，每一大组分 2 个小组，学生每 3 人为一小组，分别扮演行车调度员、车站行车值班员和司机，分别合作演练 ATS 故障时的行车组织流程完成和 ATP 故障时的行车组织流程。任务后，组长检查完成情况，组长总结汇报本小组所有成员完成情况。

（2）汇报所需设备：多媒体教室、激光笔、扩音器、投影设备等。

（3）各组设置观察兼职记录员 1 名，用摄像机、手机等视录设备将学习和课堂展示过程拍摄下来，使用观察清单记录和分析该小组学习过程及展演过程中的问题，并进行时间把控。视频也是教师小组评价依据之一。

4. 任务实施与评估标准

（1）任务实施。

①按照考核评估标准完成操作。

②文本等汇报材料制作简洁美观，汇报翔实、动作和用语规范、井然有序。

（2）评估标准。

①按照上述任务实施要求完成实训任务。

②按照测评表进行合理评价。

5. 检测评价

完成本次课程，根据同学在实训任务中的表现，结合训练要求，给予客观评分。

项目	类别			
	组员自评(10%)	组长自评(10%)	小组互评(20%)	教师点评(60%)
团队和谐(10 分)				
团队分工(15 分)				
规范使用工具(10 分)				
任务内容(25 分)				
报告制作(15 分)				
汇报效果(25 分)				
总分(100 分)				

实训 8.2　扣车和跳停的行车组织流程演练

1. 任务描述

参考教材相关知识点，在实训设备上分别完成扣车和跳停的行车组织流程演练。

2. 任务目标

（1）重点培养学生的理解运用能力、语言表达能力。帮助学生掌握扣车和跳停的实际

单元8 非正常情况下的行车组织

运用。

(2)培养学生执行力、团队协作等综合能力。

3.任务要求

(1)小组任务:6人为一大组,分若干个学习组,自由分组、自选组长,每一大组分2个小组,学生每3人为一小组,分别扮演行车调度员、车站行车值班员和司机,分别合作演练扣车和跳停的实际操作。任务后,组长检查完成情况,组长总结汇报本小组所有成员完成情况。

(2)汇报所需设备:多媒体教室、激光笔、扩音器、投影设备等。

(3)各组设置观察兼职记录员1名,用摄像机、手机等视录设备将学习和课堂展示过程拍摄下来,使用观察清单记录和分析该小组学习过程及展演过程中的问题,并进行时间把控。视频也是教师小组评价依据之一。

4.任务实施与评估标准

(1)任务实施。

①按照考核评估标准完成操作。

②文本等汇报材料制作简洁美观,汇报翔实、动作和用语规范、井然有序。

(2)评估标准。

①按照上述任务实施要求完成实训任务。

②按照测评表进行合理评价。

5.检测评价

完成本次课程,根据同学在实训任务中的表现,结合训练要求,给予客观评分。

项目	类别			
	组员自评(10%)	组长自评(10%)	小组互评(20%)	教师点评(60%)
团队和谐(10分)				
团队分工(15分)				
规范使用工具(10分)				
任务内容(25分)				
报告制作(15分)				
汇报效果(25分)				
总分(100分)				

 复习与思考

一、单选题

1.当( )发生故障时,列车无法接收列车自动防护子系统限速命令,此时主要解决列车的驾驶模式问题。

　　A.列车自动监控子系统设备　　　　B.列车自动监控子系统车载设备

　　C.列车自动防护子系统地面设备　　D.列车自动防护子系统车载设备

2.电客车司机接到(　　)命令后立即告知乘客,并低速退行至规定位置停车。
　　A.退行　　　　B.清客　　　　C.临停　　　　D.紧停
3.发现异物侵限界报影响行车安全时,以下处置不正确的是(　　)。
　　A.确认已按压紧急停车按钮,并将情况报行车调度员
　　B.接行车调度员指示下线路处理时,确认接触轨停电且做好防护后,通知值班站长
　　C.指示站务员操作就地控制盘,打开整列屏蔽门
　　D.接值班站长报告处理完毕,线路出清后,向行车调度员报告

二、多选题

1.以下表述不正确的有(　　)。
　　A.当车站需要扣车时,值班员在信号上直接操作即可,无须通知司机
　　B.行车调度员人员发布清客命令后,车站和司机应立即执行
　　C.末班车越站时,需要对乘客做好相关解释工作
　　D.临时限速的命令由行车调度员发布和取消
2.城市轨道交通中常见的行车组织调整手段有(　　)。
　　A.扣停　　　　B.越站　　　　C.清客　　　　D.临时限速

三、判断题

1.非正常情况行车组织,即不可抗力因素,造成列车不能按列车运行图正常运营,但又不危及乘客生命安全和严重损坏车辆等设备,整个系统能够维持降低标准运行状态的行车组织。(　　)
2.当行车调度员扣车时,应该优先在信号设备上操作。(　　)
3.当信号联锁设备故障时,更高级的行车闭塞方法不能使用,应采用降级行车法。(　　)

四、简答题

1.简述ATS故障时的行车组织方法和车站行车值班员职责。
2.简述ATP故障时的行车组织。
3.简述ATO故障时的行车组织。
4.联锁区域故障行车组织的有关规定有哪些?
5.执行扣车及取消扣车的注意事项有哪些?
6.分别简述在IBP盘上紧急停车和切除紧急停车的操作步骤。
7.简述站台紧急停车的时机和操作方法。
8.设置"跳停"和取消"跳停"的注意事项分别有哪些?
9.简述列车在车站对标不准的行车组织。
10.简述列车退行的含义与组织措施。
11.简述列车反方向运行的含义与组织措施。
12.简述列车推进运行的含义与组织措施。

单元 9 施工检修组织

► **知识目标**
1. 掌握车站运营和非运营时施工组织;
2. 掌握工程车开行规定。

► **能力目标**
1. 能够正确办理施工登记和注销;
2. 能够组织车站运营时和非运营时设备施工检修。

► **素质目标**
1. 培养按照行车组织规则要求正确操作的严谨工作作风;
2. 形成有负责任心、安全、环保、协作的职业意识。

► **建议学时**
4 学时

案例导入

作为一名行车调度员,应当能够根据施工作业计划按流程办理占用正线施工项目的审批手续,并在施工作业完成后办理施工作业注销,确保运营前正线施工人员、器具出清,不影响正常运营。

思考:车站运营时和非运营时施工组织有哪些不同?

9.1 车站施工检修组织

9.1.1 施工计划分类

(1)施工计划按施工作业地点和性质分类,见表9-1。

按施工作业地点和性质分类　　　　　表9-1

类别	性质	子类	含义
A类	影响正线、辅助线行车的施工	A1	开行工程车、电客车的施工
		A2	不开行工程车的施工
		A3	车站、控制中心范围内影响行车设备设施的作业
B类	车辆段的施工	B1	开行电客车、工程车的施工(不含车辆部电客车、工程车的检修作业)
		B2	不开行电客车、工程车但在车辆段线路限界、影响接触网停电、在车辆段线路限界外3m内种植乔木、搭建相关设施及影响车辆段行车的施工
		B3	车辆段内除B1、B2以外的施工作业(办公室、食堂等生活办公设备设施维修除外)
C类	在车站、主所、控制中心范围内不影响行车的施工	C1	大面积影响客运、消防设备正常使用及需动火的作业
		C2	其他局部影响客运,但经采取措施影响不大且动用简单设备设施的施工

(2)按时间分类。

①月计划。对行车设备、检查、维修、客车调试工作,应加强计划性。月计划应结合总部月度设备检修和运营部门设备检修计划编制。

②周计划。对于不属于规定列入月计划的,因设备检修需要,对在月计划里未列入的进行补充或月计划中需调整变更的计划为周计划。

③日补充计划。对于不属于规定列入月计划、周计划的,但对行车有一定影响的检查、维修计划或月计划、周计划内日作业项目的变更计划,称为日补充计划。

④临时补修计划。运营时间对设备临时抢修后,须在停运后继续设备维修的作业为临时补修计划。

9.1.2 施工时间的安排

(1)施工作业安排。晚上列车运营即将结束时,最后一班列车尽头站或回到车辆段后,可分段安排线路已出清区段的线路施工。

(2)正常施工时间应于4:40结束,在有工程车返回的线路上施工时,有关作业必须在4:00前完成,并出清线路。

(3)工程车开行计划有变更时,相关部门应在17:00前发出通知;因工程机车故障不能开车时,车辆段调度员或检修调度员应通知值班主任,由值班主任通知申请单位。

(4)维修部生产技术室根据施工计划安排好当天巡道计划,当天16:00前书面通知行车调度员。

(5)每日17:00—19:00由OCC向各站传送日补充计划和巡道计划。

(6)每日末班车离开起点站起由车站根据施工登记表与行车调度员核对当晚的施工作业。

(7)车辆段内施工(作业)时间的安排:

①车辆段内施工(作业)时间安排严格按照施工计划的要求执行,车辆段调度员、检修调度员应根据当日施工计划提前做好线路空闲、车辆和司机配合准备。

②如车辆段内施工与车辆检修有冲突时,场调应联系检修调度员及相关作业部门协调处理。

9.1.3 施工作业令

(1)施工作业令是允许在运营分公司所辖设备和范围内进行施工的一种凭证。施工都必须领取施工进场作业令。

(2)施工作业令的内容包括施工作业令号码、作业项目、作业区域、作业时间、施工负责人及施工责任人姓名、维(检)修人员姓名和主要工器具、配合事项等。

(3)作业单位持施工作业令到施工地点所在的车站或车辆段登记施工。

(4)车站根据作业单位的施工作业令向行调报告备案(B/C类作业由车辆段/车站审批)。

(5)A类、涉及影响正线行车的B类作业经行调审核批准方可安排施工。

9.1.4 施工安全管理

1)施工负责人

每项属于A类、B类、C类(B3、C2类除外)的作业需设立1名施工负责人,辅站另设施工责任人,两者须经过培训后取得安全合格证(含施工负责人项目),并实行持证上岗制度。属于B3、C2类的作业,不需设立施工负责人,但须指定1名人员负责施工及施工安全管理。

2)施工防护

(1)接触网停电检修或需配合挂地线时,供电操作人员负责在该作业地段两端挂接地线。

(2)站内线路施工时,由施工负责人在车站两端头轨道上设置红闪灯防护。

(3)在站间线路施工时,除施工部门设置红闪灯防护外,车站还负责在该施工地段两端车站的端墙门平行位置的轨道中央设置红闪灯防护。施工前,由施工登记车站设置红闪灯,并通知作业区另一端车站值班员放红闪灯防护。施工结束后,车站撤除红闪灯,并通知作业区另一端车站值班员撤除红闪灯。如遇到跨越站内站间时,车站的防护信号放在车站内另一端墙门平行位置轨道中央。

(4)在折返线、存车线上施工时,作业人员在作业区可能来车方向放置红闪灯防护。

(5)车站值班人员安排人员到站台检查红闪灯是否按规定摆放,监督红闪灯状态是否良好,并对设置的红闪灯是否按规定摆放、状态是否良好进行不定期检查。

(6)车辆段内的设备检修施工和防护的有关规定按《车辆段运作手册》执行。

(7)施工作业时除严格执行以上规定及总部相关安全防护规定外,还应按施工部门的有关施工操作程序的防护规定执行。

（8）凡在运营时间内进行作业的，必须做好防护措施，确保乘客的安全，最大限度地减小对乘客的影响。

3）施工安全的规定

（1）人、工程车在同一区域作业时，由施工负责人与车长根据现场情况协调。

①按施工前进方向，列车前、人员后，原则上不得颠倒或列车运行前后皆有作业。

②非随车施工人员与列车应有50m以上的安全间隔距离，原则上列车不得随便后退，如有需要动车，须经施工负责人和车长协商后才能动车，确保人身安全。

③作业人员应在自己现场作业区来车方向设置红闪灯防护。

（2）凡进入线路的施工人员必须按要求穿荧光衣，根据作业性质及要求使用安全防护用品。

（3）施工作业过程中如要进行动火作业，必须按照《消防重点部位临时动火作业管理办法》办理动火令及作业，严禁在无动火令的情况下进行动火作业。

（4）外单位施工由主办部门负责安全管理、安全监督。

（5）各施工单位、部门在申报施工计划时应严格按照运营事故管理规则等相关规定，结合施工作业过程中的实际情况，提出安全防护要求和配合要求。在施工作业过程中，施工单位、部门应严格遵守以上安全规定和施工进场作业令中的要求。

9.1.5 施工组织

1）施工组织规定

（1）每日运营结束后，维修部按计划对各设备系统进行检修作业。应于规定时间内完成对运行线路巡道和施工线路出清程序。

（2）站间正线线路在两站之间作业需要开行工程列车时，由行车调度员指定的车站值班员负责掌握施工情况，监督施工安全。

（3）在正线及辅助线施工开始前，施工负责人应进行施工登记，经行车调度员批准、发布封锁命令。车站签认，通知施工负责人设置防护信号后，并送维修施工人员到站台端墙，确保施工人员进入正确的施工区域。

（4）施工结束后，施工负责人负责线路出清、人员撤离现场，施工负责人经检查确认撤除防护后，办理注销施工登记手续，车站报告行车调度员取消前发封锁线路的命令。

2）施工作业登记（请点）规定

（1）属于A类的作业，施工负责人在作业令规定施工开始时间前15min到车站填写《车站施工登记表》登记施工，由车站报行车调度员备案。当线路出清后行车调度员通知车站，车站值班员传达允许施工的命令，施工登记生效，可以施工。

（2）属于A类作业，但需由多个车站进入施工的作业项目，施工负责人除到主站按（1）办理外，还需核实辅站情况。辅站施工责任人在作业令规定施工开始时间前10min到达辅站办理登记手续，辅站值班员向主站值班员核实施工事项并施工登记。主站接到行车调度员允许施工的命令后，传达给施工负责人及辅站，辅站值班员允许施工责任人开始该作业点的施工。

(3)属于B类的作业,施工负责人到车辆段调度员处登记施工,具体操作程序按规定办理,经车辆段调度员同意,便可施工(车辆段内进行影响正线行车的作业应经行车调度员批准)。

(4)属于C类的作业,经批准,施工负责人到车站登记施工。

3)施工作业注销(销点)规定

(1)A类作业,施工作业地点仅一个站的,施工负责人在施工区域出清完毕后,报车站,由车站向行车调度员注销施工作业。

(2)B、C类作业施工完毕后,施工负责人负责施工区域出清后,到车站或车辆段注销。

(3)施工作业注销,施工负责人在施工区域出清完毕后,向车辆段注销,车辆段在办理施工作业注销手续时,必须同时向行车调度员注销施工作业。

施工人员进出站及施工作业登记和注销程序见表9-2。

施工人员进出站及施工作业登记和注销程序   表9-2

序号	作业程序	备注
1	施工负责人及施工人员凭施工作业令及证件进车站;关站后自行进站	
2	施工负责人向值班人员填报人数,办理施工登记手续;多站施工登记的,主站施工负责人及辅站施工责任人向主或辅站值班人员填报人数,办理施工登记手续,辅站值班员要向主站汇报,由主站统一负责施工登记	
3	车站值班员根据施工负责人提出的施工申请及所报人数,办理施工登记手续,并按有关规定办理施工登记	B类作业到车辆段控制中心办理
4	行车调度员根据车站施工登记要求审核、批准	C类作业可省略
5	车站值班员通知本站员工及相关车站设置防护	
6	车站员工(站务员、护卫)根据值班员的指示及要求设置防护	
7	施工负责人根据施工要求设置防护	
8	开始施工	
9	施工结束后,施工负责人清点人数,出清线路,撤除防护措施,到车站控制室办理施工作业注销手续;多站施工作业注销的,主站施工负责人及辅站施工责任人清点人数,出清线路,撤除防护措施,辅站施工责任人向主站施工负责人报线路出清,主站施工负责人向在主站登记的施工作业注销站车站控制室统一办理施工作业注销,同时施工负责人应在施工作业注销站进行书面登记	
10	车站值班员按有关规定办理施工作业注销	B类作业到车辆段控制中心办理
11	行车调度员根据车站施工作业注销要求审核、批准	C类作业可省略
12	车站值班员施工作业注销后通知护卫,开出入口门送施工人员出站	

9.1.6 车站运营时间设备抢修施工组织

1)进入轨行区的手续

(1)若行车未中断,进入轨行区前,抢修人员须先到车控室办理有关手续,在得到行车调度员批准并落实安全防护措施后,方可进入。

(2)若行车中断,车站根据行车调度员指示在站台设立"故障/事故处理点"等候抢修人员,抢修作业负责人可不到车站控制室办理手续,但站务人员须对进出轨行区的人数进行清点核实,抢修作业完成后,抢修作业负责人到车站控制室补办施工申请手续并办理施工销点手续。

(3)除抢修人员外,其他与抢修有关人员需进入轨行区,必须到车站控制室登记,车站控制室与抢修负责人联系,征得同意后准许其进入轨行区。

2)进入站台或靠近站台的第一个轨道电路区段线路的施工安全措施

(1)抢修作业负责人或由抢修作业负责人指派的人员按规定设置红闪灯进行防护。

(2)值班站长(行车值班员)在IBP(LCP)控制盘上使用"紧急停车"按钮对相关轨道区段进行施工防护,并通知行车调度员和站台保安。

(3)行车调度员自行或通知后方站(相对于列车运行方向)把列车扣停在后方站。

(4)人员进入轨道时,应通过站台端墙的上下轨道楼梯进出。对没有运营员工参与或配合的施工作业,站台保安要监督和确认作业人员进入的上下行线是否正确。

9.1.7 车站非运营时间施工组织

(1)在两站之间的站间线路因作业需要开行工程车(图9-1)时,由行车调度员指定的值班员负责掌握施工情况,监督施工安全。

图9-1 工程车(接触网架线车)

(2)在正线及辅助线施工开始前,施工负责人应到车站控制室办理施工申请手续,经行车调度员批准,方可进行作业,有开行工程车配合的施工尚需发布封锁命令。站务人员须检查施工负责人或施工负责人指派的维修人员是否按照要求设置防护信号,站台保安要监督和确认作业人员进入的上下行线是否正确。

(3)在正线线路需要开行工程列车时,工程列车途经车站之间相互报点并填写车站行车日志。对于装载超长、超限、集重货物的工程列车经过车站时,车站应安排专人在站台监视列车运行,发现危及行车及设备安全时,必须立即显示紧急停车信号并及时上报。

(4)施工结束后,由施工负责人负责人员撤离、线路出清、检查确认所涉及设备是否恢复正常并撤除所设置的安全防护后,到车站控制室办理施工销点手续,再由行车调度员审核施工销点(封锁线路的还应由行调取消前发封锁命令)。

> **知识链接**
>
> 施工作业中值班员的主要职责
>
> （1）负责查验施工作业人员和施工负责人的相关证件与资质。
> （2）负责办理施工作业登记申请和销点手续。
> （3）负责在站台端墙处线路设置和撤除区间作业的施工防护。
> （4）负责为下线施工作业人员开启屏蔽门、端头门，将施工作业人员带到相应的端头门。
> （5）负责监督施工负责人和配合人员清点进出作业区域的施工作业人员。
> （6）负责监督车站施工安全，配合人员确认施工区域线路出清。

9.2 工程车开行

9.2.1 工程车开行的规定

（1）工程车(图9-2)在正线牵引或推进运行，各站按列车办理。

图9-2 工程车(轨道车)

（2）工程车中车辆编挂条件按规定由车长负责检查。工程车在正线运行，原则上接触轨不需要停电；工程车在车辆段开行，装载的货物高度超过距轨面3800mm的货物时，接触网必须停电。

（3）工程车编挂有平板车时，因施工或装卸货物的需要，可以在中途站甩下作业，但要做好安全防护及防溜安全措施，返回时要挂走。平板车在区间时原则上不准甩下作业。

（4）工程车在正线运行，采用区段进路行车法组织行车，司机凭地面信号显示行车；行车调度员加强监控；在区间或非联锁站作业后折返时，凭调度命令行车。联锁故障时采用电话闭塞法组织行车，司机凭路票行车。

（5）工程车在车站始发或停车后再开时，司机要确认地面信号或路票或按行车调度员命令行车。

（6）车站原则上不用接发列车，工程车在运行中司机、车长通过无线电话加强与车站联系，掌握运行计划，确认运行进路。

（7）工程车到达指定的施工作业区域后，行车调度员应及时发布书面命令封锁该作业区,并检查有关防护措施。待施工结束后,再开通有关线路,安排工程车回车辆段或到前方存车线(折返线)停放。

(8)工程车出入车辆段的具体规定。

①工程列车原则上从出车辆段线出车辆段。工程列车应在出车辆段线信号机前一度停车,确认信号机开放正确后方可动车。

②工程车经出车辆段线出停车场时,按以下规定执行:

a. 最后一列运营列车离开正线接轨车站后,行车调度员可组织工程车出厂经下行线运行进入作业区。

b. 行车调度员必须控制工程车在运行途中与前行客车保持两个区间及以上的距离。

③工程车需要经入车辆段线出车辆段时,必须待全部客车回车辆段后,才能组织经入车辆段线出车辆段。

9.2.2 工程车进入工程区原则

原则上,工程车的工程区域内不再安排其他路轨施工,如因紧急情况,有施工单位需要在工程区域内施工,直接向该工程区域内负责人申请施工即可。正线发生各类设备故障或事故时,工程车、救援列车进出封锁区间的组织规定如下:

(1)维调负责向行车调度员提出使用工程车的计划(上人、设备地点和数量),由行车调度员向车辆段调度员发布调车指令。

(2)车辆段调度员按行车调度员的要求,在10min内组织人员把工程车开行到车辆段内指定地点。

(3)抢修工作执行部门在工程车到达后10min内完成装载设备、物品等工作,并安排跟车人员上车。

(4)行车调度员负责组织工程车或救援列车从车辆段至封锁区间前一站的运行,在封锁区间前一站把工程车或救援列车交给维修调度员,并命令该站向工程车或救援列车交付封锁命令。

(5)维修调度员负责通知现场指挥指派一名联络员登乘工程车或救援车驾驶室,将进入区间的计划交给车长,由车长引导进入封锁区间,并按计划指挥动车。

(6)如封锁区间内有道岔、辅助线时,由车长与车站联系调车进路计划,车站排好进路后通知车长,由车长指挥动车。

(7)工程车或救援列车使用完毕,由联络员引导回原交接站,由维修调度员向行车调度员交出。

夜间4h"地铁医生"奏响劳动者之歌

凌晨,城市从喧嚣走向寂静,大多数人已酣然入睡,而灯火通明的地铁车站内,幽深静谧的地铁隧道里,地铁检修人员的工作才刚刚开始。

"望、闻、问、切",地铁的检修人员就像医生一样,每天都在为地铁健康保驾护航。通常情况下,地铁检修人员需要及时完成设备的应急抢修,还要在固定的周期内对各项设备进行全面体检,以保障次日线路的正常运营。由于城市地铁大部分轨行区间深藏地下,因此,要在封闭的隧道中完成轨行区各项设施设备的检修,对作业人员的体力和耐力都是双重考验。每个月检修人员要完成一条地铁线 1200 余个点位的检测检修,涉及二十多个专业。夜间工作的地铁人就像是夙夜不懈、枕戈待旦的斗士,遇到突发情况,他们反应迅速、果断处置;在漫长的夜晚,他们坚守岗位,不惧艰苦,与设备机械进行无声对话。

点拨:关站,并不意味地铁停了下来。各个城市后半夜的地铁,仍然保持着紧张忙碌的状态。正是地铁维保检修人员日复一日的无私奉献,才让乘客的旅途充满温情期待。

 单元实训

施工登记和注销流程演练

1. 任务描述

参考教材知识点,分角色完成施工人员进出站及施工作业登记和注销程序演练。

2. 任务目标

(1)重点培养学生的理解运用能力、语言表达能力。帮助学生掌握车站施工登记和注销的实际运用。

(2)培养学生执行力、团队协作等综合能力。

3. 任务要求

(1)小组任务:6 人为一大组,若干个学习组,自由分组、自选组长,每一大组分 2 个小组,学生每 3 人为一小组,分别扮演行车调度员、车站行车值班员和施工负责人,分别合作演练施工人员进出站及施工作业登记和注销程序的实际操作。任务后,组长检查完成情况,组长总结汇报本小组所有成员完成情况。

(2)汇报所需设备:多媒体教室、激光笔、扩音器、投影设备等。

(3)各组设置观察兼职记录员 1 名,用摄像机、手机等视录设备将学习和课堂展示过程拍摄下来,使用观察清单记录和分析该小组学习过程及展演过程中的问题,并进行时间把控。视频也是教师小组评价依据之一。

4. 任务实施与评估标准

(1)任务实施。

①按照考核评估标准完成操作。

②文本等汇报材料制作简洁美观,汇报翔实、动作和用语规范,井然有序。

(2)评估标准。

①按照上述任务实施要求完成实训任务。

②按照测评表进行合理评价。

5. 检测评价

完成本次课程,根据同学在实训任务中的表现,结合训练要求,给予客观评分。

项目	类别			
	组员自评(10%)	组长自评(10%)	小组互评(20%)	教师点评(60%)
团队和谐(10分)				
团队分工(15分)				
规范使用工具(10分)				
任务内容(25分)				
报告制作(15分)				
汇报效果(25分)				
总分(100分)				

复习与思考

一、单选题

1. 影响正线、辅助线行车的施工,属于哪类施工?(　　)
   A. A类　　　　B. B类　　　　C. C类　　　　D. D类

2. 开行工程列车在正线施工,属于(　　)类施工。
   A. A1　　　　B. A2　　　　C. A3

3. 按施工作业地点和性质划分施工分为(　　)类。
   A. 二　　　　B. 三　　　　C. 四　　　　D. 五

4. 夜间施工时一般由(　　)负责指挥。
   A. 行车调度员　　B. 车站调度员　　C. 车站控制室　　D. 负责人

5. 封锁区间的有关事项应在(　　)内登记,施工负责人须确认签认。
   A. 行车调度登记簿　　B. 检修登记簿　　C. 施工检修登记簿

6. 工程车进入封锁区域前和出封锁区域后的进行,进路由(　　)负责排列。
   A. 行车值班员　　B. 信号楼值班员　　C. 行车调度员　　D. ATS

7. 空电客车、工程车、(　　)、调试列车出入车辆段/停车场均按列车办理。
   A. 救援列车　　B. 回段/场车　　C. 首末班车　　D. 专列

二、多选题

1. 施工时间按时间分为(　　)。
   A. 月计划　　　　B. 周计划　　　　C. 日计划
   D. 日补充计划　　E. 临时补修计划

2. 施工列车封锁区间的凭证是调度命令,该命令包括(　　)。
   A. 列车车次　　　　　　　　B. 封锁区段
   C. 封锁起止时间　　　　　　D. 所涉及的相关车站

3. 下列属于一般施工作业风险防控措施的是( )。
   A. 做好"互控"要求　　　　　　　　B. 双人核对停电
   C. 防护措施的具体落实　　　　　　D. 加强巡视，违规作业及时制止

三、判断题
1. 一般情况下，列车停运后可直接在车站轨道内进行施工。　　　　　　　（　）
2. 车站对进站施工人员携带物品应检查有无易燃、易爆、有毒物品。　　（　）
3. 施工作业应在指定时间内完成，未按时间注销的应立即查明情况，并向值班站长汇报。　　　　　　　　　　　　　　　　　　　　　　　　　　　　　　（　）
4. 施工区域出清指在施工区域范围内施工结束后，施工负责人或施工责任人确认所有作业有关人员已撤离，安全防护措施已撤除，有关设备、设施已恢复正常，工器具、物料已撤走等。　　　　　　　　　　　　　　　　　　　　　　　　　　　　　（　）
5. 属于B3、C2类的作业不需设立施工负责人，但必须指定2名人员负责施工及施工安全管理。　　　　　　　　　　　　　　　　　　　　　　　　　　　　　　（　）

四、简答题
1. 施工计划有哪些分类？
2. 施工安全的规定有哪些？
3. 简述施工人员进出站及施工作业登记和注销程序。
4. 简述车站运营时间的施工组织。
5. 简述车站非运营时间的施工组织。
6. 简述工程车开行的规定。
7. 简述工程车进入工程区原则。

单元 10　行车事故处理及预防

▶ 知识目标
1. 理解运营事故概念与分类；
2. 掌握行车事故处理规则与预防措施。

▶ 能力目标
1. 能够运用行车组织规章正确分析行车事故；
2. 能够总结行车组织经验和事故防范措施。

▶ 素质目标
1. 培养城市轨道交通安全运营的职业意识；
2. 养成遵章守纪的优良工作作风。

▶ 建议学时
4 学时

案例导入

2009 年 6 月 22 日，美国首都华盛顿发生一起地铁列车相撞事故。华盛顿地铁是美国第二繁忙的地铁系统，也是美国建成时间最短的地铁系统之一，华盛顿地方官员和美国国家交通安全管理局对事故进行了调查研究，发现根本原因与其他国家发生的地铁事故的原因十分相似。

下午高峰时间开始时，一列地铁列车撞上了另一列停下等待进站的地铁列车的尾部，行进中的列车的车头撞毁，造成两列列车 9 人死亡 52 人受伤。事故的直接原因是全自动的列车控制系统未能发现停在站上的列车，因此没有发出信号让行进中的列车停下。造成人员死亡的原因是行进中列车的第一节车厢的前部被撞扁了，这节车厢于 1976 年投入使用，结构上的设计安全系数不足。

思考：造成地铁行车事故的影响因素有哪些？

10.1 行车事故处理规则

10.1.1 运营事故与运营事件的含义

运营事故是指在运营生产过程中,因违反国家法律法规或企业规章制度、劳动纪律、技术设备不良及其他原因,在运营分公司管辖范围内造成人员伤亡、设备损坏、经济损失等影响正常运营生产且符合事故构成条件的各类事故。

运营事件是指在运营分公司管辖范围内造成人员受伤、设备损坏、经济损失等影响正常运营生产但尚未构成事故的各类事件。

根据《国家城市轨道交通运营突发事件应急预案》,按照事件严重性和受影响程度,运营突发事件分为特别重大、重大、较大和一般四级。

1) 特别重大运营突发事件

在运营生产中,造成下列后果之一的为特别重大运营突发事件:①死亡30人以上的;②重伤100人以上的;③直接经济损失1亿元以上的。

2) 重大运营突发事件

在运营生产中,造成下列后果之一的为重大运营突发事件:①死亡10人以上30人以下的;②重伤50人以上100人以下的;③直接经济损失5000万元以上1亿元以下的;④连续中断行车24h以上的。

3) 较大运营突发事件

在运营生产中,造成下列后果之一的为较大运营突发事件:①死亡3人以上10人以下的;②重伤10人以上50人以下的;③直接经济损失1000万元以上5000万元以下的;④连续中断行车6h以上24h以下的。

4) 一般运营突发事件

在运营生产中,造成下列后果之一的为一般运营突发事件:①死亡3人以下的;②重伤10人以下的;③直接经济损失50万元以上1000万元以下的;④连续中断行车2h以上6h以下的。

上述分级标准有关数量的表述中,"以上"含本数,"以下"不含本数。

10.1.2 运营事故(事件)的管理原则

(1) 贯彻落实"安全第一,预防为主,综合治理"的安全管理方针,及时、准确、公正地调查处理城市轨道交通运营事故(事件),严肃追究事故(事件)责任,制订和完善事故(事件)预防措施,防止和减少城市轨道交通运营事故(事件)发生,全面提高安全运营管理水平。

(2) 各级领导要把安全工作当作首要任务来抓,加强安全管理和安全思想教育,强化职工安全意识,严肃劳动纪律和作业纪律,教育职工自觉执行各项安全规章制度。

(3) 做好职工技术培训提高技术业务水平。加强安全检查,及时消除各类隐患。搞好设备维修保养,提高设备质量。深入开展安全、正点、优质服务的竞赛活动,确保城市轨道交通安全运营。

(4)发生事故(事件)时,要积极采取措施,迅速抢救,坚持"先救人,后救物;先全面,后局部;先正线,后其他"以及"先通后复"的原则,快报告、快处理、快开通,优先组织人员疏散、伤员抢救,同时兼顾重点设备和环境的防护,尽快恢复运营,减小损失。

(5)事故(事件)调查处理中,被调查单位或个人应及时准确报告事故(事件)情况,如实提供相关证据,积极配合调查工作。

(6)分析处理事故(事件)要以事实为依据,以有关法规、规章为准绳,坚持"四不放过"的事故(事件)处理原则,查明原因,分清责任,吸取教训,制订措施,防止同类事故(事件)再次发生。

(7)对事故(事件)定性要准确,对事故(事件)责任者,应根据事故(事件)性质和情节分别予以批评教育、经济处罚、行政处分直至追究法律责任。事故(事件)性质、情节严重的,要按规定追究相关领导的责任,构成违法犯罪的,移交公安机关依法追究其法律责任。

(8)对事故(事件)分析处理拖延、推脱责任、姑息纵容、隐瞒不报或不如实反映事故(事件)情况者,应予以严肃批评教育或纪律处分。

10.1.3 运营事故(事件)的处理

(1)发生各类事故时,有关人员按运营事故报告流程图规定报告(图10-1)。

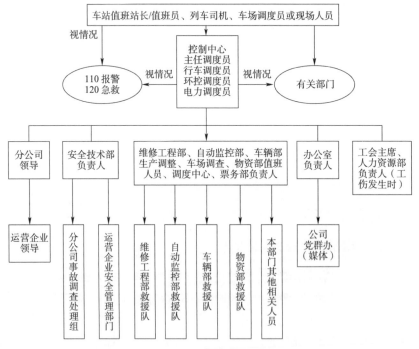

图10-1 运营事故报告流程

①如发生在车站时,由车站行车值班员或现场人员立即向行车调度员报告。

②如发生在车辆段时,由事发地归属部门生产调度(车务部为车场调度、物资部为值班人员)或现场人员立即向行车调度员报告。

③如发生在区间时,由司机或现场人员立即向行车调度员或通过车站行车值班员向行车调度员报告。

④供电系统发生影响运营的故障,由现场值班人员立即向电力调度员报告,电力调度员接到报告后立即报告主任调度员,并向行车调度员通报。

(2)按就近处理的原则,发生立即需要外部支援的运营事故(如火灾、爆炸、人员伤亡等)时应及时报告。

①现场人员有条件时应立即报110、120。

②控制中心当值人员接到报告后应立即报110、120。

③控制中心接报后视情况通知有关部门。

(3)控制中心所通知的有关部门是指应急指挥中心、交通局、公安局、急救中心等政府组织机构,由主任调度员决定通知范围或执行分公司领导指示。

(4)各生产部门调度负责向部门相关人员进行通报,具体办法由各部门分别另行制定。

(5)当公司职工确认患有职业病后,员工所在部门应立即报告安全监察部和人力资源部,由人力资源部向有关行政部门提出工伤认定申请。

10.2 事故处理应急预案及预防

交通运输部发布的《城市轨道交通行车组织规则》(JT/T 1185—2018)指出应急情况下的行车组织应遵循以下规则。

10.2.1 应急情况下行车组织的一般要求

(1)运营企业应按照统一指挥、逐级负责、快速反应、配合协同的原则,针对可能发生的突发事件编制行车应急预案,建立与相关单位的信息共享及应急联动机制。

(2)发生突发事件后,运营企业应按规定立即启动相应的行车应急预案,采取应急抢险措施,防止事态扩大,并按规定及时报告。在确认行车条件允许的情况下,最大限度地维持列车运行。

(3)突发事件处理完毕,确认具备运营条件后,运营企业应尽快恢复正常运营。

10.2.2 运营突发事件时的行车组织

(1)人员非法进入行车区域时,应按规定的应急预案组织行车,并满足以下要求。

①发现有人员非法进入行车区域时,列车司机或车站应立即采取紧急措施并向行车调度员报告,行车调度员应采取限速措施,视情况采取停电措施,并组织人员设法将其带离。

②发生人员与列车冲撞时,应立即启动规定的应急预案,并满足以下要求:

a. 发生在站台区域时,宜由车站组织事故处置指挥。

b. 发生在区间时,宜由行车调度员组织事故处置指挥。

c. 行车调度员调整其他区域列车运行。

(2)列车脱钩、脱轨、冲突、颠覆时,应按规定的应急预案组织行车,并满足以下要求。

①列车司机应立即向行车调度员报告。

②运营企业应立即启动相关抢险救援应急预案。
③行车调度员应视情况变更行车交路和按照规定启动应急公交接驳。
④抢险完毕后,行车调度员应及时调整列车运行秩序,指挥列车逐步恢复正常运行。

(3)区间疏散乘客时,应按规定的应急预案组织行车,并满足以下要求。
①紧急情况下,列车司机需立即向行车调度员申请组织区间疏散乘客。
②行车调度员根据现场疏散的条件,明确区间疏散乘客的方向,及时调整影响区域的行车组织安排,并组织两端车站人员引导乘客疏散。
③需组织列车在区间步行疏散乘客前,应立即停止接触轨线路相关区域的牵引供电,并做好安全防护措施。

(4)突发大客流时,应按规定的应急预案组织行车,并满足以下要求。
①发生客流持续增多,超出车站承受能力的情况时,车站应及时采取大客流疏导、限流、封站等临时措施,并向行车调度员报告客流情况及应对措施。
②行车调度员根据实际情况发布变更行车组织方式的调度命令,可采取加开列车、调整停站时间、越站等行车调整措施,列车司机、车站根据调度命令执行。

10.2.3　自然灾害时的行车组织

(1)发生洪涝、气象灾害等自然灾害时,按规定的应急预案组织行车,并满足以下要求。
①列车司机、车站人员应加强巡查,遇危及行车安全情况时,列车司机应及时采取限速或停车措施,并报告行车调度员。
②行车调度员应根据自然灾害影响情况发布变更行车组织方式的调度命令,可采取限速、越站、变更行车交路、停运等调整措施,列车司机、车站根据调度命令执行。

(2)发生地震时,按规定的应急预案组织行车,并满足以下要求。
①发生剧烈震动且对设备设施造成损坏时,行车调度员发布停运的调度命令,组织列车停靠车站,并及时组织切断牵引电流,开启相应环控模式。
②列车司机应尽量维持列车运行至前方车站,如列车被迫在区间停车时,列车司机应按调度命令组织乘客区间疏散。
③车站根据调度命令立即组织乘客疏散,停止对外服务。

10.2.4　社会安全事件时的行车组织

(1)发生火灾、爆炸事件时,按规定的应急预案组织行车,并满足以下要求。
①在列车上发生时,列车司机应立即报告行车调度员,并尽量维持列车运行至前方车站,如不能维持进站,立即执行就地疏散程序,在车站发生时,车站值班站长应及时疏散乘客,并立即报告行车调度员。
②根据现场情况通知消防、公安、医疗等外部部门赶至现场处置。
③行车调度员应根据现场情况发布变更行车作业方式的调度命令,采取越站、变更行车交路或停运等调整措施。
④车站根据需要关闭民用通信,必要时及时调整相关环控模式。

(2)发生毒气袭击事件时,按规定的应急预案组织行车,并满足以下要求:

①列车上发生不明原因的群体性晕倒事件时,列车司机应立即报告行车调度员,并尽量维持列车运行至前方车站,如不能维持进站,立即执行区间疏散程序。

②车站发生不明原因的群体性晕倒事件时,车站值班站长应立即报告行车调度员,组织疏散乘客,执行关闭车站程序。

③行车调度员宜组织列车越站、变更行车交路、停运等调整措施。

④根据现场情况通知消防、公安、医疗等外部门赶至现场处置。

⑤要及时按应急预案要求调整相关环控模式。

10.3 行车事故案例分析

10.3.1 案例一:乘客跳轨造成行车长时间中断事故

1) 事故概况

××年7月3日19:45,某市地铁1112车进A站上行站台,列车距站台15m处时,司机突然发现青年男乘客跳入轨道,立即采取紧急制动,但列车已撞人,最终列车停在距对标处约50m处。本次事故影响正常运营近40min,清客6列、下线1列、抽线3列,对运营服务工作产生了一定的负面影响。

2) 原因分析

(1) 进行现场处置的地铁公安人员对地铁外部人员伤亡事故处置职责与程序不熟悉,对轨道上的尸体清运请示汇报较多,未按照有关规定果断处置,延误较长时间。

(2) 控制中心发布的信息不够明确、站务人员现场处置工作考虑不周全、地铁外部人员伤亡备品配置不到位,也延误了事故处理的时间。

3) 防范措施

(1) 加强站台巡视,完善监控系统。事后查看监控录像,发现监控系统对站台的监视存有死角,不能完全看清站台情况。今后应加强站台巡视,发现可疑人员及时上前询问,同时对监控死角进行整改,便于事后的分析调查。

(2) 规范信息发布,优化处置程序。对类似重大事件,控制中心要发布后续的处置进展,规范信息的发布格式。进一步完善道床伤亡应急预案,公安机关与城市轨道交通运营企业双方联合加强对民警、运营人员的培训,定期开展演练,提高处置能力。

(3) 整改存在问题,加强预案的学习和应急演练,提高应急处置能力;安保部、客运部进一步研究道床伤亡车站备品物资的配置,提出配置标准和数量;有关单位要增强相关人员心理素质的引导,包括对站务人员、乘务人员等现场处置人员强化员工心理素质的培养。

10.3.2 案例二:列车无法正常牵引事故

1) 事故经过

××年3月15日14:06,某市地铁0304车运行至A站上行站台停车开、关门作业后,正常按ATO驾驶起动,起动后不久,列车发生冲动,随即自动停车,改用手动SM模式驾驶,列车只能以5km/h速度缓慢牵引,14:15故障列车到达B站,按规定开、关门作业上、下客后开出不久,列车产生紧急制动。手动 SM 驾驶时速度只能维持在 5km/h,故障现象仍然存在;14:26 到达 C 站,进行清客。

2)原因分析

事故的原因是列车制动系统中的制动压力开关状态不稳定,造成电路上不能"制动释放",导致列车无法正常牵引。这条电路曾经也发生过类似故障,但都是在终点站或存车线附近,未影响到正常运营。这类故障难以重现,故障原因无法查明,致使故障一次次被放过,最终造成此次事故的发生。另外,在事故处理过程中,列车在故障状态下仍然载客运行了两个区间,影响正线正常运营近1h,这也反映出调度人员处理突发事件的能力不足,安全意识不强。

3)防范措施

(1)驱除侥幸心理,彻底消除隐患。相关单位应把责任放在首位,以安全运营为出发点,清醒地认识到正线车辆故障的危险性,对故障列车不查明原因绝不能放过。

(2)培养学习意识,积累事故经验。调度应当对正线的设备、车辆故障有高度的敏感性,要有意识地培养判断能力和决策能力,遇到突发情况学会冷静思考,判断准确、决策果断。

10.3.3 案例三:未确认信号机,列车闯红灯

1)事故概况

某日,列车于 16:19 进站停稳。接车副司机操作站台打开屏蔽门,接车司机打开驾驶室侧门进入驾驶室与到达司机交接。待乘客上、下完毕后,副司机关屏蔽门,司机通知交班司机关客室门,副司机关好屏蔽门后进驾驶室开主控钥匙,此时对讲机传来"交班司机已下车",司机复诵后,副司机立即坐到主控台的驾驶座位上打开主控钥匙,没有确认前方信号机,就将方向手柄推向前位,接着推牵引手柄动车。动车后发现列车走向不是直向而是侧向,司机和副司机意识到闯了出站信号机显示的红灯,进错了股道,便立即停车。列车在越过前方信号、压上道岔约 10m 后停车。司机没有把情况汇报车站,而将方向手柄打到后位,退行越过信号机后进入站内停车。

2)原因分析

(1)该机车班组责任心不强,动车前精力不集中,没有确认信号就盲目动车。司机、副司机没有严格执行标准化作业程序和呼唤应答制度,司机没有对副司机进行认真监控进而在作业中失控,没有凭进路防护信号机的信号显示行车,导致事故发生。

(2)人员管理问题。当值司机是刚从 1 号线调到 2 号线的第 2 个班,对 2 号线来说也是新司机,至事发时 9 天时间换了 3 名司机。司机、副司机相互之间了解不够,2 名新司机配班不妥当。

(3)排班上的问题。该机车班组在 17:55 至次日 0:28 上了一个班;接着在次日 10:10 至 18:25 上第 2 个班,在第 2 个班第 5 个往返时在车站发生冒进信号事故(当天的交路表是跑 7 个往返共 8.3h)。司机出勤前的休息不充分。

3)防范措施

(1)加强对客车司机工作责任心的教育,严格履行岗位职责和执行标准化作业程序,动车前和客车运行中要认真确认道岔、进路和信号,严格按信号显示行车。

(2)司机应认真执行信号开放后再关闭客室门的作业程序。

(3)在行车工作中,各岗位员工必须严格执行呼唤应答制度和车务安全联控措施,做到信号不清不动车,未经确认不动车。

(4)科学合理地安排作业人员的班次、人员之间的搭配,防止行车作业人员出现过度疲劳现象和人为事故的发生。

10.3.4 案例四:某市地铁列车连挂车钩发生碰撞

1)事故概况

××年12月1日某市地铁小行—安德门上行区间,距安德门站约300m处发生列车连挂车钩发生碰撞。当天7:40,行调指令基地内1314车出库连挂故障车2526车;8:05,1314车出库,采用洗车模式与2526车连挂时,因列车处于小半径曲线位置,车钩对位不正,连挂失败,车钩发生碰撞。此次事故造成2526车A端的防爬器轻微擦伤,2526车A端车头右侧的导流罩损坏。

2)原因分析

某市地铁在编制技术文本时,考虑得不够充分,没有对"小曲率半径连挂作业要求"进行明确;当时车辆连挂时线路半径为150m,根据企业规章文件对车钩连挂的规定,是不允许进行自动连挂的,合同中明确要求列车自动连挂时最小半径不得小于300m。同时,这也反映出调度人员和作业人员安全意识不强、经验不足,缺乏处理特殊情况的应变能力。

3)防范措施

修改规章,明确小行基地内道岔区段及其他300m以下曲线半径线路原则上不得进行电客车连挂作业。特殊情况下需进行连挂作业时,须确认车钩位置,如果车钩自动对中不能达到对中范围的要求,须进行手动调整。150m曲线半径的线路上进行连挂作业时,由车辆系统派专业人员进行现场技术指导。

车站站台秒变"急救室"

某日,一名男乘客突发心梗,晕倒在武汉地铁列车内,没有呼吸、没有心跳,危急时刻车站站台秒变"急救室"。

武汉地铁11号线开往葛店南方向的K12列车正在减速驶向长岭山站时,车厢内一名男乘客突然全身抽搐,其他乘客立刻扶着他慢慢躺到座椅上,有乘客按压紧急通话装置报告给列车司机。司机立即联动行车调度员,通知下一站长岭山站做好接应工作。

长岭山站值班站长接到通知,当即安排站岗站务员至指定车门处等候,自己快速奔跑至站台接应。列车很快进站停车。站务员和车内好心乘客将晕倒男乘客从车厢内抬出,送至站台平躺。

"当时病人面色紫绀,确认没有意识、没有呼吸、没有心跳,牙关紧咬,嘴角还有血。"长岭山站值班站长回忆,当时现场情况非常紧急,他立即解开乘客外套进行心肺复苏,同时通知其他工作人员取来自动体外除颤仪(AED)。此时,乘客家属正拨打120急救电话,接线员确认AED操作和现场急救操作无误后,提示持续心肺复苏,直至急救人员到达现场。站值班站长与工作人员跪地不间断交替进行胸外按压,乘客亲友根据AED提示进行人工呼吸,驻站民警到站外接应120急救人员。2min后,根据AED提示进行一次"放电",抢救操作持续了近10min,乘客终于在120急救人员到达现场时开始有了心跳。该乘客后被医院确诊为突发心梗,已经脱离危险期,后续接受治疗。

　　点拨:该案例较完整呈现了列车行驶过程中乘客突发疾病,列车司机、站务人员和乘客、急救人员在列车上和车站内合作救助乘客的场景及应急处置流程,能帮助学生们进一步感知行车突发事件及其应对方法。

 单元实训

事故(事件)案例信息报告与应急处理演练

1. 任务描述

　　参考本单元教材知识点和事故(事件)案例,选取其中一个案例分析,分角色完成事故(事件)案例信息报告与应急处理演练。

2. 任务目标

　　(1)重点培养学生的理解运用能力、语言表达能力。帮助学生掌握事故(事件)案例信息报告与应急处理的实际运用。

　　(2)培养学生执行力、团队协作等综合能力。

3. 任务要求

　　(1)小组任务:6人为一大组,分若干个学习组,自由分组、自选组长,分别扮演行车调度员、车站行车值班员和司机等角色,合作演练事故(事件)案例信息报告与应急处理的工作流程。任务完成后,组长检查完成情况,组长总结汇报本小组所有成员完成情况。

　　(2)汇报所需设备:多媒体教室、激光笔、扩音器、投影设备等。

　　(3)各组设置观察兼职记录员1名,用摄像机、手机等视录设备将学习和课堂展示过程拍摄下来,使用观察清单记录和分析该小组学习过程及展演过程中的问题,并进行时间把控。视频也是教师小组评价依据之一。

4. 任务实施与评估标准

　　(1)任务实施。

　　①按照考核评估标准完成操作。

　　②文本等汇报材料制作简洁美观,汇报翔实、动作和用语规范、井然有序。

　　(2)评估标准。

　　①按照上述任务实施要求完成实训任务。

　　②按照测评表进行合理评价。

5. 检测评价

　　完成本次课程,根据同学在实训任务中的表现,结合训练要求,给予客观评分。

单元10 行车事故处理及预防

项目	类别			
	组员自评(10%)	组长自评(10%)	小组互评(20%)	教师点评(60%)
团队和谐(10分)				
团队分工(15分)				
规范使用工具(10分)				
任务内容(25分)				
报告制作(15分)				
汇报效果(25分)				
总分(100分)				

复习与思考

一、单选题

1. 突发事件初期由(　　)负责总体指挥。
   A. 值班站长　　　　B. 站长　　　　C. OCC值班主任　　　D. 行车调度员

2. 造成(　　)死亡为重大火灾事故。
   A. 5人以上10人以下　　　　　　　B. 10人以上20人以下
   C. 10人以上30人以下　　　　　　D. 20人以上30人以下

3. 当列车内发生群体伤害事件时,原则上(　　)。
   A. 由司机处理　　　　　　　　　　B. 将列车进站后由车站协助处理
   C. 由车站处理　　　　　　　　　　D. 由行车调度员处理

4. (　　)是指造成3人以下死亡,或者10人以下重伤,或者1000万元以下直接经济损失段事故。
   A. 特别重大事故　　B. 重大事故　　C. 较大事故　　D. 一般事故

5. 外部环境突发事件不包括(　　)。
   A. 车辆脱轨　　　　B. 火灾　　　　C. 恐怖袭击　　D. 供电故障

6. 下列不属于城市轨道交通列车事故的是(　　)。
   A. 列车相撞　　　　B. 列车脱轨　　C. 列车追尾　　D. 供电系统故障

二、多选题

1. 下列哪些为特别重大事故?(　　)
   A. 直接经济损失1亿元以上
   B. 人员死亡30人以上
   C. 人员重伤50人以上100人以下(包括急性工业中毒)
   D. 一条或多条线路全线停运48h以上

2. 下列哪些为较大事故?(　　)
   A. 人员死亡3人以下
   B. 一条或多条线路全线停运12h以上24h以下

C. 人员重伤 10 人以上 50 人以下
D. 直接经济损失 5000 万元以上 1 亿元以下

3.（　　）逐级上报至国务院安全生产监督管理部门和负有安全生产监督管理职责的有关部门。
　　A. 一般事故　　　B. 较大事故　　　C. 重大事故　　　D. 特别重大事故

4. 下列哪项是按照行车事故的损失及影响划分的类别？（　　）
　　A. 特别重大事故　　B. 一般事故　　C. 责任事故　　D. 非责任事故

三、判断题

1. 根据《国家城市轨道交通运营突发事件应急预案》，按照事件严重性和受影响程度，运营突发事件分为特别重大、重大、较大和一般四级。（　　）

2. 发生各类事故时，有关人员按事故报告流程图规定报告，事故如发生在车站时，由车站值班站长立即向行车调度员报告。（　　）

3. 事故如发生在区间时，由司机或现场人员立即向行车调度员或通过车站行车值班员向行车调度员报告。（　　）

附录1　城市轨道交通行车组织术语解释

城市轨道交通行车组织术语解释

序号	行车术语	术语解释
1	列车	按地铁规定编组的并有车次号的客车车组、工程车、单机,分为客运列车、其他列车两类
2	客车	以运送乘客为目的按规定编组而成的客车车组,包括专列
3	中断正线行车	不论事故发生在区间、车站或车厂,造成运营正线双线之一(上下行线之一)不能通行后续客运列车的,即为中断正线行车。正线行车中断时间由事故发生的时间起至实际恢复列车行车条件的时间止
4	工程列车	因运营生产的需要开行的由机车与按规定编组的车辆(包括客车、单元车、单节车、平板车等)连挂而成的列车
5	调试列车	因对运营设备进行调整、试验需开行的列车
6	救援列车	因需处理运营生产中发生的事件,担任救援任务而开行的列车
7	单机	因运营生产的需要开行的带有车次号的机车
8	车辆	含电客车、机车、平板车、作业车、检测车等在轨道上运行的设备
9	冲突	列车、机车、车辆相互间或与设施、设备(车库、站台、车挡、脱轨设备、止轮设备等)发生冲撞招致列车、客车车组、机车、车辆、设施、设备等破损
10	脱轨	列车、客车车组、机车、车辆车轮离开钢轨轨面(包括脱轨后又自行复轨)。每辆(台)只要脱轨1轮,即按1辆(台)计算
11	整备作业	对列车、机车、车辆、轨道车等进行检查、试验设备功能、清扫等作业。整备作业过程中发生的行车事故,按调车事故论
12	列车分离	编组列车因未确认车的连接状态或车钩作用不良而发生的车辆分离(包括车钩缓冲装置破损)
13	占用线	停有列车、客车车组、机车、车辆的线路或已封锁的线路
14	占用区间	包括下列情况之一: (1)区间已进入列车; (2)区间已被列车取得占用的许可; (3)封锁的区间(如安排进行施工作业等); (4)区间内有停留或溜入的列车、客车车组、机车、车辆,列车发出后溜入的亦算
15	向占用区间或区段错发出列车	在采用站间电话联系法、电话闭塞法、区段进路行车法等人工组织行车法行车时,向占用区段或区段发出列车。开行救援列车、抢险列车时除外

续上表

序号	行车术语	术语解释
16	未准备好进路	有下列情况之一,属于未准备好进路: (1)进路上停有车辆或危及行车的障碍物; (2)进路上的到场未扳、错扳、临时扳动或错误转动; (3)邻线的列车、客车车组、机车、车辆等越出警冲标
17	未拿或错拿行车凭证发出列车	已办理完行车手续,应凭行车凭证发车的但没交或没拿,或者行车凭证有日期、区间、车次错误的,并且已经发出列车
18	擅自改变列车运行方向行车	在没有车载信号保护的情况下,未经行车调度员允许,列车没按规定或图定的运行方向或行车调度员指挥的行车方向运行的,并已占用或进入另一区间
19	信号升级显示	由于某种信号联锁条件错误或有关人员违章操作,信号机设备发生应停信号显示为开放信号
20	列车冒进信号	有下列情况之一的,属于列车冒进信号: (1)列车前端任何一部分越过固定信号显示的停车信号或规定的手信号显示地点; (2)停车列车越过信号机或警冲标; (3)不含紧急情况扣车、信号突变等,致使列车采取紧急制动后越出信号机的
21	列车溜逸	列车发生溜车,并越出本车原占用的线路、股道或区间
22	客运列车错开车门	已载客的客运列车停车后未对好站台开启客室车门(指客车至少有一个客室车门越出站台头端墙或未到站台尾端墙,在未切除车门的情况下,打开了客室车门)或开启非站台一侧的客室车门
23	夹人开车	夹住人体任何部位或随身衣物起动列车
24	调车	除列车在正线运行、车站或车场到发以外,一切机车、车辆或列车有目的的移动
25	调车长	车场调车作业时由两位乘务员担任,一名任司机驾驶车辆,另一名指挥调车的为调车长
26	车长	工程列车开行时由两位乘务员担任,一名任司机驾驶列车,另一名在列车尾部或者其他适当位置值守负责指挥列车运行,推进运行时负责引导瞭望的为车长
27	关门车	临时发生空气制动机故障,而关闭截断塞门的车辆
28	挤岔	车轮挤上道岔、挤过道岔或挤坏道岔
29	应停载客列车未停站通过	有关行车人员违反劳动纪律、违反规章制度,致使应载客列车在站通过。不包括列车调度按照列车运行情况临时调整变更通过的列车
30	侵限	限界是为保证地铁车辆安全行车规定的技术尺寸,任何设施、设备不得超过车辆限界,否则,侵入行车限界,简称"侵限"
31	耽误列车	列车在始发站或停车站,因违章作业、违反劳动纪律造成列车晚开或超过运行图规定的停车时间
32	进路行车法	相邻信号机之间作为一进路,确认进路空闲,可开放进路行车
33	电话闭塞法	信号故障时,车站/车厂人工办理故障区段内列车进路、钩锁进路上相关道岔,与邻站/厂之间以电话记录作为同意占用区间的凭证,填写路票交司机,司机凭车站/厂发出的路票行车的一种行车方法

续上表

序号	行车术语	术语解释
34	综合后备盘（IBP）	一种人机接口装置，设置在每个车站的车站控制室，作为车站主控系统的后备操作设备，在紧急情况下使用的按键式模拟监控盘，以支持车站的关键监视和控制功能
35	过线	因维修作业或运营所需组织本线列车到邻线运行
36	联锁	信号系统中的信号机、道岔和进路之间建立一定的相互制约关系。如进路防护信号机在开放前检查进路空闲、道岔位置正确及敌对进路未建立等。信号机开放后，道岔不能动，这种相互制约的关系称为联锁
37	发车(指示)信号	行车有关人员完成一个工作任务,因距离对方较远给对方显示"好了"信号,说明任务完成了。或车站行车人员给司机显示发车信号,表示车站已具备发车条件,告知司机可以发车了,司机还要根据列车的准备情况决定是否开车,所给的信号均称为(发车)指示信号
38	引导员（或添乘监控员）	客车故障需要司机在尾部驾驶室驾驶时,在客车前端瞭望,监控列车运行速度及运行安全,并与司机随时保持联系控制列车的运行及停车等。由车站值班员或值班站长担任
39	运营事故	在运营事业总部管辖范围内,在运营生产过程中,凡因违反规章制度、违反劳动纪律、技术设备不良及其他原因,造成人员伤亡、设备损坏、经济损失、影响正常运营生产或危及运营生产安全的,均构成运营事故
40	"四不放过"	即原因没有查清不放过、事故责任制没有严肃处理不放过、防范措施没有落实不放过、广大员工没有受到教育不放过
41	站台紧急停车按钮（PESB）	设于站台柱墙上和站台监控亭,与车站控制室内LCP(就地控制盘)上紧急及切除停车报警按钮相连通,当发现行车不安全时,可立即按压控制客车紧急停车
42	头端墙	按列车运行方向,列车停在车站时头部对应的车站端墙
43	尾端墙	按列车运行方向,列车停在车站时尾部对应的车站端墙
44	辅助线	指在正线上与正线连接的渡线、存车线、折返线、联络线及出入厂线
45	三、二、一车距离	调车作业时,距离停留车或停车地点的距离
46	推进	在列车尾部驾驶室操纵列车运行,或救援列车在被救援列车客车尾部推进运行
47	退行	在非正常情况下,列车与原运行方向相反运行为退行,可以推进或牵引运行
48	反向运行	列车运行进路分为上、下行方向运行,如违反常规运行方向的称反向运行
49	线路出清	施工完毕后,施工负责人检查所有施工人员以及所携带的施工物料和工具撤离施工现场或线路巡视员巡查完毕,该段线路具备行车条件
50	施工、行车通告	一般汇总一周的维修施工及工程列车开行计划,每周出版一期
51	列车运行图	列车时空占用时间和顺序用坐标原理表示列车运行线的一种图解表示
52	封锁线路	OCC行车调度员或车厂调度在各自管辖范围内通过发布调度命令并采取相关安全措施后,为某项任务专门划定的某一条单一路径,且路径上的道岔均须处在单独锁定状态

附录2 城市轨道交通行车组织管理办法

城市轨道交通行车组织管理办法

第一章 总 则

第一条 为进一步规范城市轨道交通行车组织工作,更好地保障城市轨道交通安全运行,根据《国务院办公厅关于保障城市轨道交通安全运行的意见》(国办发〔2018〕13号)、《城市轨道交通运营管理规定》(交通运输部令2018年第8号)等有关要求,制定本办法。

第二条 地铁、轻轨等城市轨道交通的行车组织工作适用本办法。

第三条 城市轨道交通行车组织工作应坚持安全导向,贯彻集中指挥、逐级负责的原则。

第二章 行车组织基础

第四条 城市轨道交通运营单位(以下简称运营单位)应统筹内部各专业部门,合理制定行车计划,内容包括列车运行图、车辆运用计划、施工作业计划、乘务计划等。其中,共线、跨线运行线路的行车计划应共同制定。

运营单位应做好土建工程、车辆、供电、通信、信号、机电等设施设备的运行维护工作,确保各设施设备系统兼容协调,能够按照最大设计能力稳定运行,保障行车组织需要,充分满足客流需求。

运营单位应建立行车指标统计分析制度,对行车计划持续改进和优化。

第五条 列车运行图的编制应以满足客流需求为导向,综合考虑线路客流规律及线网衔接等因素,有效发挥线路能力,经济合理地运用车辆和安排施工维修时间,确定线路运营时间及各时段的行车间隔、停站时间、行车交路等。运营单位应将列车运行图作为行车组织工作的基础,组织内部各部门严格根据列车运行图的要求开展运营生产工作,保证按图行车。

列车运行图应保持相对稳定,需要常态化延长运营服务时间或缩小行车间隔的,运营单位应充分论证运用车数量、线路条件等设施设备能力及施工维修时间、人员配备需要等情况,确保满足安全运营条件的方可组织实施。

列车运行图应至少保存2年。

第六条 行车指挥层级自上而下分为线网监控级、线路控制级和现场执行级,下级服从上级指挥。线网监控级负责监控线网运行状态、统筹线网运营生产、指挥应急情况下线网列车运行调整,以及对外联络协调。线路控制级负责本线路的运营状态监控、运行调整和应急指挥。现场执行级负责具体执行行车计划及现场应急处置。

第七条 正常情况下列车应按双线、右侧单方向运行。

直线型线路行车方向以自西向东、自南向北为上行,以自东向西、自北向南为下行;环形、半环形线路以外环(逆时针方向)为上行,以内环(顺时针方向)为下行。对角线方向线路应按照东西方向及南北方向线路区段所占比重,以比重较大的区段方向判定上、下行。

第八条 城市轨道交通列车等级由高至低依次为专运列车、载客列车、空驶列车、调试列车和其他列车。开往事故现场的抢险救援列车,在确保乘客安全的前提下,应优先办理行车。

第九条 行车调度命令是指挥列车运行的命令(运行揭示调度命令除外)和口头指示,只能由行车调度人员发布。行车各相关岗位人员必须服从指挥,严格执行行车调度命令。

发令人应通过具备追溯功能的渠道发布行车调度命令,做到一事一令。行车调度命令分为书面命令和口头命令,书面命令包含纸质命令和电子命令。书面命令要素应包含发令日期、时间、命令号码、发令人、命令内容、受令人。口头命令要素应包含命令号码、命令内容、受令人,发令人应使用普通话和行车标准用语。受令人应复诵命令内容,命令记录应至少保存1年。

第十条 行车组织方法由高至低包括移动闭塞法、准移动闭塞法、进路闭塞法、电话闭塞法等。行车调度人员应根据信号系统具备的功能层级,由高至低使用相应的行车组织方法。

移动闭塞法及准移动闭塞法的行车凭证均为车载允许信号,列车按照信号系统给定的移动授权信息运行,控制列车安全运行间隔和行驶速度。其中,移动闭塞法和准移动闭塞法分别以前方列车尾部和所占有区段末端为追踪点进行计算授权,控制列车安全运行间隔和行驶速度。进路闭塞法的行车凭证为地面信号机显示的允许信号,列车运行间隔为进路始端信号机至相邻下一架顺向信号机,一条进路内两个相邻信号机间只允许一列车占用(列车救援时除外)。电话闭塞法是当上述更高级别的行车闭塞法不能使用时,由区间两端车站利用站间行车电话以发出电话记录号码的方式办理闭塞的一种方法,启用前应确认所有列车停妥,准确掌握实施电话闭塞区域内所有列车位置且进路准备妥当;电话闭塞法应使用纸质行车凭证,一站一区间或车辆基地至相邻车站只允许一列车占用(列车救援时除外);启用电话闭塞法时,首列车运行速度不应高于25km/h。

第三章 正 常 行 车

第十一条 运营开始前,相关岗位人员等应确认施工核销、线路出清、设备状态、行车计划准备等情况并报行车调度人员。行车调度人员确认具备条件后,原则上应安排空驶列车限速轧道。确认线路安全后,方可开始运营。

第十二条 运营单位应合理安排驾驶员工作时间,单次值乘的驾驶时长不应超过2小时,连续值乘间隔不应小于15min。

运营单位应配备酒精检测等设备,有条件的可配备毒品检测设备,在出勤时通过检测、问询等方式对驾驶员状态进行检查。

列车进站时,驾驶员应确认列车在车站指定位置停稳后方可开启车门及屏蔽门;车门与屏蔽门的关闭时间应相匹配,驾驶员在列车启动前,应通过目视或其他技术手段确认车门及屏蔽门关闭,且两门之间间隙处无夹人夹物。

第十三条 车站行车人员应做好日常行车监控。当切除列车自动防护(ATP)或采用点式ATP运行等特殊情况时,车站行车人员应根据调度命令,严密监控列车运行和站台情况,遇紧急情况应及时采取措施。

对未配备车站行车人员的有轨电车线路,应设置必要的通信和视频监控设备,对车站情况进行有效监控。

第十四条 配属于不同线路的载客列车经停同一段运营线路,乘客可同站或同站台实现换乘的运行方式为共线运行。共线段接口站发车时,车站行车人员应确认发车进路与列车计划目的地的一致性。发车进路方向出现异常时,行车调度人员应在确保安全的前提下取消原进路后重新办理正确进路。共线段车站客运人员应根据列车运行方向做好导乘服务,保障安全乘降。

第十五条 配属于不同线路的载客列车,经线间联络线运行至另一条线路继续运营的运行方式为跨线运行,开展跨线运行应确保线路、车辆、信号设备等具备跨线条件。两条线路列车相互跨行时,一般不使用同一条联络线组织双向跨行。联络线接口站发车时,车站行车人员应确认发车进路与列车计划目的地的一致性。发车进路方向出现异常时,行车调度人员应在确保安全的前提下取消原进路后重新办理正确进路。

第十六条 行车调度人员应根据列车运行图组织列车退出服务,运营结束后应做好当日行车记录和相关统计分析工作。

第十七条 车辆基地应确保运用车状态良好,优先保障接发列车作业。车辆基地内调车作业由车辆基地调度人员统一指挥,调车司机凭地面信号或手信号显示开行列车,调车时严禁溜放调车,摘钩前应做好防溜措施,连挂妥当后应确认防溜措施已撤除。铁鞋、止轮器等防溜工器具应制定管理要求妥善保管。

试车线同一时间原则上只允许一列车进行试车作业,作业开始前应对试车线进行限速轧道。试车作业应按地面信号或车载信号显示运行。距离尽头线阻挡信号机20m时运行速度不应高于5km/h,距离10m时必须停车。遇雨雪、大雾等恶劣天气时,原则上禁止办理试车作业。

第四章 非正常行车

第十八条 发生突发情况,行车调度人员应及时发布调度命令,在保证行车安全的前提下尽可能维持列车运行。驾驶员、车站行车人员等发现可能危及行车安全或运营秩序的情况时,应及时向行车调度人员报告;遇突发严重危及行车安全的情况,可先行采取紧急安全防护措施,再报告行车调度人员。

第十九条 运营期间正线、辅助线发生设备故障,确需进入行车区域、动用行车设备及进行影响行车施工的,由行车调度人员向各单位发布抢修命令。车站接到抢修命令后,做好抢修的前期准备工作,并提前安排人员负责端门开启与抢修人员进出的登记工作。施工人员经行车调度人员同意后方可进入抢修区间,并根据抢修人员要求封锁抢修区间或通过信号系统设置防护,无法通过信号系统防护时,设置红闪灯进行防护。对于可能侵入接触网(轨)安全防护距离内的作业,行车调度人员应会同电力调度人员确认相关区域接触网(轨)停电后,方可批准进入该区域。人员进入行车区域作业时,应严格遵守安全规定,落实安全防护措施。

第二十条 因设施设备故障、重大施工等原因,部分区段需限速运行的,应由有关方面论证后提出限速运行方案,方案应明确限速区域、限速值、限速时段及起止时间,报行车调度人员,由其发布限速及取消限速命令。同一区域存在多个限速要求时,应取最小限速值。限速运行方案应在取消限速后至少保存3个月。

第二十一条 列车需越过防护信号机显示的禁止信号时,行车调度人员应确认该信号机后方线路空闲、道岔位置正确且锁闭后,方可发布越过禁止信号的命令,首列车运行速度不应高于25km/h。

第二十二条 列车ATP失效时,驾驶员应及时报告行车调度人员,行车调度人员原则上应组织列车在就近车站清客后退出服务,确需继续载客运行至终点站的,应与前方列车至少间隔一个区间并限速运行

第二十三条 列车停站越过停车标未超过可退行距离需退行时,驾驶员应退行列车,推进退行速度不应超过5km/h。

当列车越过停车标超过可退行距离或车站不具备安全停站条件时,行车调度人员应组织列车越站,并及时告知相关车站和驾驶员,车站行车人员应依令做好乘客乘降组织工作。首班车、末班车及乘客无返乘条件的列车不得越站,同方向连续两列载客列车原则上不得在同一车站越站。

第二十四条 列车因故需在区间退行或列车越过停车标超过可退行距离确需退行时,驾驶员应及时报告行车调度人员。行车调度人员应扣停后续列车,在确认列车退行路径空闲且满足安全防护距离、道岔位置正确且锁闭后,方可发布退行命令,必要时应组织车站行车人员做好引导。推进退行速度不应超过10km/h,牵引退行速度不应超过35km/h。

有轨电车不得推进退行,牵引退行速度不应超过15km/h。

第二十五条 在区间一个方向线路封锁、发生自然灾害、事故中断行车,以及设备故障严重影响列车运行秩序而对向设备良好等特殊情况下,为维持线路运行,行车调度人员可在对向线路组织单线双向行车。行车调度人员应在确认线路空闲且进路准备妥当后,方可发布反方向运行命令,并需做好运行列车与对向列车的间隔控制。车站行车人员应依令做好接发列车和乘客乘降组织工作。

第二十六条 正线列车因故障无法动车时,行车调度人员应及时组织其他列车实施连挂救援,原则上救援列车应使用空驶列车。当故障列车位于车站时,应清客后进行连挂作业;当故障列车位于区间时,应在驾驶员广播告知乘客后进行连挂作业,连挂后应尽快到就近车站清客。救援列车接近故障列车时应停车,与故障列车联系确认后进行连挂,连挂时运行速度不应超过5km/h;连挂后两列车均为空驶的,推进运行速度不应超过30km/h,牵引运行速度不应超过45km/h;任一列车载客的,运行速度不应超过25km/h。

不得使用工程车救援载客列车。特殊情况下使用工程车救援空驶列车时,连挂后运行速度不应超过25km/h。

有轨电车不得载客救援(遇特殊天气或者故障列车停在隧道、桥梁的除外),空驶列车救援连挂后运行速度不应超过25km/h。

第二十七条 线路出现道岔故障且通过终端操作、现场检查确认等手段仍无法消除的,行车调度人员应优先变更列车进路组织行车;如不能变更列车进路,行车调度人员或车站行车人员应单操单锁相关道岔;如道岔无法单操单锁,行车调度人员应组织车站行车人员将道岔钩锁到正确位置。上述操作完成,行车调度人员确认具备行车条件后方可组织行车。通

过故障区域的首列车运行速度不应高于25km/h。

列车发生挤岔时严禁擅自动车,行车调度人员应通知设备维修人员现场确认安全,具备动车条件后方可组织该列车动车。

第二十八条 一个联锁区联锁失效时,在保证行车安全的前提下,行车调度人员可对故障影响区域使用电话闭塞法组织行车;两个及以上联锁区联锁失效时,行车调度人员可视情对故障影响区域使用电话闭塞法组织行车或采取停运等措施。

第二十九条 当接触网(轨)失电时,驾驶员应尽量维持列车进站,并及时报告行车调度人员。行车及电力调度人员应组织设备维护人员及时排查处理,具备条件的应及时切换供电方式,必要时减少列车上线运行对数。列车迫停地下区间超过4分钟时,环控调度人员应启动相应环控模式。

第三十条 地下和高架线路因设施设备故障等原因导致列车迫停区间需组织区间疏散时,行车调度人员应扣停可能驶入受影响区域的列车,明确疏散方向,会同电力、环控调度人员组织该区间接触轨停电、启动相应环控模式,通知车站前往迫停地点做好乘客引导,并在邻站端门及疏散区间联络线等通道处安排人员监控。对向线路区间确需行车的,列车运行速度不应超过25km/h,并加强瞭望。

线路恢复后,疏散区间上下行首列车运行速度不应超过25km/h,确认无人员及物品遗留后恢复正常运行。

第三十一条 发现有明显震感时,行车相关人员可视情况采取加强瞭望、限速、停运、封站等应急处置措施。根据不同地震烈度,应按照以下要求组织行车调整:

(一)地震烈度为5(含)至6(不含)度的,驾驶员应加强瞭望、监控,行车调度人员组织全线全面检查行车相关设施设备运行及受影响情况,必要时采取紧急措施。

(二)地震烈度为6(含)至7(不含)度的,列车运行速度不应超过25km/h。必要时,行车调度人员应扣停开往受影响区段的列车,组织已进入区间的列车退回发车站。

(三)地震烈度为7(含)度以上或行车关键设施设备损坏的,行车调度人员应组织在站列车清客后退出服务,组织区间列车在确保安全的条件下,运行至就近站清客后退出服务,列车运行速度不应超过25km/h。如列车迫停区间,应组织乘客区间疏散。

第三十二条 遇恶劣天气时,行车相关人员可根据情况及时采取加强瞭望、限速、停运、封站等措施,并应按照以下要求组织行车调整:

(一)对于地面及高架线路,风力波及区段风力达7级时列车运行速度不应超过60km/h,风力达8级时运行速度不应超过25km/h,风力达9级及以上时应停运。

(二)遇雾、霾、雨、雪、沙尘等恶劣天气瞭望困难时,地面及高架线路列车应开启前照灯,限速运行,适时鸣笛。当瞭望距离不足100m、50m、30m时,列车运行速度分别不应超过50km/h、30km/h、15km/h;瞭望距离不足5m时,驾驶员应立即停车。驾驶员无法看清信号机显示、道岔位置时,应停车确认,严禁臆测行车。

(三)因降雨、内涝等造成车站进水,严重影响客运服务的,行车调度人员可根据车站申请发布封站命令,组织列车越站。线路积水超过轨面时,列车不得通过。

第三十三条 地下和高架线路车站、区间发生火灾、爆炸、毒气攻击等事件时,行车调度人员或车站行车人员应立即扣停可能驶入事发区域的列车;对已进入区间的列车,行车调度人员应视情组织列车越站或退回发车站。

列车在地下或高架线路发生火灾、爆炸、毒气攻击等事件时,驾驶员应尽量维持列车进站,并立即报告行车调度人员,行车调度人员应通知车站和驾驶员组织乘客疏散;列车不能维持进站或继续运行无法确保安全的,应立即组织区间疏散,驾驶员应向乘客告知疏散方向,组织乘客逃生,并报告行车调度人员。行车调度人员应立即扣停可能驶入受影响区域的列车,会同电力、环控调度人员及时对接触网(轨)停电,启动相应环控模式,通知疏散区间两端车站安排人员引导乘客。

地面线路发生火灾、爆炸、毒气攻击等事件时,应立即停车,及时疏散。

第五章 施工行车

第三十四条 运营单位应合理安排施工作业计划,组织各部门严格按照施工作业计划执行,不得随意变更,严格落实请销点制度,做好施工安全防护。运营期间设施设备发生故障影响运营时,行车调度人员应按照"先通后复"的原则视情安排施工作业。除抢险救援外,运营期间原则上不进行影响行车的施工作业;非运营期间的施工作业需延长作业时间的,原则上不应影响次日运营。

第三十五条 对于设施设备调试、升级、更新改造等重大施工,运营单位应与设备供应商充分论证,组织制定施工方案,行车调度人员应审核施工方案,制定并组织落实行车保障措施。跨线施工、同时包含正线与车辆基地的施工,应做好互控。

调试列车需进行排列进路、列车驾驶等操作时,应由行车调度、驾驶员操作。因调试需要超速运行的,应先进行技术论证并制定安全措施,但不得超过线路允许速度和列车制动限速。

第三十六条 施工列车作业区域与相邻的施工区域应至少保持一站一区间间隔。跟随末班车运行的工程车,与前方运营列车应至少保持一站一区间行车间隔。因施工需要缩短安全间隔距离的,应经充分论证并有配套防护措施。

工程车作业时,应根据装载货物及编组情况合理限速或停止相关区域的牵引供电;工程车装卸货物时,应做好安全防护及防溜措施;随车施工人员配合工程车作业时,人员必须在工程车运行方向后方。

非随车施工人员与工程车确需在同区间作业的,应统一进行现场施工及动车指挥,施工人员应在工程车运行方向后方作业,至少保持50m以上的安全距离,并设置红闪灯等进行安全防护。

第六章 附 则

第三十七条 城市轨道交通运营主管部门应加强对行车组织工作的监督管理。

运营单位应根据本办法制定本单位的行车组织规则,特别应对不同车辆型号、信号系统制式的线路分别制定各线路非正常行车操作细则。

第三十八条 本办法自2020年4月1日起实施,有效期5年。

参 考 文 献

[1] 徐新玉.城市轨道交通行车组织[M].北京:人民交通出版社股份有限公司,2022.
[2] 操杰,陈锦生,田哲涛.城市轨道交通车站行车工作[M].北京:人民交通出版社股份有限公司,2016.
[3] 李慧玲.城市轨道交通行车组织[M].青岛:中国石油大学出版社,2017.
[4] 颜月霞.城市轨道交通行车组织基础[M].北京:人民交通出版社股份有限公司,2014.
[5] 李俊辉,郭英明.城市轨道交通行车组织[M].成都:西南交通大学出版社,2015.
[6] 孟祥虎.城市轨道交通行车组织[M].北京:人民交通出版社股份有限公司,2018.
[7] 操杰.城市轨道交通调度指挥工作[M].北京:人民交通出版社股份有限公司,2017.
[8] 车广侠.城市轨道交通行车组织[M].上海:同济大学出版社,2018.
[9] 耿幸福,崔联云.城市轨道交通行车组织[M].北京:人民交通出版社股份有限公司,2021.